本书得到东华大学人文社科出版基金资助,是国家社会科学基金(No.17BJY158)课题与中央高校基本科研业务费专项资金(No.19D110804)课题的阶段性研究成果。

东华文库

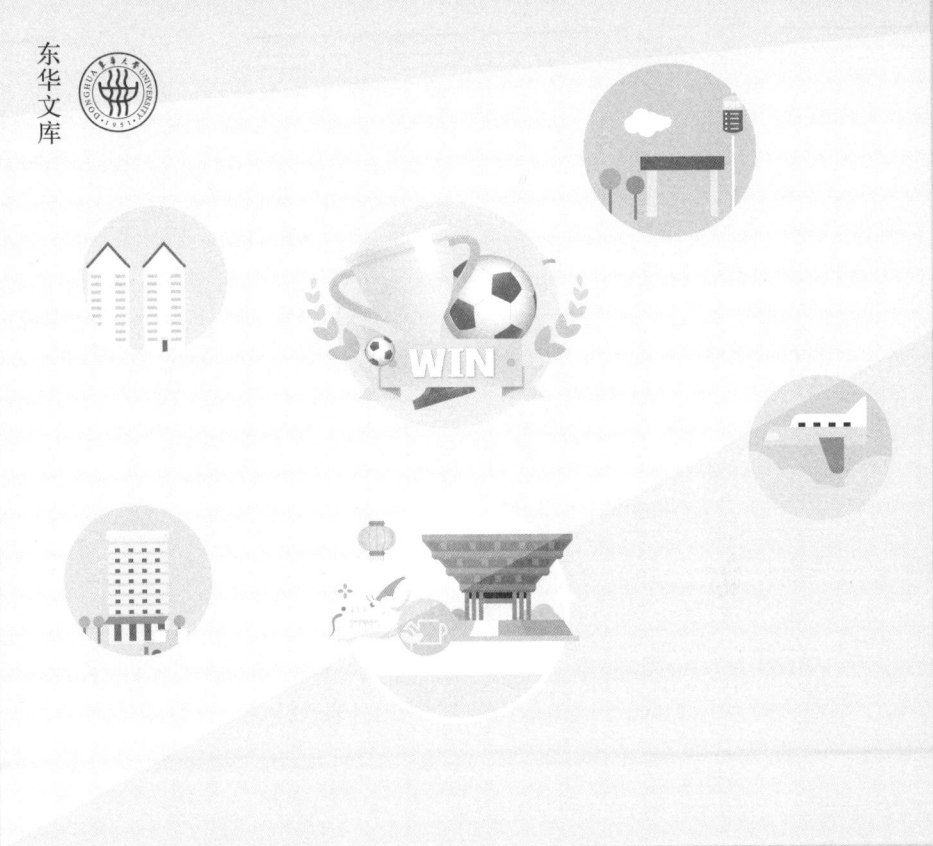

节事资源与旅游产业的
创意融合

潘文焰◎著

复旦大学出版社

前言

人口与资源、环境、经济、社会的关系是整个人类社会可持续发展必须要高度重视的基本问题。过度依赖物质资源的传统工业经济的发展，导致了物质资源日渐紧张，人口与环境的关系日益恶化，随着工业化后期以及后工业化时代的到来，经济社会的发展更加注重对低能耗、低污染、可重复利用的文化类资源的开发利用。"节事"通常是对节庆活动和特殊事件活动的统称，相当于英文中的"Festival & special event"（FSE）。从资源开发利用的角度看，节事资源本质上是一种文化资源，节事资源与旅游产业的创意融合，是文化资源开发利用的重要方式，也是今后旅游产业资源延伸拓展的新方向，不仅对旅游产业的可持续、全域化发展及节事资源的开发利用具有重要价值与指导意义，而且对优化我国的产业结构，促进经济转型升级，解决人口与资源、环境、经济、社会的矛盾具有深远意义。

本书从人口与经济的关系出发，基于"人口—产业"的视角，构建了节事资源与旅游产业创意融合的理论体系，即节事（产业）与旅游（产业）的"融合效应"，指出节事与旅游（在人口与产业两端的双重）的集聚效应、互动效应（"触媒效应"与"母体效应"）和共生效应（客源在需求、认知、行为等方面的融合共生，以及产业的资源、产品和运营等多方面的融合共生），这三种效应共同推动了节事与旅游的融合与发展,是节事资源与旅游产业创意融合的内在机理。基于此,提出节事资源与旅游产业创意融合的路径:即要对作为消费者群体的节事旅游人口进行调查分析,然后基于此遵循"节事旅游资源的创意开发—节事旅游产品的创意生产—节事旅游产业的集聚化运营"的逻辑,对节事资源旅游产业化的路径进行了深入探讨,主要结论与观点如下:

(1) 对节事旅游消费者群体的调查分析,应从节事旅游人口的属性、需求、认知及行为等方面进行,这是节事资源旅游产业化发展的前提。

(2) 节事资源本质上是一种文化资源,主要由物质文化、非物质文化和名人文化三种资源类型构成,且根据与当地旅游业的融合程度及效应,可供旅游开发利用的节事资源可分为旅游型、强旅游型、半旅游型和弱旅游型四种,应进行差异化开发利用。此外,从时间维度上看,对传统节事文化资源的创意开发,应以尊重性、创新性、整体性、规模化为基本原则,遵循节事形象识别系统(FIS)和实体运行系统,分别从空间和时间两条路径有序展开。

(3) 节事旅游产业链各环节的专业化分工与产品的专业化生产是节事资源与旅游产业创意融合的关键。其中,节事旅游产业的专业化分工,应该按照"供(应)—(生)产—(营)销"的逻辑,分别构建核心产业链与延伸产业链。而节事旅游产品的专业化生产,根据节事资源所依附空间的不同,可选择属地化与飞地化两种空间模式。

(4) 节事旅游产业的集聚化运营对节事资源与旅游产业的创意融合具有重要意义,应从空间的集聚化和营销的集聚化两方面展开。其中,节事旅游产业的空间集聚化应以节事旅游产业链的生态均衡为依托,以节事旅游产业集聚区(八种模式)为空间组织形式,以节事旅游产业集群(客源驱动型、市场驱动型和混合驱动型三种模式)为结果。此外,节事旅游产业营销集聚化的核心是进行节事旅游目的地(形象)的营销,应从显形象和隐形象两个层面科学建构其形象识别系统，再从概念突破开始（准确定位形象，明晰核心理念），进行表现创新（提炼形象符号，规划活动系列），并通过适合的目的地营销机构和整体营销机制来保障，以实现节事旅游目的地形象的精准传播。

本研究的创新之处主要体现在：首先，基于人口与经济的关系视角，创建了节事与旅游的融合效应理论，形成了初步的理论框架体系，并针对节事资源与旅游产业的创意融合提出具体的实施路径框架。其次，首次根据与当地旅游业的融合程度及效应的不同，将节事资源分为旅游型、强旅游型、半旅游型及弱旅游型四种不同的类型，进而提出节事资源旅游开发的不同策略体系。最后，总结归纳了节事旅游产业链生态及其产品体系，提炼总结了节事旅游产业集群及集聚区的多种发展模式，创建了节事旅游目的地形象识别系统等。

目录

第一章　导论……………………………………………………… 1
　　第一节　节事资源与旅游产业的创意融合符合文化
　　　　　　产业的发展前景…………………………………… 2
　　第二节　节事及节事旅游的相关概念体系……………………… 4

第二章　国内外研究现状评述………………………………… 15
　　第一节　国外研究现状…………………………………………… 16
　　第二节　国内研究现状…………………………………………… 23
　　第三节　国内外研究现状述评及本书的意义…………………… 31

第三章　节事与旅游的融合效应……………………………… 41
　　第一节　产业经济的集聚效应：基于"人口—产业"
　　　　　　视角……………………………………………………… 42
　　第二节　基于"人口—产业"视角的节事与旅游的集聚
　　　　　　效应……………………………………………………… 57
　　第三节　节事与旅游的互动效应………………………………… 64
　　第四节　节事与旅游的共生效应………………………………… 73

第四章　节事旅游的人口分析：基于消费人口集聚的视角 ······ 87

第一节　节事旅游（消费）的人口分析框架 ······ 89

第二节　类型探讨1：节庆活动类旅游人口特征分析及启示 ······ 102

第三节　类型探讨2：演唱会类的旅游人口特征分析及启示 ······ 116

第四节　类型探讨3：体育赛事类旅游人口特征分析及启示 ······ 133

第五章　节事旅游资源的创意性开发 ······ 151

第一节　节事资源的文化本质及其产业化开发的意义 ······ 153

第二节　节事资源的分类：开发利用导向下的节事资源谱系的构建 ······ 183

第三节　节事资源的创意开发：用旅游产业化的方式整合节事资源 ······ 189

第四节　类型探讨：生产性保护视野下传统节事资源的创意开发 ······ 200

第六章　节事旅游产品的专业化生产 ······ 219

第一节　节事旅游产业的专业化分工：核心产业链与延伸产业链 ······ 221

第二节　节事旅游产品专业化生产：类型、模式及保障机制 ······ 230

第三节　类型探讨：节事旅游核心产品的专业化生产 ······ 236

第七章　节事旅游产业的集聚化运营 ······ 245
第一节　节事旅游产业的空间集聚化：节事旅游产业的集群化发展 ······ 246
第二节　节事旅游产业的营销集聚化：节事旅游目的地的营销传播 ······ 276
第三节　案例分析：上海豫园节事旅游集聚区的集聚化运营 ······ 285

第八章　总结与展望 ······ 311
第一节　研究结论 ······ 312
第二节　研究创新 ······ 316
第三节　研究不足及未来展望 ······ 317

参考文献 ······ 319

附录 ······ 337

第一章 导论

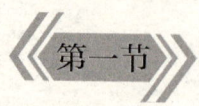 节事资源与旅游产业的创意融合符合文化产业的发展前景

一、文化经济具有良好的发展前景

人在经济发展中是第一位的,起决定作用,但同时也得注意人口与资源、经济、环境及社会的协调平衡,这样的发展才是可持续的和稳定的。因此,人口问题是经济社会发展的根本问题,人口与资源、环境、经济、社会的关系是整个人类社会可持续发展必须要高度重视的基本问题。随着工业化后期和后工业化时代的到来,人口与环境的关系日益恶化,因为传统的工业经济发展和物质消费过度,导致了(自然)物质资源日渐见紧。相对于传统的物质资源,非物质的文化类资源也能被利用和消费,并且还具有高增值性、可再生性、非消耗性、可重复利用性以及低能耗性、低污染性及稳定性等优势。这对于解决人口与环境、经济及社会均衡发展,以及健康持续发展问题尤为重要。同时,"依靠创新,推进文化创意和设计服务等新型、高端服务业发展,促进与相关产业深度融合,是调整经济结构的重要内容,有利于改善产品和服务品质、满足群众多样化需求,也可以催生新业态、带动就业、推动产业转型升级。"① 这标志着文化(创意)产业及经济的发展具有良好的前景。

二、节事资源与旅游产业的创意融合是促进经济、文化、环境和社会的综合效益最大化的重要方式

在当前的相关研究领域(主要集中在旅游研究领域)中,节事通

---

① 摘自:国务院总理李克强 2014 年 1 月 22 日主持召开国务院常务会议,部署推进文化创意和设计服务与相关产业融合发展时对文化创意产业的相关论述内容。(来源:新华网)http://news.163.com/14/0122/21/9J7M0MUK0001124J.html# sns_weibo。

常是对节庆活动和特殊事件活动的统称,相当于英文中的"Festival & special event"(FSE)。由于节事(活动)的开展必将吸引大量人群的集聚,所以节事(活动)具有天然的人口集聚效应,本书将其称为节事人口集聚效应。与此同时,规模化的节事人口集聚效应,又会引发规模化的消费需求的集聚,如交通、饮食、住宿、游览、娱乐等与旅游产业密切相关方面的消费需求,进而引发节事产业的经济效应。可见,由于具有人口集聚效应,从资源开发与利用的角度来看,节事(活动)业已成为一种经济资源,尤其是一种重要的旅游业经济发展的资源。同时,节事资源本质上是文化资源,随着近些年来文化资源的价值与意义日益被官产学研等各界所重视,节事资源的产业化开发与利用,尤其是节事资源与旅游产业的创意融合发展,已成为实现经济、文化、环境和社会的综合效益最大化的重要方式。

简言之,随着工业化后期和后工业化时代的到来,作为文化经济重要成分的节事旅游经济具有良好的发展前景。然而,国内外关于节事旅游的相关研究却未能跟上实践发展的步伐,对节事资源与旅游产业的创意融合问题涉及不深(具体可参见本书"国内外研究现状部分"),不能很好地指导该行业在我国的发展。因此,本书将研究内容聚焦于节事资源与旅游产业的创意融合。

三、节事资源与旅游产业的创意融合是节事与旅游两种产业发展的趋势

节事的背后往往蕴含着深厚的文化内涵,常常是将丰富多彩的文化活动与当地特色的物质载体相结合,对游客具有极强的吸引力,极利于开展旅游活动和发展旅游产业。节事产业和旅游产业都体现了鲜明的文化(创意)产业特征,并具有天然的交融性,因此,节事与旅游的产业融合——其结果即为节事资源与旅游产业的创意融合发展,既是节事产业,也是旅游业发展的新途径、新方向、新趋势。

四、节事资源与旅游产业的创意融合是资源利用和产业升级的新路径

节事与旅游的融合发展（节事资源与旅游产业的创意融合），是资源开发利用方式的创新和产业升级发展的新路径。具体而言：节事与旅游的融合发展，从资源开发利用的角度来看，可以充分挖掘文化资源，改变以过度依赖不可再生的物质资源为特征的传统资源利用模式；也能转变以高污染、高能耗为代价的传统资源利用方式；还可以提升资源利用水平，优化资源利用结构，践行"低污染、低能耗"的资源利用理念。从产业升级发展的角度来看，可以改变传统的产业结构模式（过度依赖不可持续的粗放型制造业）和经济增长方式（高投入、低回报），调整与优化产业结构（降低粗放型制造业在产业经济结构中的比例），谋求新经济发展模式（低投入、高回报），也是实现高水平的产业融合的新方向。

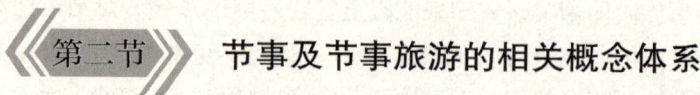

第二节　节事及节事旅游的相关概念体系

在汉语背景下，"节事"由"节"与"事"合成，通常是对节庆活动和特殊事件活动的统称。节庆注重公共庆典的欢乐本义，而特殊事件活动具有更为广泛的内容，包括各种交易会、博览会以及各种文化体育活动等。如今，学术界尤其是旅游学界指的"节事"，相当于英语中的"Festival & special event"（FSE，节庆及特殊事件活动）。有时，英语中的 Event 和 Event Tourism（ET）则与我们所说的"节事"和"节事（事件）旅游"大致对应，与其密切相关的概念还有 Event（事件/活动）、Hallmark Event（标志性事件）、Mega Event（巨型事件）、Special Event（特殊活动事件）、Event makerting（事件营销）等，已经形成了相对成型的概念体系，为世界节事及节事旅游研究奠定

了概念基础。

一、中外研究文献中的相关概念体系

（一）事件/活动

事件是短时发生的、一系列活动项目的总和；同时，事件也是其发生时间内环境/设施、管理和人员的独特组合①。事先经过策划的事件包括文化庆典(如节日、狂欢节、宗教事件、大型展演、历史纪念活动等)、文艺娱乐事件(如音乐会、其他表演、文艺展览、授奖仪式等)、商贸及会展(如展览会/展销会、博览会、会议、广告促销、募捐/筹资活动等)、体育赛事(如职业比赛、业余竞赛等)、教育科学事件(如研讨班、专题学术会议、学术讨论会、学术大会、教科发布会等)、休闲事件(如游戏和趣味体育、娱乐事件等)、政治/政府事件(如就职典礼、授职/授勋仪式、贵宾VIP观礼、群众集会等)、私人事件(如周年纪念、家庭假日、宗教礼拜等个人庆典，舞会、节庆，同学/亲友联欢会等社交事件)等八个大类②。若从事件的现代性角度看，综合考虑事件的规模、目标观众及市场、媒体类型覆盖面等方面的标准，可以把事件划分为重大事件、特殊事件、标志性事件和社区事件等四大类③。

（二）标志性事件、重大事件/巨型事件与特殊事件/特殊活动

纵观标志性事件各方面的特征，可以得到以下共识：(1)标志性事件是(当地)一种重复举办的事件。(2)对于举办地来说，标志性事件具有传统、吸引力、形象或名声(声誉)等方面的重要性。(3)标志

---

① Getz, D. Event Management & Event Tourism [M]. New York: Cognizant Communication Corporation, 1997: 4.

② Ibid., 7.

③ 戴光全，保继刚. 西方事件及事件旅游研究的概念、内容、方法与启发（上）[J]. 旅游学刊, 2003(5): 26—34.

性事件使得举办事件的场所、社区和目的地赢得市场竞争优势①。例如，安大略斯特拉特福德(Stratford，Ontario)的莎士比亚(文化艺术)节(Shakespearean Festival)已经成为其旅游主题；新奥尔良的狂欢节(Mardi Gras，NewOrleans)也因其特出色的表现，在市场竞争中获得了优势②，而成为当地的标志性事件。(4)随着时间的消逝，标志性事件将与目的地融为一体③。

判断是否为重大事件，主要是从规模和重要性来看的，具体指能够使事件主办社区和目的地产生较高的旅游和媒体覆盖率、赢得良好名声或产生经济影响的事件④。在实际运作中，重大事件一般被称为"大型活动"或"巨型事件"⑤。

特殊事件有两个方面的含义：一方面，与事件的赞助者或主办者的例行事务不同，它是发生在赞助主体或举办主体日常进行的项目或活动之外的事件，具有一次性或者非经常性的特点；另一方面，与消费者或顾客的日常俗事不同，它是发生在人们日常生活体验或日常选择范围之外的事件，为事件的顾客提供了休闲、社交或文化体验的机会⑥。简言之，"特殊事件经过事先策划，往往能够激发起人们强烈的庆贺期待"⑦。

---

① Getz, D. Event Management & Event Tourism [M]. New York: Cognizant Communication Corporation, 1997: 5-6.
② 戴光全，保继刚. 西方事件及事件旅游研究的概念、内容、方法与启发(上)[J]. 旅游学刊, 2003(5): 26—34.
③ 杨智. 怒江州"阔时节"节事旅游研究 [D]. 昆明：云南大学, 2011.
④ Getz, D. Event Management & Event Tourism [M]. New York: Cognizant Communication Corporation, 1997: 6.
⑤ 方圆. 大型公众活动策划(第二版)[M]. 广州：中山大学出版社, 2001: 9—14; [澳] 约翰·艾伦等著，王增东，杨磊译. 大型活动项目管理[M]. 北京：机械工业出版社, 2002.
⑥ Getz, D. Event Management & Event Tourism [M]. New York: Cognizant Communication Corporation, 1997: 4-5.
⑦ Goldblatt, J. J. Special Events: The Art and Science of Celebration [M]. New York: Van Nostrand Reinhold, 1990: 1. In: Getz, D., 1997: 4.

(三) 节事与旅游节事

在事件及事件旅游的研究中，经常把节日(festival)和特殊事件(special event)合在一起作为一个整体来称呼和探讨。这在英文中一般简称为"FSE"(Festival & Special Event)，中文常译为"节庆和特殊事件活动"，简称"节事"[①]。对节事(活动)组织者来说，节事(活动)是赞助商或组织机构举办的非常规性的一次性或不经常发生的活动，对事件(活动)参与者来说，节事(活动)是为人们提供的非正常选择范围内的或非日常经历的娱乐、社交或文化经历的机会[②]。而现实发展的趋势是，节(庆)、会(议)、展(览)、演(出)、赛(事)等都可以被整合在节事活动的大框架下，并日益走向融合[③]。也就是说，节事不仅应当包括公共庆典、主题性节日，还应该包括文化事件、体育赛事、会展博览的内容，相当于国际通行的"节庆＋特殊事件"概念[④]。因为这些节事是指从长远或短期目的出发，一次性或重复举办的、延续时间较短、主要目的在于加强外界对于旅游目的地的认同、增强其吸引力、提高其经济收入的活动[⑤]，其与旅游业密切相关，因此又经常被称为"旅游节事"。

因为节庆是有主题的公众庆典活动，所以，广义的旅游节庆等同于旅游节事，具体是指城市举办的一系列活动或事件，包括节日、庆典、地方特色产品展览、交易会、博览会、会议以及各种文化、体育等具有特色的活动或非日常发生的特殊事件[⑥]。狭义的旅

[①] 戴光全. 节庆、节事及事件旅游——理论、案例、策划[M]. 北京：科学出版社，2005：35.
[②] 潘文焰. 上海大型活动旅游现状和发展研究[D]. 上海：上海师范大学，2005：10.
[③] 王春雷. 从目的地管理的视角看大型节事与旅游业的融合[J]. 旅游学刊，2009，(2)：5—6.
[④] 马聪玲. 中国节事旅游研究：理论分析与案例解读[M]. 中国旅游出版社，2009，9(1)：17—19.
[⑤] 陆凤英，王录仓. 节庆旅游研究文献综述[J]. 前沿，2007，(8)：33—35.
[⑥] 范晓君. 旅游节庆策划研究[D]. 长沙：中南林学院，2005：4.

游节庆是指周期性举办的节庆等活动,但不包括各种交易会、展览会、博览会、文化、体育等一次性结束的事件①。从区域范围层面上看,地方旅游节庆又可称为地方旅游节或地方旅游节事,是指以"地方精神"为基础,在固定地点或区域周期性举办,有特定主题,主要目的在于加强外界对于该旅游目的地的认同,融旅游、文化、经贸活动于一体的综合性节日庆典活动②。这些规模不等、有特定主题、在特定的时间和同一区域内定期或不定期地举办的旅游节事活动,能吸引区域内外大量的游客,不同于人们常规的生活路线、活动和节目的各种节日庆典、集会、交易会、博览会、运动会、文化生活等③。

(四)事件旅游/节事旅游

把(旅游)节事当成一个特定的吸引物而形成的旅游活动,构成了一种新型的旅游形式,即节事旅游④。现在,许多企业、社团及旅游地的营销组织把一些活动和节目作为旅游吸引物形象的制造者和其他开发项目的催化剂,或者为了给已有的吸引物注入新的生机而致力于有关节目与活动的系统开发、规划和营销⑤。这就是我们所说的节事(事件)旅游。具体而言,节事(事件)旅游专指以各种节日、盛事的庆祝和举办为核心吸引力的一种特殊旅游形式,或称为节事旅游或节庆旅游⑥。从节事活动对旅游的促进作用的不同,根据节事活动与当地旅游业的关联程度及互动效应的大小,将其分为

---

① 吴必虎. 区域旅游规划原理[M]. 北京:中国旅游出版社,2001:265—266.
② 李国平. 地方旅游节庆策划研究[D]. 昆明:云南师范大学,2002:5.
③ 黄翔,郎丽,吴娟. 湖北旅游节庆与品牌建设研究[A]. 中国地理学会,2004年学术年会暨海峡两岸地理学术研讨会论文摘要集[C]. 广州:中国地理学会,中山大学,中国科学院地理科学与资源研究所,2004.12.
④ 马聪玲. 中国节事旅游研究:理论分析与案例解读[M]. 中国旅游出版社,2009:17—19.
⑤ [美]威廉·瑟厄波德,张广瑞等译. 全球旅游新论[M]. 北京:中国旅游出版社,2001:398.
⑥ 罗秋菊. 事件旅游研究初探[J]. 江西社会科学,2002,(9):218—219.

旅游型、强旅游型、半旅游型、弱旅游型等四种节事活动，并可以采取不同的节事旅游发展策略。大型事件旅游则指以大型事件为依托的，针对大型事件的参与者及观赏者提供的旅游相关服务形式，提供外围相关服务是大型事件旅游的实质①。从开发与管理看，大型事件旅游可以分为传统节庆类和艺术类②。

简言之，到目前为止，国内外的相关研究将节事旅游的概念与节庆旅游、会展旅游等混杂在一起讨论，基本没有明显的概念定义上的界限。

(五) 事件 (节事)营销与事件 (节事)管理

简言之，事件营销是事件生产运作和赞助的有效工具，其内容具体包括沟通目标观众、建立相关的关系、销售有关的商品、获得正面的宣传效果。目前，在旅游及事件机构通过举办事件进行目的地营销的过程中，事件营销的效果好坏越来越取决于国际赞助商与媒介事件的密切程度③。此外，为了确保事件获得长期的、可持续利用的效果，事件营销需要对赞助商、组织者的目标和实现目标的途径进行有机协调，协调的重点内容是参与事件的每个团体、消费者及其他参与者的利益④，以寻找事件举办地的独特卖点⑤。

事件营销是整个事件管理工作的一个部分。具体而言，事件管理是协调目的地规划和地方促销过程中各类不同事件的角色的过程和事务，其目的是使事件成为具有强烈旅游导向的吸引物、提供高

---

① 杨强. 事件旅游概念辨析 [J]. 资源开发与市场, 2006, (6): 588—590.
② 吴书锋, 罗秋菊, 将文晖. 大型事件旅游的开发与管理研究 [J]. 江西财经大学学报, 2003, (6): 93—96.
③ 戴光全, 保继刚. 西方事件及事件旅游研究的概念、内容、方法与启发 (上) [J]. 旅游学刊, 2003, (5): 26—34.
④ Getz, D. Event; Event management; event marketing [M]. IN: JafariJ. Encyclopedia of Tourism [M]. New York: Routleledge, 2000a: 209—212.
⑤ Briggs, S. Successful Tourism Marketing: A Practical Handbook [M]. London: Kogan Page Limited, 1997: 53, 121-122.

质量的事件产品①。

二、本书的相关概念界定

基于上述对节事/节事旅游的相关概念体系的介绍，本书对"节事""节事旅游"及相关概念作如下界定。

（一）节事

节事是对节庆活动和特殊事件活动的统称。具体而言，节事一般是指非日常性的活动事件，它能为人们提供非正常选择范围内的或非日常经历的娱乐、社交或文化经历的机会，主要包括非日常性的节日庆典、文化演艺、体育赛事、会展活动等各类事件活动。比如，在大型体育场馆或广场公园等各种公共场所由某组织机构举办的体育赛事、文艺汇演或展览活动，因为是不经常发生的，能为人们提供非正常选择范围内的或非日常经历的娱乐、社交或文化经历的机会，可以说是节事活动；然而，公园里每天早上由市民自发进行的健美操、太极拳等各种锻炼活动，是为了满足市民们的日常生活或工作所需而进行的，它不属于节事活动，只是普通的日常性（事件）活动（参见表1-1）。

表1-1 节事活动与日常性（事件）活动的对比表

	节事活动	日常性活动
性质	当地的重要活动，有时是当地的标志性活动	人们日常工作生活中的活动
活动目的	在当地产生经济、社会、政治等效益	满足人们日常生活和生产的需求
发生概率	少，不经常发生；可遇而不可求	多，经常发生；可遇且可求
参加人数	多	少

---

① Getz, D. Event; Event management; event marketing [M]. IN: JafariJ. Encyclopedia of Tourism [M]. New York: Routledge, 2000a: 209-212.

(续表)

	节事活动	日常性活动
社会影响	大	小，或基本没有
组织机构	有专门机构负责，一般组织健全、结构严密	无专门机构负责，多为自发
规模场面	大	小
涉及面	广	窄
举例	体育类：奥运会、F1车赛、健美大赛 节庆类：上海旅游节 会展类：2010年世博会、APEC会议	早上公园健身活动 亲人朋友聚会 企业部门例会、学校常务会

　　本书所指的"节事活动"，具有如下特征：一是非日常性，这是节事活动区别于一般日常性活动事件的基本标志，是被本书所指称的"节事"的首要标准。二是文化性，因为节事活动的本质是文化，具体而言，属于现代"泛民俗"文化现象的重要成分（具体论述可参见后文关于"节事资源的文化本质"部分），这是节事活动的本质特征，只有抓住"文化性"这一本质特征，我们才能突破传统的物质资源利用观念与方法的束缚，按照具有本身内部规律的文化产业经济发展的逻辑对节事资源与旅游产业的创意融合的利用与发展进行有效指导。三是吉祥性，这是本书为了区别于灾难性的事件（如地震、海啸、台风、战争、凶杀等天灾人祸类的事件）而特别提炼出来的一点。因为那些灾难性事件会给人们带来物质及精神上痛苦，是人们不愿意发生的，而本书所指的节事（活动）则是指那些能为人们带来非正常选择范围内的或非日常经历的各种机会和美好期待，甚至能获得满意结果的，能对人们的主观意向产生吉祥、美好意蕴导向的节庆及特殊事件活动，不包括那些负面的、不好的事件及活动。可见，吉祥性是节事活动区别于一般的（特别是非吉祥的）事件活动的最主要的内在标准。四是计划性，节事活动的举办都是要经过周密的计划才能得以组织实施，这是突发性的事件所没有的特征。

(二) 节事旅游

从旅游活动的形式来看，吸引源以及出游的目的乃是界定各种旅游形式的依据，如生态旅游、工业旅游、购物旅游、宗教旅游等。据此，把旅游节事当成一个特定的吸引物而形成的旅游活动，构成了一种新型的旅游形式，即节事旅游①。本书认为，节事旅游作为一种新的旅游形式，是指旅游者以参加非日常性的节事活动为主要目的而引发的旅游现象，也是一种旅游形式。作为一种旅游形式，某时某地某节事活动的举办（或发生）是其旅游吸引力的核心。根据作为旅游吸引力的核心吸引源的节事（活动）的属性特征来看，节事旅游主要有节庆旅游、会展旅游、（体育）赛事旅游、演艺旅游等多种形式。

(三) 旅游节事

在发展经济的目标导向下，各地都在挖掘各类可被开发和利用的资源。旅游业的交叉性、引爆性很强，且与其他产业的融合型很强，于是各地往往通过举办各类节事活动以促进旅游业的发展，进而带动区域经济、文化及社会的综合发展。这时的节事就自然地作为旅游业的资源而被开发利用，并由包括政府、商家在内的各类机构参与其中，进行专门的规划、设计、组织与运作，这样的节事（活动）因为具有极强的旅游属性，而常常被称为旅游节事，且在现实中占绝大多数。结合我国情况，广义的旅游节事一般要符合下述条件的限定：所有以"旅游"命名的；与旅游内容相关的；作为旅游吸引物存在；客观上具有旅游影响的。其中，只满足第一个条件的为狭义的旅游节事②。本书所指的旅游节事，与上述的广义定义比较接近，具体指：节事（节或事）发生的动机或结果与旅游业的发

---

① 马聪玲. 中国节事旅游研究：理论分析与案例解读 [M]. 中国旅游出版社，2009：17—19.
② 同上。

展密切相关,且能带来正面的积极影响的节事活动,即节事的举办是以发展旅游业为主要动机之一的,或者某一事件的发生虽然主观上不是以旅游业的发展为动机,但其结果客观上促进了当地旅游业的良性发展的节事活动。归纳其要点,有两个核心:一是与旅游密切相关的节事;二是能给旅游业发展带来正面影响,最终结果是好的、让人轻松的,而非使人有沉重感的节事。如各地的节庆、体育赛事等对旅游的作用很明显,属于旅游节事(哪怕其名称上没有"旅游"二字),但像SARS(非典)、地震等天灾人祸类的事件,因其发生和旅游是没有直接关系的(虽然其结果对旅游业会产生极大的负面影响),往往是坏事多于好事,甚至是基本没有好事可谈,给人的感觉总是很压抑、太沉重,不属于本书所指的旅游节事的范畴。

这里要说明的是,旅游节事与节事旅游是一对既紧密联系,但又完全不同的概念:旅游节事属于节日或特殊事件范畴,具体指节日或特殊事件中与旅游密切相关的"节"或"事",主要是为了发展旅游业,作为旅游业的资源而被开发与规划、运作的,或者其结果能给旅游业带来积极影响。节事旅游则指由节事(节或事)引发的一种旅游形式(如节庆旅游、世界杯之旅、奥运会之旅等)。可以说节事旅游的广阔内涵中包含了旅游节事。二者的关系是:(1)旅游节事是节事旅游的资源或产品的基础,是可供(节事)旅游业开发利用的一种资源要素,或者是产品的构成要素,一旦某项旅游开发项目(包括旅游目的地的开发建设,以及某一具体旅游线路产品的开发设计)要利用节事来作为其中的要素以吸引游客,这时的"旅游"就属于节事旅游的范畴了(即这时的旅游资源就属于节事旅游资源,这时的旅游线路产品就属于节事旅游线路产品,这时的旅游目的地就属于节事旅游目的地)。可见没有旅游节事,节事旅游就不可能发生,就成了无源之水、无本之木。(2)节事旅游是旅游节事的实现方式,它既可以是(旅游)节事开发的动机,也可以是(旅游)节事发生的结果。总之,节事旅游是让旅游节事产生意义和价值的导向和目标,若没有这种意义及价值,旅游节事就没必要存在,或者它仅仅是一般的"节"或"事"而已,而不能称之为"旅游节事"。

(四)节事资源

从资源开发利用的角度看,节事也是一种资源,但与一般的自然资源不同的是,节事资源本质上是一种文化资源。通过文化内涵的挖掘与文化产业逻辑的运作,在文化系统的不同结构层面和不同的识别体系内,节事文化资源的不同要素可以被有机地整合应用。具体而言,节事资源一般指的是凝结在节事系统中能被人类当成资源而被开发利用的各方面要素的组合,是物质资源与非物质性的综合,具有多元性与整体性的结合、符号性与象征性的融合、独有性与共享性的统一等鲜明的特征(详细分析可参见第五章"节事资源的创意性开发"的第一节中的"二、节事资源的文化分析"部分)。

(五)节事旅游资源

当今旅游业对节事(文化)资源的开发应用是最充分和最有效的,可以说旅游业是节事文化资源开发与产业化运作的有效途径、现实载体。所以,当节事文化资源被旅游业所利用时,就是一种旅游资源,我们可以称之为节事旅游资源。

本书认为,节事旅游资源是指被旅游业(直接或间接)开发利用的节事类资源。具体而言,从节事本身的属性上看,包括节庆、(体育)赛事、演艺、会展等各类资源;从节事(资源本身)与旅游业融合的程度,可分为旅游型、强旅游型、半旅游型及弱旅游型等各类资源。

第二章
国内外研究现状评述

当前，节事活动已成为很多地方旅游发展的重要动力及旅游目的地营销的重要手段，节事产业也成为一个新的行业。因此，节事资源与旅游产业的创意融合也成了新的发展趋势，学术界的相关研究也逐渐发展。目前关于节事资源与旅游产业创意融合的研究成果，主要集中在以节事/节事（事件）旅游、会展/会展旅游或（大型）活动/（大型）活动旅游为主题的研究中。为了指称方便，本书统一将这些相关研究称为节事/节事（或事件）旅游的相关研究。

节事/节事旅游相关研究的出现只是近几十年的事。从 1961 年在一些非旅游专业的刊物和专著中最早出现事件及事件旅游的研究成果①，21 世纪到来之际节事和节事旅游热的兴起，特别是 2010 年后节事旅游的一些较为深入的研究成果的出现，如关于节事旅游的内部机理研究、关于重大节事的空间影响研究、对节事旅游研究的中外比较研究等，节事旅游的相关研究成果出现了"井喷"式发展，极大地推进了节事旅游研究的理论建设步伐。但总的来说，节事/节事旅游的相关研究仍然是一个"年轻的学术领域"，还需不断完善与发展，尤其是中国的相关研究比西方晚，还需加快赶上。

第一节　国外研究现状

国外关于节事/节事旅游的相关研究主要以欧美等西方国家为主，这些国家的研究成果代表了该领域研究的现状，因此，本书将主要对西方国家的节事/节事旅游研究的现状作概述。

纵观西方关于节事与节事旅游的主要研究文献，其成果从总体上看表现出两个特点：（1）研究内容主要集中在大型或特大型节事旅

---

① Boorstin, D. J. Image: A Guide to Pseudo-Events in America [M]. New York: Harper and Row, 1961.

游的影响分析,其中,节事旅游与城市关系方面的分析尤为突出。(2)浅层次的表象研究多于关于内部机制的深入研究,个案的分析研究多于系统的理论研究。(3)此外,尽管关于节事及节事旅游的研究很多,但目前在节事旅游理论界,Getz. D(1991)的"Festival, Special Event and Tourism"以及 Hall(1992)的"Hallmark Tourist Event: Impact, Management and Planning"仍是节事/节事旅游相关研究的典范之作,且 Gazt. D 的论著观点也是被引用的最多的。

从内容上看基本上可以分为两大类:即针对节事的一般性研究和针对超大型事件(如奥运会和世界杯足球赛)的专门探讨[1],现分述如下。

一、节事及节事旅游的一般性研究

节事与节事旅游的研究内容非常庞杂,经提炼主要涉及以下几方面:事件旅游吸引物、事件的包价组合及预期影响、事件的申办(包括目标市场营销、激励和吸引事件、对事件组织者的资助)、事件供求(包括游客体验、事件产品、组织者、志愿者以及事件的生产运作和消费)、事件的关系(包括主客关系、社区关系)、事件的目标(社区发展)[2]。这些研究成果中,既有宏观的影响及环境条件等方面的研究,也有微观的具体运作管理研究,其中,以节事旅游动机、节事活动管理、节事影响的研究成效最为显著[3]。

(一)节事旅游动机研究

节事旅游动机研究是节事研究的重要领域之一,西方研究者在这些领域研究的结果也相对一致。在节事参与者的动机方面,按照

---

[1] 戴光全,保继刚. 西方事件及事件旅游研究的概念、内容、方法与启发(下)[J].旅游学刊,2003,(6):111—119.
[2] 戴光全,保继刚. 西方事件及事件旅游研究的概念、内容、方法与启发(上)[J].旅游学刊,2003,(5):26—34.
[3] 马聪玲. 中国节事旅游研究:理论分析与案例解读[M].中国旅游出版社,2009:20—22.

马斯洛的需求层次理论来看，节事满足了参与者三个方面的需要，即生理的、人际和社会的、自我的基本需求①。在"逃避—追寻"二分法以及"推-拉"模型分析视角下，旅游的动机可能主要来源于寻求(即要从一个反差强烈的环境中寻求心灵上的收获)和逃避(即逃离日常的生活环境)②；并且遵循"文化探寻—新鲜事物/回归—恢复平衡—融入团队—外部扩展/社会化—人际交往"这样的顺序逐步深化，激发旅游者参与节事活动的动机③。这些主要的节事(旅游)的动机，通过节事参与者的样本分析，可以归纳为五种：即逃避、兴奋/刺激、新鲜事物、社会化、家人团聚④。此外，对节事文化的真实性的需求也是重要节事的参与动机，但在现实的旅游节事的开发与运作中往往被忽视，甚至常常在旅游节事中出现"伪民俗""伪文化""伪事件"等让节事参与者失望的现象，其目的是要让访问者获得对其经历是否真正反映地方价值观的认可⑤。

同时，对于各类不同的节事活动，其旅游参与者的动机是不同的，我们不但要了解其共性需求，更要关注其类型差异，才能将研究成果更好地服务于实践运作。以体育赛事活动为例，在奥运会中观赛者对自己喜爱的运动项目的共同兴趣形成一种体育亚文化精神⑥，从而吸引这些爱好者前往比赛场地进行观摩并参加各种相关

---

① Getz, D. Special events [C]. Medlik S (ed.) Managing Tourism. Oxford: Butterworth-Heinemann Ltd, 1991: 112.
② Iso-Ahola, S. E. The Socail Psychology of Leisure and Recreation [M]. Dubuque IA: Wm. C. Born, 1980.
③ Crompton, J. L. & McKay, S. L. Motives of Visitors Attending Festival Events [J]. Annals of Tourism Research, 1997, 24(2).
④ Uysal, M., Gahan, L. & Martin, B.. An examination of event motivations: A case study. Festival Management and Event Tourism, 1993, (1): 5-10. Mohr. K., K. F. Backman, L. W. Gahan, and S. J. Backman. An Investigation of Festival Motivation and Event Satisfaction by Visitor Type [J]. Festival Management Event Tourism, 1993(1).
⑤ 威廉·瑟厄波德，张广瑞等译. 全球旅游新论 [M]. 北京：中国旅游出版社，2001, (1): 398.(参考：Getz, D. Event Management & Event Tourism [M]. New York: Cognizant Communication Corporation.1997.)
⑥ Green, B. C., Chalip L. Sport Tourism As The Celebration of Subculture [J]. Annals of Tourism Research, 1998, 25 (2): 275-291.

活动,形成体育观战旅游①。这种广泛参与性使得奥运会在各类体育赛事中具有最明显的效应和最长久的影响,也是最受关注的体育赛事。

(二) 节事活动运作管理研究

节事及节事旅游的运作管理研究内容广泛多样,包括节事活动的策划及规划、组织与运作等方面。由于节事及事件旅游涉及面广,成分因素众多,因此,在事件举办前对事件及事件旅游及其结果进行策划和规划是不可缺少的重要内容②,因为这是节事能否成功的前提和保障。经典的观点认为,事件旅游战略规划包括规划任务、形势分析、蓝图和目标、市场研究、战略阐述、管理系统和战略优化七个方面的内容和步骤③。

上述的是节事及节事旅游运作管理在学术期刊方面的学术成果。此外,在节事运作和管理的实用性的书籍方面,如 Dollars and Events: How to Succeed in the Special Event Business④ 等对如何计划、准备、组织和管理节事活动进行了归纳总结,其中涉及节事活动的经济分析、计划、人事管理、市场营销与赞助商开发、控制预算、公共关系以及节事活动评估等方面。

(三) 节事活动影响研究

从节事活动的作用意义上看,节事旅游为国家和地区的经济发

---

① 吴必虎. 区域旅游规划原理 [M]. 北京:中国旅游出版社,2001,(1):279.
② Bramwell, B. Strategic Planning Before and After a Mega-Event [R]. Tourism Management, 1997, 18(3): 167–176. Wal, l G. Event and Tourism [R]. Seminar Report at Zhongshan University(在中山大学的讲座报告), 2002.
③ Getz, D. Event Management & Event Tourism [M]. New York: Cognizant Communication Corporation, 1997: 94.
④ Goldblatt, J. J. & Supovitz, F. Dollars and Events: How to Succeed in the Special Event Business [M]. New York: John Wiley & Sons Inc, 1999.

展作出了巨大贡献①。具体来看，节事的作用与影响落在一个具体的空间就是对当地（城市、地区甚至国家）的综合影响，其中最重要的就是对举办地城市旅游的作用，比如很多时候节日、会议、展览及各种活动被界定为都市旅游产品，归于都市旅游的第一要素；同时，出于宣传和政治目的的"伪事件"在社会、经济、文化、政治等方面具有形象的影响作用②，且节事活动对旅游目的地形象塑造也具有重要作用③。

结合具体的节事案例来研究节事活动的影响是常见的方式。在体育赛事对旅游业的作用方面，如2000年悉尼夏季奥运会，对旅游业和相关部门产生了巨大的带动作用：吸引额外的海外游客；奥运广告活动创造收入；提高澳大利亚的品牌效益；媒体公关计划创造额外宣传价值；与奥运赞助商联合进行的宣传创造价值；主题年活动产生巨大效应，借奥运机会邀请世界最有影响的人士到访；提高旅游和旅游管理机构在国内的知名度和地位，并最终为澳大利亚创造了数额巨大的直接和间接收益④。罗伯森和格雷尔（Robertosn & Guerrier）的研究告诉我们，每当国际竞争日益激烈、旅游产品标准下降时，西班牙的沙滩产品就会遭受损失，于是，通过用大型节事活动计划使其在季节上和类型上丰富旅游产品。西班牙就设计和实施过通过重大节事活动，尤其是三个重要的国际事件（奥运会、欧洲城市文化节和1992年世博会）来帮助其重塑

---

① Braun, B. M. The economic contribution of conventions: the case of Orlando, Florida [J]. Journal of Travel Research, 1992, 30(3): 32-37. Burgar, B. & Mules, T. Economic impact of sporting events [J]. Annals of Tourism Research, 1992, (19): 700-710. Lee, M. J. & Back, K. J. A review of economic value drivers in convention and meeting management research [J]. International Journal of Contemporary Hospitality Management, 2005, 17(5): 409-420.

② Boorstin, D. J. Image: A Guide to Pseudo-Events in America [M]. New York: Harper and Row, 1961.

③ 李祗辉. 大型节事活动对旅游目的地形象影响的实证研究 [J]. 地域研究与开发, 2011, 4(2): 110-112; 118.

④ ATC. A review of the ATC's Olympic Games Strategy [R]. 2001a. Available in: http://atc.australia.com/aboutus.asp?art= 1152. [澳] 约翰·莫斯, 国家旅游局驻悉尼办事处译. 奥运会与澳大利亚旅游业 [J]. 旅游调研, 2001, (8): 22—28.

城市和国家新形象①。

总之，大部分研究者注意到节事活动的积极影响，但也有部分研究者关注节事的负面影响，如会展旅游存在的负面影响包括通货膨胀、城市示范效应、交通拥挤和犯罪率上升等②。此外，影响游客和居民关系的主要因素，除了游客量，还有文化差异、经济发展不平衡、活动的空间分布不平衡也是导致这些负面效应产生的原因③。

二、针对大型节事活动的专门研究

节事研究的一个重要方面就是对奥运会、世界杯等超大型赛事及节庆和会展活动进行案例研究。

（一）奥运会及旅游研究

（1）宏观层面——奥运会的影响与作用研究。作为综合性的重大体育赛事，举办奥运会不仅可以获得直接的经济收入④。而且可以带动主办地和主办国诸多产业的发展，且具有十分明显的奥运会旅游效应⑤。奥运会对旅游的巨大影响不仅是短期的，如果策划运作得当，还可以通过持续利用奥运会的效应使之长期影响旅游业的发展。西班牙巴塞罗那1992年举办的第25届夏季奥运会，对当地设施数量、设施的使用率、游客逗留时间的提高都是非常显著的，特别是巴塞罗那的游客构成和旅游目的方面都发生了重大变化：游客

---

① [美] 罗伯森和格雷尔. 展示主办城市的事件：塞维利亚、巴塞罗那和马德里. 见:《城市旅游管理》[C]. 天津：南开大学出版社，2004.

② King B., Pizam, A., Milman, A. Social impacts of tourism host perceptions [J]. Annals of Tourism Research, 1993, (20): 650-665.

③ Pizam A. Tourism's impacts: the social costs to the destination community as perceived by its residents [J]. Travel Research, 1978, (16): 8-12.

④ Miquel deMoragas & Miquel Botella. The Key to Success [M]. 1995. 1996/亚特兰大、2000/悉尼数据见：经济参考报，2001-08-02. 见：张广瑞. 旅游研究与信息，2001a，7 (4): 12.

⑤ Pyo, S., Cook, R. and Howell, R. L. Summer Olympic Tourist Market [A]. In Medlik, S. (ed.) Managing Tourism [C]. Oxford: Butterworth-Heinemann Ltd, 1991: 191-198.

结构方面，远程游客比重大幅度提高；旅游目的方面，度假旅游比重增长了1倍多，从而使巴塞罗那旅游业的经济效益得到较大幅度的提高①。为了使奥运会的效应长期化、深入化，举办奥运会的城市往往与城市促销一起，对体育旅游相关的行业进行积极的、多方面的市场促销②。

（2）微观层面——奥运会的参与者动机研究。从奥运会参与者的动机来看，经典的研究认为主要包含四个具体层面的参与动机：一是演出层面——把事件作为一个整体，一次表演者、人民和权力的合力展示；二是节日层面——喜欢比赛的人们游离于中心却通过野餐、咖啡、兜风或其他即兴活动为场面增添色彩和情感因素；三是仪式层面——通过给参与者分配仪式角色（如开幕式、闭幕式和颁奖仪式等），把比赛从平日的不公不幸的平凡惯例中解放出来；四是比赛本身层面——通过真正的奥林匹克精神，使那种面对巨大困难仍坚持不懈奋斗的精神以及所取得成就的信息放射光彩③。

（二）世界杯及旅游研究

以法国世界杯的案例研究为例，第16届世界杯对法国足球发展、国家形象提升、政治以及经济影响等各方面都有明显的效果，如世界杯拉动了法国0.1%的GDP增长④。此外，2002年第17届世界杯对韩国和日本的政治、经济影响等都被证实是很有效果的⑤。

---

① Ignacio de Delas. 奥运会对巴塞罗那的影响[J]. 见：张广瑞. 旅游研究与信息，2001b，7(4)：11.

② Karlis, G. City and Sport Marketing Strategy: The Case of Athens 2004 [J]. The Sport Journal，2003，6(2).

③ [美]丹尼尔·戴扬，[美]伊莱休·卡茨. 麻争旗译. 媒介事件[M]. 北京：北京广播学院出版社，2000.

④ Dauncey, H. & Hare, G. France and the 1998 world-cup: National impact of a world sporting event [M]. London: Frank Cass Publishers, 1999.

⑤ Horne, J. & Manzenreiter, W. Japan, Korea and the 2002 World Cup [M]. London: Routledge Publishers, 2002.

(三) 其他大型节事活动旅游研究

除了对奥运会、世界杯足球赛等世界性大型赛事活动的专题研究外，还有一些对如世博会等综合性展会及各地大型节事活动的专题研究。如，通过对爱丁堡艺术节的抽样调查数据的聚类分析，可发现七种基于参与动机区别的节庆消费的细分人群：即国际文化的严肃消费者(Serious Consumers of International Culture)、英国流行戏剧的社会派人士(British Drama-Going Socializers)、苏格兰表演艺术的观赏者(Scots Performing Arts Attenders)、体验苏格兰的旅游者(Scottish Experience Tourists)、美术馆的常客(Gallery-Goers)、偶尔光临节庆的人(Incidental Festival-Goers)、碰巧赶上节庆的光顾者(Accidental Festival-Goers)，这对节事旅游的策划、设计及营销宣传等都具有直接的指导意义①。

第二节　国内研究现状

相比国外，国内的节事/节事旅游研究起步虽然较晚，但发展迅速。我国的节事旅游发端于20世纪80年代。1983年，河南省洛阳市创办了牡丹花会（这可以说是现代中国最早的节庆旅游之一），之后便蓬勃发展，一发而不可收拾。然而，许多节庆旅游都因设计缺乏特色、内容雷同和组织管理不完善而收效甚微。这时旅游界人士便开始认真研究这一新生事物，以期为实践发展提供理论指导②。

据目前所知，自1985年顾树保在其《旅游市场学》一书中首次将"特殊事件团体"列为旅游细分市场的一类之后，随着节事在我

---

① 戴光全，保继刚. 西方事件及事件旅游研究的概念、内容、方法与启发（上）[J]. 旅游学刊，2003,(5): 26—34.
② 陆凤英，王录仓. 节庆旅游研究文献综述 [J]. 前沿, 2007,(8): 33—35.

国的蓬勃发展，节事旅游研究也迅速发展，旅游、经济、管理、文化、人类学、社会学等各种学科背景的学者开始关注节事旅游的研究，并在学界(尤其是旅游学界)形成新的研究热点，同时涌现出众多的研究成果。本书以"节事旅游/旅游节事""节庆旅游/旅游节庆""大型活动旅游""事件旅游""会展旅游""(体育)赛事旅游""演艺旅游/旅游演艺"等为主题词在中国知网(CNKI)搜索相关的研究文献，数量众多，文献种类范围涉及期刊文章、硕博士论文、会议论文及报纸专题文章等。纵观这些研究资料后，本书将从一般性的基础研究和专门的分类研究两方面，来分析我国节事及节事旅游研究的现状。

一、节事及节事旅游的一般性研究——奠定了学科理论体系基础

我国节事旅游的一般性基础研究主要集中在节事及节事旅游的目的与作用影响、时空特征以及策划和运作管理等方面的研究。这为我国节事及节事旅游方面的研究与应用奠定了初步的学科理论体系基础。

(一) 节事及节事旅游的目的与影响研究

各地举办节事的出发点，很多是使节事成为旅游吸引物、促进旅游业发展的动力、旅游形象塑造者、提升旅游吸引物和旅游目的地地位的催化剂[1]。由此可见，节事对于旅游目的地的创建有重要作用[2]，其对目的地的影响不仅仅是经济方面的，还包括社会、文化和环境等方面[3]。在经济影响方面，节庆旅游经济效益的形成需

---

[1] Getz, D. Event Management & Event Tourism [M]. New York: Cognizant Communication Corporation, 1997: 16.
[2] 戴光全，保继刚. 西方事件及事件旅游研究的概念、内容、方法与启发(下) [J]. 旅游学刊, 2003, (6): 115—116.
[3] 李旭，马耀峰. 国外会展旅游研究综述 [J]. 旅游学刊, 2008, (3): 85—89.

要具备宏观、微观及管理等几个层面的条件①，并可根据不同的节庆旅游数学经济模型进行测量②。从社会综合发展的角度看，节事旅游与城市总体环境具有良性互动关系③，节事旅游成为城市可持续发展的催化剂④。其中，世博会可谓"城市旅游的助推器"，能从客源规模的拓展、旅游资源的重构、旅游基础设施的完善、旅游服务系统的升级、城市形象的提升、城市文化的深化等方面助推城市旅游及城市的综合发展⑤。此外，大型体育赛事对目的地（尤其是旅游业）的影响是非常广泛和深远的。

为何节事活动的举办能促进当地旅游业及各方面的综合发展，甚至带来互相促进？其根本原因到底是什么？"触媒效应"和"母体效应"的发现很好地揭示了其内在根源。"触媒效应"说明了节事对当地旅游业甚至整个区域社会综合发展的促进作用机制，"母体效应"则反映了当地旅游业发展的基础对节事产业的促进作用机制，二者共同构成了互动作用的内在机制⑥。

节事（旅游）的影响不仅有正面效应，也有负面效应，如在扩大经济影响的同时，社会影响的方面和程度也会发生变化，当负面的社会影响过大，可能会对节庆旅游的发展起到不利的作用⑦。

（二）节事及节事旅游的时空研究

总体上而言，我国城市节事旅游发展存在着明显东部多西部

---

① 周玲强，冯晓虹. 旅游节事经济效益形成的机理分析[J]. 商业经济与管理，2002,(11)：56—60.
② 石玉凤，单博诚. 对节庆文化活动与经济内涵的思考[J]. 科技进步与对策，2001,(2)：64—65.
③ 张彬彬. 城市事件旅游活动的地域差异[J]. 旅游科学，2003,(4)：35—37.
④ 庄志民，赵睿. 系统视野中的上海节庆旅游资源开发[J]. 旅游科学，2000,12(4)：27—29.
⑤ 胡建伟. 世博会与上海旅游业互动机制研究[J]. 旅游科学，2005,(2)：73-78.
⑥ 潘文焰. 大型活动与旅游业的互动研究——基于"触媒效应"与"母体效应"理论[J]. 人文地理，2012,(6)：124—129.
⑦ 戴光全，保继刚. 西方事件及事件旅游研究的概念、内容、方法与启发（下）[J]. 旅游学刊，2003,(6)：115—116.

少、东部强西部弱的地域差异①,具体到各个地方来看,则各具特色。此外,对旅游事件发生目的地的场馆有效利用与持续经营也非常重要②,并且大型事件活动(会展)场馆性质的转变只有融入其所在地方的旅游发展大潮,成为当地出色的景区,才能获得可持续的发展③。

(三)节事及节事旅游的经营管理研究

节事的营销及经营管理的研究属于实务研究,内容涉及节事的开发(尤其是旅游开发)、节事活动的前期的策划设计以及后期具体的运作管理等方面。

从宏观上看,结合中国国情,节事的运营管理要遵循政府主导、市场运作、社会参与的模式④。根据市场需求精选节庆旅游主题、进行市场运作、精心营造节庆氛围引导公众参与、重视旅游商品和纪念品的开发等是规范化运作节庆旅游的基本程序⑤。具体而言,节庆设计程序可按照前期准备、主题选择、节庆定位、行动计划、制定总体方案、前期宣传、战略准备、节庆实施与绩效评估的步骤有序展开(刑定康、李想,2000⑥);无中生有、拿来主义、旧瓶装新酒等则是节庆旅游开发中的三种常用模式⑦。

节事旅游与传统意义的节庆、会议活动,尤其是与一些地方追

---

① 张彬彬. 城市事件旅游活动的地域差异 [J]. 旅游科学, 2003, (4): 35—37.
② 龚映梅, 赵光洲, 干晓蓉. 举办大型活动后场馆资源的有效利用与持续经营问题研究 [J]. 经济问题探索, 2003, (4): 45—47.
③ 戴光全, 保继刚. 大型事件活动的特点和场馆的性质转变——昆明世博会和顺德花博会的案例 [J]. 热带地理, 2005, 9(25): 258—262.
④ 卢晓. 大型节事的市场化运作管理 [N]. 中国旅游报, 2012年10月31日, 第11版.
⑤ 陈来生. 旅游节庆的打造与要素的合理构架——以苏州旅游节庆的转变为例 [J]. 探索与争鸣, 2003, (10): 41—43.
⑥ 邢定康, 李想. 节庆是感谢上苍、宣泄快乐的一种方式: 节庆的规划实施与绩效评估—中国南京国际梅花节启示录 [J]. 市场观察, 2000, (11): 26—31.
⑦ 庄志民, 赵睿. 系统视野中的上海节庆旅游资源开发 [J]. 旅游科学, 2000, 12(4): 27—29.

求短期效应的政绩工程存在着本质区别,因此,节事旅游发展要尊崇旅游产业基本的运行规律①。同时,节事运作与管理是一项复杂的系统工程,故需要根据节事活动对当地旅游的促进作用,以及与当地旅游业的关联程度及互动效应的大小,将节事活动分为旅游型、强旅游型、半旅游型、弱旅游型四种类别,并可以从客源、资源、产品及品牌等方面采取不同的节事旅游发展策略。此外,因为当代各类节事的本质是(民俗)文化,节事旅游是一种文化现象,它属于文化旅游的范畴,在具体设计、策划、举办节庆旅游时,应以节事(庆)旅游文化的原则,按照有关文化旅游及文化产业的各种要素来进行②。而少数民族地区(文化)节庆旅游的开发,则应该提出统一规划后系统开发,特别要突出民族文化、以民族特色为核心推出节庆旅游精品③。

在节事(旅游)管理方法的研究方面,则可将项目管理理论与方法引入旅游节事管理中,并提出建立合适的旅游节事项目主体系统,对应实施有效的营销管理、财务管理、风险管理和物流管理,是可供借鉴的基本方法④。

二、节事及节事旅游的专项分类研究——确立四大类别的研究框架

国内对节事及节事旅游的研究内容主要围绕着节庆、赛事(主要是体育赛事)、会展(会议、展览及奖励旅游)及演艺这四大类型展开,基本确立四大类别的研究框架。但从总体上看,2008北京奥运会和2010上海世博会成为我国广为关注的大型节事活动中的焦

---

① 王晨光. 节事旅游发展亟待理念创新 [J]. 旅游学刊,2009,(1):8—9.
② 秦美玉. 旅游节庆及其文化性因素论析 [J]. 四川师范大学学报(社会科学版),2004,(5):111—115.
③ 陈素平,成慕敦. 浅析少数民族节庆旅游开发 [J]. 开发研究,2004,(2):96—87.
④ 戴光全,保继刚. 大型事件活动的特点和场馆的性质转变——昆明世博会和顺德花博会的案例 [J]. 热带地理,2005,9(25):258—262.

点，其影响为世界所瞩目，但是相应的、针对性强的研究还有待进一步深化，特别是要借鉴国外的成功经验。

(一) 节庆研究

节庆及节庆旅游的研究是节事及节事旅游研究中较早起步的，有以下特点：(1) 研究内容广泛，涉及各方面，数量非常多。旅游节庆具有多方面的经济及社会等功能作用①，因此，可以把节庆旅游做成产业来经营②。而对于具体的旅游节庆的开发、运作与利用研究，应将富有特色的城市特征、广泛的民众基础、活动内容的确定性与管理的严密性、成本利润理念注入，因为这是节庆旅游成为产品、产业的基本条件③。(2) 个案分析是重点突破口。这方面如戴光全以"99 中国丽江国际东巴文化艺术节"为案例，认为发挥节事长期效应的基本策略包括节事规模的等级化、节事类型的多样化、节事时间的持续化三个方面④。此外，多位学者专门对上海黄浦旅游节、贵州民俗文化节、那达慕大会、妈祖文化节等地方性节庆活动进行了研究和总结⑤。

(二) 会展研究

会展旅游研究的成果主要有以下特点：(1) 基础研究较扎实。会展旅游的综述研究、基础概念研究、经济作用研究、地方会展业现状及发展趋势研究、问题及对策研究等是会展旅游研究的基础内

---

① 邓明艳. 培育节庆活动营销西部旅游目的地 [J]. 旅游学刊，2002,(6)：32—35.
② 史铁华，何玲. 关于旅游节庆市场化运作的思考 [J]. 旅游科学，2001,(1)：5—9.
③ 同上.
④ 戴光全. '99 中国丽江国际东巴文化艺术节及其旅游后续效应——节事活动的系列化运作 [J]. 社会科学家，2004,(3)：82—84,88.
⑤ 马聪玲. 事件旅游：研究进展与中国实践 [J]. 桂林旅游高等专科学校学报，2005,(1)：79.

容，有很多具体的成果①都具有一定的代表性；（2）深层次研究有突破。主要有会展旅游的发展模式②、会展旅游的定位③以及对会展旅游参与者的行为④等方面的研究也获得不少成果；（3）重点个案研究。尤其是对世博会的研究是热点，如对世界博览会与城市旅游的互动研究就有一些代表性的成果涌现⑤。

（三）赛事研究

相比于节庆与会展，赛事旅游相关的研究起步较晚，是个很新的研究课题，但有很大的研究空间和研究价值，其核心内容主要集中在体育赛事方面。国内对体育赛事旅游的研究，总体上是从体育旅游这一总体视野下来关照的⑥，并且其研究焦点主要集中在超大型体育赛事上的影响及具体运作管理上，尤其是奥运会和世界杯。2002世界杯对韩国旅游的长期影响包括：（1）对旅游目的地形象的影响，包括目的地知名度和美誉度的提高、目的地形象的丰富；（2）对目的地吸引力系统的影响，包括传统旅游产品的开发、体育相关旅游产品的开发、旅游商品的开发；（3）对目的地旅游支持系统的影响，包括促进旅游服务水平的提高、信息化水平的提高、影响旅游基础设施等⑦。另外，奥运会也具有明显的"奥运会旅游效应"（具

---

① 卞显红，黄震方. 我国会展旅游发展中的问题与对策［J］. 旅游科学，2001，(4)：9—43. 应丽君. 关于中国会展旅游的思考［J］. 旅游科学，2003，(1)：10—12.
② 王保伦. 会展旅游发展模式之探讨［J］. 旅游学刊，2003，(1)：35—39. 王春雷. 中国会展旅游发展的优化模式构建［J］. 旅游学刊，2002，(2)：44—48.
③ 谢雨萍，邓祝仁. 中国优秀旅游城市会展旅游之定位［J］. 地域研究与开发，2002，(4)：80—81.
④ 卞显红. 会展旅游参与者决策过程及其影响因素研究［J］. 旅游学刊，2002，(4)：59—62.
⑤ 王晓云. 世界博览会与城市旅游：互动中共创辉煌［J］. 旅游学刊，2004，(2)：70—75. 胡建伟. 世博会与上海旅游业互动机制研究［J］. 旅游科学，2005，(2)：73—78.
⑥ 戴光全，杨丽娟. 体育旅游及其国外研究的最新进展［J］. 桂林旅游高等专科学校学报，2005，(1)：68—74.
⑦ 马聪玲. 2002世界杯对韩国旅游的长期影响［J］. 当代韩国，2003年秋季号：85—88.

体包括国际旅游效应和国内旅游效应)①,不仅对当地,对周边地区的旅游发展也有重要影响②。

(四) 旅游演艺研究

近些年来,国内旅游演艺的发展增加了旅游吸引力,拓宽了旅游的文化空间,与国家提高文化软实力、推动社会主义文化大发展、大繁荣的战略布局相符,近年来备受业界和学界关注。因此,旅游演艺活动及演艺旅游的研究,可以说是这四种类型中最晚被研究者关注到的,文献较少,研究也是最薄弱的。旅游演艺最初的表现形式是主题公园内的文娱表演,早在20世纪90年代就已存在③。当前我国旅游演艺研究文献既有期刊类论文,也有专业学位论文。综观国内对旅游演艺活动及演艺旅游的研究,总体上呈现如下特点④:(1)从研究方法上看,基本是描述性研究和概念性研究,很少有模型构造和统计分析的研究;(2)从研究的切入点上看,主要从旅游学、经济学、管理学等学科视角出发,但也有从艺术学视角进行分析的,目的、重点以及方式方法等也不一样,这在一定程度上深化了旅游演艺的内涵;(3)从研究的具体内容上看,理论研究少,现象描述多;个案研究的数量不少,但只是宏观论述,缺乏实证,缺少说服力。因此,旅游演艺研究宏观上要多借鉴其他学科知识,并加强定量研究;微观上要进一步完善概念的科学界定,并加强理论体系构建、产品开发影响因素、可持续发展等方面的研究。

---

① 付磊. 奥运会旅游的国际比较和启示 [C]. 旅游绿皮书 2002—2003——中国旅游发展:分析与预测 [M]. 北京:社会科学文献出版社,2002.
② 马聪玲. 事件旅游:研究进展与中国实践 [J]. 桂林旅游高等专科学校学报, 2005,(1):75—79.
③ 李永红,唐学深."蜀风"《蜀魂》双星辉映 [J]. 中国西部,2001,(3):45—47.
④ 方世敏,杨静. 国内旅游演艺研究综述 [J]. 旅游论坛,2011,(4):152—157.

第三节　国内外研究现状述评及本书的意义

一、国内外研究述评

（一）国内外研究现状对比

国内外对于节事及节事旅游的研究各有特点（具体参见表2-1）。

表2-1　中外节事/节事旅游研究现状比较表

	中外研究现状比较		不足	对策建议
	国外	国内		
研究进程	经历了依附发展期与独立发展期阶段，形成了一些基本的规律性认识，目前已开始步入成熟发展期。	经历了依附发展期，目前处于独立发展期阶段，尚未步入成熟发展期，需不断探索深化。	未达到成熟发展期的水平；理论研究跟不上实践的需要。	结合实践的发展，加快研究步伐，使国内节事研究顺利步入成熟发展期，与国际接轨。
	中国节事及节事旅游研究晚于西方，但发展迅速。			
研究内容	研究主要包括节事旅游的动机、节事的运作管理和节事的影响等；研究的覆盖面相对更广、更均衡；在市场营销、节事消费、游客体验及志愿者等方面的研究较深入。在不同地域范围的分布相对更为均衡，在社区层面和跨国的节事研究方面涉及更多。	主要包括理论基础知识研究（概念、分类、作用认识等），影响研究（政治、经济、文化、环境等），经营管理研究（资源开发、产品策划、营销推广、运作管理）等；对社区发展、节事产品的研究有较多涉及；在城市层面的研究文献数量接近总数的一半。	虽初步形成了基础性的研究框架体系，但内容的深度不够。基本概念尚未明晰；文化主线有待清晰；学术视野不够深广；基本规律（原理）提炼不够；类型探讨深度不够。	深化热点内容研究；关注更广泛、更全面的研究内容；拓展国内节事研究的国际化视野；注重节事基本概念及相关基础理论的研究；建构中国特色节事研究理论体系。
	研究内容大体趋于一致，且主要集中在城市和国家层面。			

（续表）

	中外研究现状比较		不足	对策建议
	国外	国内		
研究方法	最常使用现代定性方法。更注重通过问卷、访谈、电话、邮件、实地观察等调查形式获取一手研究资料。	使用传统定性方法居多。	高质量的定性研究与定量研究较少，尤其是国内研究。	借鉴相关学科的理论与方法，灵活运用定性与定量方法进行研究，创新和完善研究方法。
	都是以定性方法为主，定量研究有待深化与拓展。			
成果及影响	众多成果有两点特征：大型节事活动的旅游影响分析，特别是节事旅游与城市关系方面的研究多；初步研究多于深入研究、个案研究多于系统研究；Getz、Hall 等是节事研究的典范代表①	虽成果众多，但缺乏具有国际影响力的研究者及高质量的研究成果。	尽管已有很多研究成果，但节事旅游研究仍是一个"年轻的学术领域"。	加强国际学术研究合作与交流，提高国内学术研究的国际地位及影响力。
	国外研究比中国早，影响比中国大，具内涵式发展特点；中国的研究起步晚，但发展迅速，呈外延式发展特点。			

注：本表综合了《1995 年至 2010 年中外节事研究的比较和启示》(戴光全，左平，肖璐. 人文地理，2012，(2)，17—25.)、《节事与事件旅游研究进展》(刘立峰，王烨. 旅游纵览(行业版). 2011，(6)：62—63.)两篇关于节事/节事旅游的综述研究类的文章的观点及内容，并重点融入本书的相关观点及结论而形成，对上述文章的内容作了较大的调整与改进。

1. 研究进展

西方有关节事及节事旅游的研究起步较早，在经历起源初创期、依附发展期与独立发展期阶段后，目前已步入成熟发展期阶段，有一些基本规律认识，但仍需进一步深化成系统化的理论体系。我国的研究在经历了起源初创期、依附发展期后，目前处于独立发展期阶段，尚未步入成熟发展期，需不断探索深化。

---

① Getz 的 Festival，Special Event and Tourism(1991)以及 Hall Hallmark Tourist Event: Impact，Management and Planning(1992)都是节事研究的典范之作，Gazt 的观点被引用得最多。

2. 研究内容

西方研究成果的内容主要集中在节事动机研究、节事影响研究、节事活动管理研究等几个领域。国内有关节事及节事旅游的研究晚于西方,是旅游研究领域的新兴领域,但发展迅速,并逐步成熟,理论框架体系(节事及节事旅游的目的与影响、节事及节事旅游的时空特征、节事的经营管理等研究)正在构建之中,四大类别(节庆旅游、会展旅游、赛事旅游和演艺旅游)的研究领域基本确立并稳定下来,研究的视野能兼顾地方性与国际性,且最近两年在节事旅游的内部机理与机制、中外比较等基本理论研究的深度上取得了突破,极大地推进了我国节事及节事旅游研究的步伐。从国内学者重点关注的几大领域分析,国内研究还不够深入。首先,节事和事件旅游的理论研究仍处于初期阶段,多数只注重概念研究,缺乏拓展延伸。因此,应加强节事和事件旅游的概念、内涵、外延及其形成、演进规律的研究,构建规范的节事和事件旅游理论体系。其次,在节事和事件策划和运作的研究上,多数为案例的经验探讨,缺乏理论指导和研究规范。国内近期研究强调政府引导、市场化运作,而国外学者更加关注各利益相关者的分工协作。再次,国内研究对节事及事件的经济、社会文化影响关注很多,但很少重视环境影响,同时对事件的消极影响关注也不够[1]。还有就是节事旅游对中国当地居民的影响(尤其是定性方面),特别是负面影响目前很少有文章涉及。因此,在借鉴学习国外节事及节事旅游经验的同时,也要注意对节事旅游发展中的负面效应研究,以及如何采取有效的措施减少这些负面效应[2]。最后,国内外的研究都主要集中在城市和国家层面,但国内在城市层面的研究文献数接近总数的一半,国外的研究在不同地域范围的分布相对更为均衡;在社区层面和跨国

---

[1] 刘立峰,王烨. 节事与事件旅游研究进展 [J]. 旅游纵览(行业版),2011,(6):62—63.
[2] 郑四渭,郑秀娟. 国内外会展旅游研究述评 [J]. 重庆工商大学学报(西部论坛),2006,(2):56—59.

的节事研究方面,国外涉及更多。

3. 研究的理论视角及研究方法

在研究方法及理论方面,以下几点值得注意:(1)国外很多学者率先将休闲研究方法(诸如人类学、解释学、现象学以及经验采样等)引入节事和事件旅游研究中。因此,国内研究应该重视吸收国际上先进的研究方法并不断进行方法创新,也不妨借鉴其他学科的研究方法,运用多学科的方法,为国内节事旅游提供科学规范的方法论基础①。(2)从研究的具体方法上看,国内外研究都以定性方法为主;国外常用现代定性方法,国内多用传统定性方法,以文字论述见长,但研究方法相对单一;国外更注重通过问卷、访谈、电话、邮件、实地观察等形式获取一手调查研究资料;此外,国外较注重比较研究法的运用②。

4. 研究成果及其影响

外国研究成果众多,且 Getz、Hall 等研究成果是节事研究的典范代表,尤其是 Getz 的 Festival, Special Event and Tourism(1991)以及 Hall Hallmark TouristEvent: Impact, Management and Planning(1992)都是节事研究的典范之作。而国内虽成果众多,由于节事研究与国际的合作与交流不足,以及成熟程度也明显落后于国外,故缺乏具有国际影响力的研究者及研究成果③。

总之,对于节事和事件旅游的研究,国外(西方)的起源较早,也较为成熟,而我国目前还处于初级阶段,滞后于国外研究,理论研究跟不上实践的需要,许多问题还有待深入研究。

(二) 当前研究的不足

尽管已经有很多的研究成果问世,节事旅游研究仍然属于一个

---

① 刘立峰,王烨. 节事与事件旅游研究进展 [J]. 旅游纵览(行业版). 2011,(6):62—63.
② 戴光全,左平,肖璐. 1995 至 2010 年中外节事研究的比较和启示 [J]. 人文地理,2012(2),17—25.
③ 同上。

年轻的学术领域。纵观国内外的研究文献，研究的内容和方法都存在较多问题（参见表2-1），从而影响到最终成果的质量水平。这些问题的存在，弱化了节事旅游研究在学术研究中的地位，也减弱了其对实践的指导意义，尤其是符合中国国情的旅游节事理论成果较为缺乏，尚未形成完备的节事/节事旅游理论体系，严重束缚了节事旅游产业实践的深化与发展。因此，针对国内外的节事及节事旅游的相关研究仍存在诸多不足之处，今后的研究需要加以改进。下面重点分析当前我国的节事及节事旅游研究存在的不足：

1. 基本概念尚未明晰

由于我国的研究起步晚于西方，于是很重视对于西方的概念及理论的引进，导致对节事及节事旅游本身的一些基本概念的认识缺乏深度思考。首先，我国目前一些基本概念尚未清晰和统一，这些概念互有重复，指称的内涵与外延也相互混淆。其次，目前我国借用的西方相关概念体系（如 Event、Event Tourism、Hallmark Event、Mega Event、Special Event、Festival & special event、Event makerting 等概念）及理论框架和中国已有的相关概念体系（如节事、节庆、事件、活动；旅游节、旅游节庆、旅游节事、旅游演艺；节庆旅游、节事旅游、会展旅游、体育旅游、赛事旅游等）之间尚未建立起对应关系，从内涵到外延都没有一个公认的权威界定。在这两方面的作用下，概念混乱，缺乏主线，立论前提不能统一，容易产生歧义，可以说是当前我国节事/节事旅游研究的最基本现状、从而导致很多研究的出发点无法统一，进而出现专业研究无法科学化、精细化，大多研究都只是停留在表面的现象描述，或是对一些案例的分析阐释层面，真正有深度的规律性认识、内部机制和基本原理方面的研究成果很少见诸于研究文献。

2. 学术视野不够深广

由于我国节事及节事旅游的研究滞后于实践的发展，研究成果总量相对较少，因而目前我国比较重视西方理论与方法的引入与借鉴，而且绝大多数研究成果基本局限在传统的旅游、地理以及经济、社会学等学科领域，但这些得出的结论大多是"现象论"，而非"本质论"，缺乏从本质与源头上的深度研究成果。具体而言，节事是一种（泛民俗）文化现象，节事资源是一种文化资源（具体原理的解析请详参第五章第一节的内容），因此，节事资源与旅游产业的创意融合研究就必须从文化（尤其是民俗文化）的角度，进行节事资源与旅游产业创意融合发展的分析，这就需要从文化学（尤其是民俗文化学）、文化资源学的学科理论来深挖节事资源产业化的内部规律。

3. 基本规律（原理）提炼不够

在节事和旅游事件的实践推动下，国内学者对事件的策划与运作的研究不断增多，纵观近年来的相关文献，我国学者大多是结合具体案例，提出实际解决办法。但是理论方法跟不上实践步伐，这些研究多数为案例经验的探讨，缺乏理论的升华和规律的总结①。具体而言，这些研究不是定义、分类、特点、要素、开发意义等一般问题的探讨和界定，就是以点代面的个案分析及经验的总结（往往不具代表性和典型性，很难进行普适性推广）；不是对其中某方面进行探索，就是泛泛而谈的缺乏指向性的情况现象描述，而真正能揭示作为节事资源与旅游产业创意融合的结果的节事旅游的发展的内部机制等基本理论和共性规律的提炼的科学研究结论可谓凤毛麟角。

换句话说，节事作为一种资源为什么能够被旅游产业化？其根本原因是什么？在目前的研究中尚未得到清晰的答案。从根本上看，由于节事（活动）的开展必将吸引大量人群的集聚，产生节事的人口集聚效应，并衍生出节事的产业集聚效应（如节事的资源利用、产品生产、产业运作等多方面要素的集聚），形成一种"人口—产业"双重集聚的综合效应，以及由此而引发的互动效应和共生效

---

① 刘立峰，王烨. 节事与事件旅游研究进展 [J]. 旅游纵览（行业版），2011，(8)：74—75.

应，最终构成节事与旅游（两种产业之间）的融合效应（该原理的详细分析参见第三章 节事与旅游的融合效应）。这就需要从经济与社会发展的根源——人口的视角，尤其从"人口与产业"的相互关系视角来审视分析。

4. 对节事资源与旅游产业创意融合的核心问题研究的缺失

当前的研究对节事资源与旅游产业创意融合的研究上仍有一些核心问题尚未解决：首先，在节事的作用影响研究方面，当前研究聚焦的是节事对当地及参与者具有什么样的作用影响，告诉我们的只是表面现象，但对如何产生作用影响的内在机制——节事资源为什么能实现旅游产业化的作用机制规律的认识却知之甚少。其次，对节事资源如何进行旅游产业化发展——节事资源与旅游产业创意融合的实践运营管理方面的研究中，对节事资源与旅游产业创意融合中涉及的市场客源群体的人口分析（参与者及其动机分析），以及产业化过程中相关的环节及要素（资源的开发、产品的生产、市场营销及资本、政策、人才、科技等产业发展支撑要素）等方面，未能基于文化资源的开发特征及其旅游产业化的内部规律进行相应的分析研究，相关研究成果对节事资源与旅游产业的创意融合发展的实践指导意义不强，理论视野也有待进一步完善。

总之，立足于西方实践发展起来的理论、方法并不能够完全应用于中国的旅游节事实践，具有中国特色的本土化的节事旅游的理论体系尚未形成，从而导致其实践指导意义不强，更难以解决中国节事旅游发展中的关键问题。本书基于我国研究的基本实情，本着"明晰基本概念、拓展研究视野、提炼基本规律、解决核心问题"的指导思想，按照"人口—产业"的逻辑框架，通过（节事与旅游）产业融合理论，聚焦于节事资源与旅游产业创意融合的内部机理与发展路径的研究，具体以节事旅游的（消费）客源群体的人口分析为出发点，基于节事的（民俗）文化本质，遵循文化学的学理逻辑与文化产业的规律特点，从节事资源与旅游产业创意融合过程中的资源开发、产品生产、产业综合运营等几个核心环节，为我国节事资源的科学开发与利用,特别是与旅游业创意融合,并获得稳定的持续发展,提供基本学理依据和实践路径指导。

二、本书的目标与意义

(一) 本书的目标

根据本书的核心内容,结合当前国内外节事/节事旅游相关研究的现状及存在的不足,本书拟解决一些核心问题,完成如下目标。

1. 理论研究目标

本书在基本理论研究方面,就是要提出节事资源与旅游产业创意融合的内部机制原理——节事与旅游的融合效应,并建构理论框架体系。

(1) 本书将提出节事与旅游(两种产业)的"融合效应"理论,以回答"节事资源为什么能够与旅游产业进行创意融合"这一基本学理问题,即本书的第一个核心问题。具体而言,这是因为集聚效应、互动效应、共生效应的连续作用机制下,节事与旅游相互之间产生融合,并一体化发展,使节事资源与旅游产业的创意融合按照其内部规律有序发展。

(2) 在这样的内部机制的影响下,节事资源与旅游产业创意融合的结果是什么?本书对这个问题的回答,会告诉我们:节事资源与旅游产业创意融合的结果就是节事旅游这一种新型的旅游形式,甚至是旅游产业类型的诞生,通过发展节事旅游,可以很好地促进节事与旅游两种产业的融合,两种产业都能得到很好的发展,并真正使节事资源与旅游产业创意融合的实践路径得以落实。

2. 应用研究目标

本书在应用研究方面,就是要根据节事与旅游的"融合效应"的基本原理,提出并建构完整的节事资源与旅游产业创意融合的发展路径框架。

(1) 节事资源与旅游产业创意融合的具体发展路径应如何实

施？本书拟基于节事与旅游（产业）二者在"人口—产业"两方面的双重融合的逻辑框架下，建构节事资源与旅游产业创意融合的发展路径的流程框架，并具体遵循"节事旅游者群体的人口（特征及行为机制模式）分析—节事旅游资源的创意性开发利用—节事旅游产品的专业化生产—节事旅游产业的集约化运营"这一逻辑顺序，依次提出各个环节的具体实践路径策略。

（2）现实中有哪些具体的案例（或类型）可供借鉴？我们能从中得到什么启示？这方面的研究将基于上述节事旅游的人口分析、资源开发、产品开发利用及产业运营等各环节的具体实施路径的概括的基础上，通过现实中各类节事的案例调查及类型分析，对前述基本原理和路径策略进行论证与检验。

（二）本书的意义

1. 理论意义

本书的理论意义主要如下：

（1）构建新理论体系——探索节事资源与旅游产业创意融合发展的基本规律。本书将重点提出节事（产业）与旅游（产业）的"融合效应"的机制原理，并建构初步的理论体系框架，为节事资源与旅游产业的创意融合发展提供原创的学理依据。具体而言，节事与旅游的"融合效应"（原理）依次包括节事与旅游的"人口—产业"（双重）集聚效应、节事与旅游的互动机理——"触媒效应"与"母体效应"，以及节事与旅游的共生效应［包括客源共生、资源共生、生产共生和品牌（营销）共生四方面］三个子效应，并依次按照这样的顺序产生作用。其中，每个子效应中又有一些新的理论发现或规律总结。

（2）学科理论的拓展与深化。本书拟将节事/节事旅游的研究从旅游学、地理学等传统学科向人口学、（民俗）文化学等学科拓展；同时，将我国的文化及文化产业研究从新闻媒体、影视文学、动漫电玩、创意设计等传统领域向旅游休闲、节事活动等新兴的发展领域延伸，以完善文化资源及节事旅游等研究领域的内容，并为人口学、旅游学、民俗学、文化学及经济学等学科注入新的理论内涵。

2. 现实意义

本书的理论意义主要如下：

（1）直接的现实意义。基于节事与旅游的"融合效应"的基本机制原理，为节事资源与旅游产业创意融合提出完整的发展路径的逻辑顺序，即节事旅游者群体的人口分析—节事旅游资源的创意性开发利用—节事旅游产品的专业化生产—节事旅游产业的集聚化运营，供各地政府、相关行业的企业及其他机构组织提供具体的路径策略参考。其中，每个环节还有一些具体的策略建议。

（2）间接的现实意义。首先，可以为文化与旅游的融合发展寻找新的突破口，通过发展节事（文化）旅游产业，以促进我国节事文化资源与当代旅游产业的融合，优化我国文化产业发展的路径，提升我国文化产业发展的质量。其次，可以为发展新型文化业态提供新的思路，促进我国传统的资源利用方式（高污染、高能耗）的根本转变，调整与优化我国当前不合理的产业结构（过度依赖粗放型制造业），改变传统的经济增长方式（低投入、高回报），为打造中国经济升级版，增强我国的文化软实力和经济硬实力，促进"文化强国"和中华民族伟大复兴的"中国梦"目标的早日实现做一些基础性的探索工作。

（3）研究成果去处。从本书成果的现实去处来看，研究成果将主要直接面向文化产业、旅游产业的政府监管部门（如文化局、旅游局、商业局、会展管理部门等）及产业经营部门［文化创意产业园区、历史风貌保护（街）区、节事运作及旅游行业的相关企业］，也可为各地的宣传部、经信委、体育局、非遗保护等部门的相关工作计划及监管提供借鉴，还可被相关教学科研部门及个人直接参考使用。

第三章
节事与旅游的融合效应

本书的核心问题是节事资源与旅游产业的创意融合发展，要涉及对节事和旅游两种产业问题的具体分析。本章将从"人口＋经济"的基础框架出发，具体以"人口—产业"为分析视角，为节事资源与旅游产业创意融合的研究全新建构一套理论框架——提出和论证节事与旅游的"人口—产业"双重集聚效应，并基于此结合节事与旅游的互动效应和共生效应，将三者共同构成节事与旅游的融合效应理论体系。这既可直接为本书的内容体系安排奠定框架基础，也可为节事资源与旅游产业的创意融合发展提供学理支撑，并为其产业经济的实践发展提供路径指导。具体而言，从"人口—产业"角度看，节事产业和旅游产业都是文化产业，也是现代服务业的重要类型，二者无论在其市场需求的主体——消费者群体（即人口的需求、认知及行为等特征）方面，还是在市场供给的主体——产业（包括各种产业组织及其资源开发、产品生产与产业运营等）方面都有着很多共同之处和互补之处，从而形成二者之间的（双重）集聚效应、互动效应和共生效应，并共同构成二者的融合效应，推动了节事与旅游的融合发展。这对本书的主题——节事资源与旅游产业的创意融合的研究分析具有重要的理论指导意义。

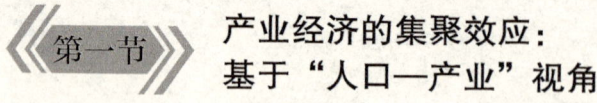

第一节　产业经济的集聚效应：基于"人口—产业"视角

人口问题是经济社会发展的根本问题，人口的均衡发展是经济及社会可持续发展的核心[①]。节事资源与旅游产业的创意融合问题，表面上看是一个（产业）经济问题，需要从经济学视角来解析，

---

① 苏桂秋. 形成人口与经济协调发展的集聚效应：李万才在会上讲话[N]. 大连日报，2010 年 5 月 28 日第 A01 版.

但同时也应该注意到，人口是一切经济活动的根源和主体，而"人口—产业"视角是经济问题分析的重要视角，因此，对节事资源与旅游产业的创意融合问题的研究，需要传统的经济学视角，若能再融合人口学的视角来分析，将会有更加有用的科学发现。

一、"人口—产业"视角是经济问题分析的重要视角

(一) 人口是一切经济活动的主体

我们在承认经济对人口的决定性作用的同时，也不得不认识到人口对经济的根源性作用。这是因为经济活动的主体(包括生产的主体和消费的主体)都是人，他们既是生产者，也是消费者，规模化的有同类消费需求的人群集聚在一起就形成了市场，同样，规模化的生产同类产品的人群集聚在一起就形成了行业(或产业)。从实质上来看，行业(即经济活动的供给端)和市场(即经济活动的需求端)背后的根源就是规模化的人群的集聚，这就是一个人口问题。可见，人口与经济的关系是非常紧密的，可以说人口是一切经济活动的根源，是一切经济活动(包括生产活动和消费活动)的主体，"是生产力与消费力的统一"①。下面将从"两种生产"与"两种消费"的角度具体说明人口是一切经济活动的主体。

1. 人口是"两种生产"的供给主体

生产影响产业的供给。从产业经济学的角度看，产业是由那些生产和经营相同或相似的产品或服务的企业及其他组织组成，它们共同构成了市场交换两端中的供给方，而供给方的运作和管理必须通过大量的人口群体协力合作来实施。因此，从人口学的角度来看，某种市场的供给状况的背后就是该行业(产业)全体劳动人口的生产劳动结果的一个综合反映，某行业劳动人口的数量、质量以及劳动人口的年龄结构、文化结构、岗位部门构成等都会直接或间接

---

① 李通屏等. 人口经济学 [M]. 北京：清华大学出版社，2008,6(1)：65.

地影响着市场的供给和社会的生产①。因此，人口是社会生产(供给)的主体。对于此，我们可以结合马克思主义的"两种生产"的理论来作如下解析。

"两种生产"理论是马克思主义人口经济理论的核心理论，具体指物质资料生产和人类自身生产②，一方面是生活资料即食物、衣服、住房以及为此所必需的工具的生产，另一方面是人类自身的生产③。这"两种生产"都是以人口为主体的，且统一在社会的生产和再生产的经济活动中，是社会存在和发展的前提条件。

马克思主义的"两种生产"是在当时的历史条件下的伟大发现，关注的核心是生产的物质性，无论是物质生产和人类自身的生产，都是从物质生产的角度来审视的。然而，随着人类社会的发展进步，在满足基本物质需求的基础上精神需求的满足越来越重要，于是，精神生产也越来越被人们所重视。因此，在当今社会的背景下对社会生产的分析，若仅仅停留在物质层面的生产上，显然已经是远远不够了，对"两种生产"的理解应该与时俱进、应势而为。基于此，本书认为，人类社会的"两种生产"应该发展为"物质生产"与"精神生产"。具体而言：(1)物质生产。这是人类社会的基础性生产，直接影响到人类社会的存在与发展的基本物质条件，其又具体包括物质资料的生产(这是人类社会生产的基本条件)和物质性人口的生产(即生理层面上的物质性人口的生产，这是人口生产——人类自身生产的基础)。(2)精神生产。这是人类社会的提升性生产，直接影响到人类社会生活的品质与幸福指数，其又具体包括精神文化的生产(这是人类社会生产的提升要求)和精神性人口的生产(即心理层面上的精神性人口的生产，这才是人口生产的核心与关键，会直接影响人口的素质，并最终决定社会生产及人类社会发展的进

---

① 李通屏等. 人口经济学 [M]. 北京：清华大学出版社，2008,6(1)：226.
② 同上书，34。
③ 马克思,恩格斯. 马克思恩格斯选集(第4卷) [M]. 北京：人民出版社，1972,(1)：2.

程)。这里的"物质性人口生产"与"精神性人口生产"共同构成了马克思主义"两种生产"理论中的"人类自身生产(即人口生产)"部分。不过,这里的"人类自身生产(即人口生产)"在内涵上增加了重要的精神文化成分,不是只靠(当时马克思恩格斯所说的)"生育"一个简单的环节就能完成的,还需要养育、教育等涉及终生的很多后续环节才能完成。这里的"人类自身生产(人口生产)"再与上述的"物质资料生产""精神文化生产"结合在一起,共同构成一个三位一体的人类的"社会生产"大系统,本书将其称为"三种生产"①。这其中,物质资料生产和精神文化生产共同构成了人类社会的"经济生产"子系统,是以人类自身(人口)生产为目的与核心的,而(人类自身的)"人口生产"子系统作为一个相对独立体系,又要以经济生产(物质资料生产和精神文化生产)为基础与前提,二者互相依存,相辅相成(参见图 3-1)。

社会生产的两种生产原理启示我们:人口是社会生产的主体,是经济生产与人口生产(两大子系统)共同的主体。其中,作为经济生产的主体,人口既是物质产品生产与供给的主体,也是精神产品生产与供给的主体。

2. 人口是"两种消费"的需求主体

需求决定消费,人口是需求的载体与源泉,制约着市场交换的消费环节。从市场学的角度看,某种市场是由那些具有共同或相似的消费需求,进而想购买某种产品或服务的人口组成的,人口越多,市场就越大;人口越少,市场就越小。因此,从人口学的角度来看,人口的群体性和消费的无条件性为市场提供了庞大的消费者

---

① 佛山大学教授肖君和撰写的《论人口文化与人口文艺》一书强调:"作为'人类在社会实践过程所获得的生产能力和创造的财富的总和的文化,就是由与人类生产三大基本形式(物质生产、物质性人口生产、精神生产)紧密相关联的三大部分构成的,即:(1)作为物质生产能力和创造的物质财富的总和的物质文化;(2)作为物质性人口生产能力和创造的人口财富的总和的物质性人口文化;(3)作为精神生产力和创造的精神财富的总和的精神文化(含精神性人口文化)。"这同笔者概括的"三种生产"及对应的"三种文化"理论基本一致。

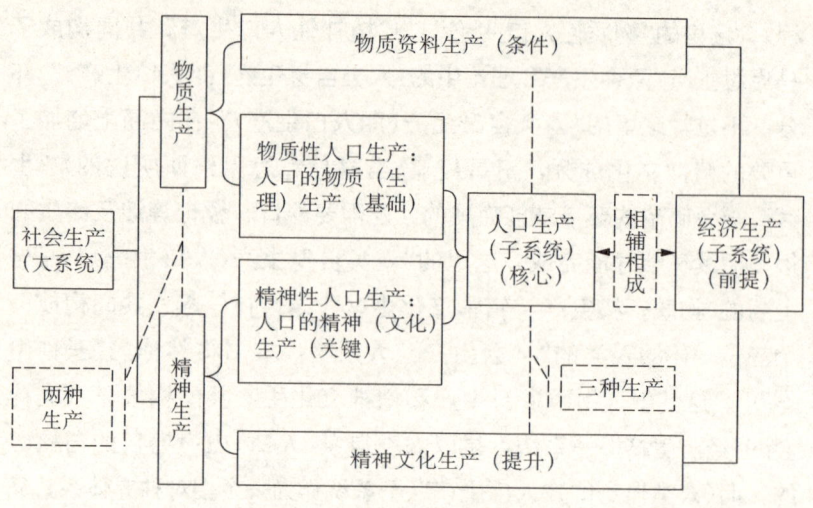

图 3-1　社会生产体系结构图

群,依存人口而存在的需求是市场存在与发展的基础,任何人口特征、结构等的变化都会引起市场需求的相应变动,而需求变动又通过价格影响供给,最终影响整个经济运行体系。关于人口是市场需求的主体,我们可以结合下面"两种需求"与"两种消费"的原理来理解。

人的需要按起源可分为自然性需要(主要指人的温饱住行等满足基本生存的自然性需要,即人的生理需要)和社会性需要(主要指人的劳动与社会交往以及获取知识、审美、情感感受等精神的需要);按对象可分为物质需要(指人对衣、食、住、行等社会物质生活条件的需要)和精神需要(指人的求知、审美、情感、信仰等精神生活的需要)。马克思曾比较详尽地论述了人的需求问题,提出了肉体的需求、自然的需求、社会的需求、劳动的需求、个人的需求、交往的需求等①,并认为人们的社会生活是多方面的,工人除了满足吃喝住这些自然需要,还必须有时间满足"精神的和社会的

---

① 马克思. 1844 年经济学哲学手稿[M]. 北京:人民出版社,1979:50.

需要"①。他虽未明确划分物质需要和精神需要，却区分了自然性需要和社会性需要，还得出自然性需要是社会性需要产生的基础，社会性需要是基于自然性需要而又高于自然性需要的辩证认识观点。由此我们可以理解马克思将物质需要看作是人的最基本的需要，是人的其他需要的基础，精神需要引导物质需要的发展方向，并在某种程度上对物质需要具有调节作用②。亚伯拉罕·马斯洛（Abraham H. Maslow）则从需求的层次角度提出"人的需要层次理论"，将人的需求从低级到高级分为生存的需求、安全的需求、爱的需求（社会交往的需求）、尊重的需求和自我实现的需求等层次③。不管是哪种分类，这些需求都会影响消费的分类和结构，本书主要结合上述马克思的两种需求（物质需求与精神需求）和马斯洛的需求层次类型理论，归纳出对应的需求点以及与此相适应的两种大的消费类型（物质消费与精神消费）（如表3-1）。

"两种消费"原理启示我们：人口是经济消费活动的主体，即人口既是物质消费的主体，也是精神消费的主体。

3."人口＋经济"的逻辑是进行经济问题分析的一种新维度

既然人口是一切经济活动（包括生产活动和消费活动）的主体，在分析经济现象时就不应该只关注经济活动本身，而要把更多的精力放在推动经济活动发生的各方主体（即经济生产活动的主体和经济消费活动的主体）——"人口"的身上。只有这样，才能抓住经济活动的根源，才能真正了解经济活动为什么能产生（即经济生产的目的是什么）？经济活动的成果（即产品）的去处（经济生产的最终归宿是什么）？其实，这两个问题的答案的最终归宿都汇集在一

---

① 马克思，恩格斯. 马克思恩格斯选集（第25卷）[M]. 北京：人民出版社，1972：514.
② 刘晓雄. 论马克思关于人的精神需求理论及其当代价值[D]. 华东师范大学硕士学位论文，2003：13.
③ Jerry M. Burger. 陈会昌等译. 人格心理学[M]. 北京：中国轻工业出版社，2000：224-227.

表3-1 "两种需求"与"两种消费"的对应关系表

需求（两种需求）			消费（两种消费）	
需求分类				消费分类
马克思的需求类型	马斯洛的需求层次	对应需求点	对应消费诉求点	物质-精神
精神需求（社会性需求）	自我实现的需要	服务社会	慈善、公益、赞助等	以精神消费为主
		证明自我	炫耀消费、符号消费等	
	审美的需要	爱美	美容美体、礼仪、文化艺术欣赏等	
	认知的需要	求知及受教育	教育、传播（媒）等	
	尊重的需要	尊他	尊重、感恩回报等	
		自尊	虚荣	
	爱（社会交往）的需要	直接沟通	礼品、社交礼仪等	
		间接沟通	媒介、旅游等	
	安全的需要	心理安全：信任与解压	心理保护：信誉（诚信、品牌）及休闲娱乐等	
		生理安全	身体保护：住、行、用等物质消费	
物质需求（自然性需求）	生存的需要	温饱等	衣食住等生理需求消费	以物质消费为主

处——人口。也就是说，没有人口的存在，就没有生产的必要；没有人口的存在，产品同样也无所去处。由此可见，人口是一切经济活动的起源与归宿，即人口是经济活动的根源所在，抓住了人（或人口）也就抓住了经济分析的总开关，把握了人口的规律与特征，就容易把握经济活动的规律与特征。正因为人口是一切经济活动的主体，分析经济问题时一定不能忽视了对经济活动的主体——人口的关注，本书将其称为经济问题分析的"人口＋经济"视角（下同）。由此可见，运用"人口＋经济"的逻辑是进行经济问题分析时非常

重要的,也是必不可少的新维度,可以给予分析理念与方法上的具体指导。"节事资源与旅游产业创意融合"就是一个产业经济发展问题,因此,应该结合"人口+经济"的逻辑进行研究分析。

(二)"人口—产业"视角是经济问题分析的重要视角

1. "需求—供给"关系本质上是"人口—产业"关系

从产业经济发展的角度来看,任何产业的良好发展都离不开需求与供给的平衡,只有这样才能达到最佳的产业发展状态。没有需求的供给是无本之木,会因长期的需求不足而导致行业无法持续发展;没有供给的需求是无源之水,会因长期的供给不足而导致人们需求的长期压抑甚至消退枯竭,进而会影响到经济生产的创新力和持续力,甚至人类社会的进步。若从人口学角度看,需求与供给都必须依附于人口而存在,在市场经济社会中,人们需求的满足必须要通过人口的消费才能实现,供给的实现也必须要通过人口的劳动才能创造出供人消费的产品。可见,需求与供给的平衡关系其实就是消费与生产的平衡关系,经济意义上的人口的生存与发展最终会表现为消费与生产的统一。若进一步从人口与经济的关系来看,作为需求主体的人口,就是消费人口;作为生产主体的人口,就是产业人口(行业人口)。某种消费需求是对应的生产供给存在的前提,有了大量的消费人口的存在,才能带动为了满足消费人口的需求的大量产业人口及其相应的相关产业要素(如产品的资源材料、设计开发、生产、运营及其相关的技术、资本、政策等)的集聚,以致形成一个完整的产业链。因此,从"人口+经济"的视角看,需求与供给的关系问题本质上是人口与产业的关系问题,是人口集聚与产业集聚的关系问题,只有理清其内部的机制原理,对各类产业的"消费人口"的属性、需求、认知(注意)及行为特征等有了深入的了解,才能很好地指导对应产业的发展实践。

2. "人口—产业"视角:"人口+经济"逻辑的具体表现

社会经济活动是一个由生产与消费两个子系统构成的大系统,

若从经济运行系统的"供—需"角度看，分别对应着市场行为体系中的供应端和需求端，其中，生产是供给的源头，需求是消费的动因。现实的社会经济活动的生产与消费就是通过连接着"供—需"两端的市场这个中介来实现的。从市场的角度来看，作为一切经济活动的主体的人口，不仅直接影响着需求，也影响着供给，是一切市场行为的主体，即人口既是市场需求的主体，也是市场供给的主体。因此，在进行产业经济问题分析时，除了传统（产业）经济分析方法中对"产业（要素）"的重视外，还应该重视"人口（因素）"的关注，加入人口学视角，形成一种兼顾人口与产业的"人口—产业"的分析视角是非常必要的。可见，"人口—产业"视角是"人口＋经济"逻辑在分析经济问题时的具体应用，可以成为运用人口学视角进行经济问题分析时的重要方法，当然，也适应于本书的主题内容——"节事资源与旅游产业创意融合"的分析。

二、产业经济的集聚效应及其内部机制：基于"人口—产业"视角

集聚效应（Combined effect）是经济学中常用的概念，可以理解为由于经济活动的地理集中而产生的效益，有时又被称为集聚经济利益（或效益），如产业的集聚效应，即指由于各种产业和经济活动在空间上集中产生的（正面）经济效果，以及吸引经济活动向一定地区靠近的向心力[①]。表面上看，某种产业的集聚效应是大批同类的相关企业不断向产业集群聚集的结果，但若从产业经济的"（需）求—供（应）"角度看，需求的产生源自消费人口的存在，供应的实现必须依靠产业的运行。因此，作为一个由消费需求与产业供给两端组成的产业经济系统，产业集聚首先得以产生需求及进行消费行为的消费者群的人口集聚为前提，才能释放出（包括产业的资源、产品、支撑要素等在内的）产业集聚的诸多效益与优势。人口学的切入会

---

① 谢叙祎.上海经济增长的集聚效应研究［D］.上海：复旦大学，2006：8.

对产业的集聚效应的研究会带来新的发现,故本书将运用人口与产业相融合的"人口—产业"视角来分析节事资源与旅游产业创意融合中的经济问题分析。

(一)产业经济的集聚效应:基于"人口—产业"视角

从"人口—产业"视角来完整分析产业经济意义上的集聚效应,除了要关注产业端(生产与供给)各要素的集聚外,还需关注人口端(消费与需求)各要素的集聚。因此,从"人口—产业"的角度看,产业经济的集聚效应是指在某要素刺激下,具有同类需求及行为特征的人口在某一区域范围内的集聚,从而引发相关产业的各要素在该区域内的集聚,并为该区域特定产业经济的发展带来的综合优势效应。其具体包括两方面:一是作为消费人口的各要素的集聚效应,包括需求集聚、注意力集聚、行为集聚等而产生的综合效应;二是作为产业发展必备要素的集聚效应,包括产业的资源集聚、产品集聚以及人才、资金、科技、政策等产业发展支撑要素的集聚而产生的综合效应。它们构成一个由人口与产业两端形成的双重集聚的大系统——"人口—产业"集聚系统,其中,人口集聚系统是一个基于消费需求方面的系统,产业集聚系统是一个基于产业供给方面的系统。在"人口—产业"集聚大系统中,消费需求的集聚与产业供给的集聚便形成一股巨大合力,继而促进整个人口与产业这两大系统的良性发展和循环,最终推进整个社会的进步与全面可持续发展。

1. 人口集聚效应(需求角度)

市场经济社会中人们的需求最终会表现为消费行为,很多有共同(或类似)需求特征的人群的消费行为,就是一个有共性特征的经济人群集聚的过程,我们称之为消费人口集聚,具体包括需求集聚、注意力集聚和行为集聚三方面,并会带来巨大的综合效应——消费人口集聚效应(本书将其简称为人口集聚效应,下同)。人口的需求集聚效应、注意力集聚效应与行为集聚效应,共同构成了人口集聚效应。

(1) 人口的需求集聚效应。这种潜藏在消费人口内的大量相同或相似需求的集聚，会形成对某种产品（或服务）的巨大市场潜量，这就是（消费）人口的需求集聚效应，具体包括物质需求和精神需求两大类型。这是一个由需求引致的系统，是市场形成和发展的基础，也是市场消费实现的基础。

(2) 人口的注意力集聚效应。这些有同类产品（或服务）需求的人群，为了得到所需的产品（或服务），（有意或无意地）会关注与所需产品（或服务）的相关信息，形成一股巨大的注意力集聚力量，这就是（消费）人口的注意力集聚效应。因为当今是市场经济社会占主导，（消费）人口的注意力付出又包括对产品自身信息的注意和对产品营销信息的注意两方面。这是一个需求捕捉的系统，是需求提出之后的延伸发展，是市场消费实现的前提条件。

(3) 人口的行为集聚效应。这些具有同类消费需求及信息注意倾向的人群，在一定条件的作用下会形成规模性行为的集聚，从决策、购买到用后评价，最终实现他们的消费行为，这就是（消费）人口的行为集聚，其本质就是消费人口集聚在行为上的具体表现。消费人口的行为集聚的直接结果就是产生巨大的市场购买力，这就是消费人口的行为集聚效应。因为人口群体会受各种社会行为规律的影响，所以，对消费人口的行为集聚的分析应该贯穿决策-购买行为、使用-体验行为及后续的评价及重复消费行为等环节。这是一个消费人口捕捉到消费信息后使需求得以最终实现的系统，也是产业经济活动存在的前提。

2. 产业集聚效应（供给角度）

本书所指的产业集聚效应是对产业要素集聚效应的简称（下同）。产业（要素）集聚效应具体是指：某种产业的各种要素在某区域内的集聚，并为该区域特定产业经济活动带来的综合优势效应，具体包括资源集聚、产品集聚、（产业）运营集聚等产业经济发展的各方面要素的集聚所带来的综合效应。美国硅谷聚集了几十家全球

IT巨头和数不清的中小型高科技公司，从科技及信息资源的开发利用、信息科技产品的研发设计，到品牌营销、技术支持等各种产业要素的集聚，从而带动该地区IT及高科技产业的发展。同时，产业集聚效应具有场效应[①]、优势互补[②]、自身强化机制及整体效应[③]等特征。通过产业集聚效应，在功能上可实现产业的规模经济效应与范围经济效应，在要素结构中具体表现为产业资源集聚效应、产品生产集聚效应、产业运营集聚效应和产业支撑要素集聚效应等，它们共同构成一个完整的产业供给的集聚子系统。

（1）（产业）资源集聚效应。从产业经济发展的角度看，某种产业的发展首先要依靠某种产业资源的规模化集聚而形成的资源供给优势，并进行科学有效的开发利用，这是进行产业生产及促进产业发展的基础。具体而言，产业的资源集聚是指为了满足消费人口对某类产品（或服务）的消费需求，引发的某地对现有的某种产业资源（属地式产业资源）的在地式开发利用，或对本身没有的某种产业资源（飞地式产业资源）的引入式开发利用，从而形成巨大的产业资源优势，以促进本地产业经济的发展，这就是（产业的）资源集聚效应，具体分为属地式产业资源集聚效应和飞地式产业资源集聚效应两种情况。

（2）产品（生产）集聚效应。从产业经济发展的角度来看，作为产业资源开发结果的直接表现就是形成专业化产品，这是产业经济发展的核心环节。具体而言，产品（生产）集聚效应是指为了满足消费人口对某类产品（或服务）的消费需求，某地在对某种产业资源的集聚式开发利用的基础上，进行专业化生产（包含设计），进而形成产品生产的优势效应，这就是产品（生产）集聚效应，具体分为专业化分工和专业化生产两方面。

---

① 祁金立. 城市化聚集效应和辐射效应分析［J］. 暨南学报（哲学社会科学）. 2003,（9）：30-34.
② 许强. 中关村商务中心区聚集效应的研究［J］. 煤炭经济研究.2004,（12）：42-43.
③ 王喆. 沈阳市工业支柱产业集聚效应分析［D］. 长春：长春理工大学，2009：11.

(3) 运营（管理）集聚效应。产品只有通过市场化的营销推广，才能最终使广大消费者（消费人口）实现消费，这是产业经济发展的关键环节。具体而言，产业的运营（管理）集聚效应是指为了资源的开发、产品的生产及商品的营销传播等顺利进行，产业的综合运营管理的各方面要素也会趋向于集聚，以形成综合优势，带来产业经营的综合效应，具体包括产业的集群化发展、产品及目的地的品牌营销等方面的效应（见详下文分析）。

(4) 支撑（要素）集聚效应。产业的支撑（要素）集聚效应，即指某地某一产业发展要素中，除了资源、产品、运营等方面之外，由其他对该产业的发展起到重要支撑作用的各种要素的集聚，而产生的产业发展的综合优势效应。具体而言，产业的支撑（要素）集聚效应是指为了保证产业的资源集聚效应、产品集聚效应和运营集聚效应的顺利实现，某地对某种产业的政策制度、金融资本、人力资源及科学技术等各种支撑要素进行有效整合和优化配置，从而形成产业发展的综合优势，这就是产业支撑集聚效应，准确地应该称为产业支撑要素的综合集聚效应，具体包括政策制度、资本、人才及科技等方面，是产业经济发展的支撑保障条件。

综上所述，基于"人口—产业"视角，（消费）人口的集聚效应构成了一个完整的消费需求集聚系统，产业（要素）的集聚效应构成了一个完整的产业供给集聚系统，二者相互作用、彼此促进。其中，人口集聚系统是产业集聚系统形成与优化的前提条件，产业集聚系统是人口集聚系统存在与优化的支撑保障，相辅相成、融合互动发展（参考图3-2）。

（二）（产业）经济的集聚效应的内部机制

关于产业经济意义上的集聚效应的内部作用机制，反映的是产业经济系统内部各要素之间的关系以及其作用的过程。从产业的"供—求"视角来看，是指在一定的时空范围内由于某些引人关注

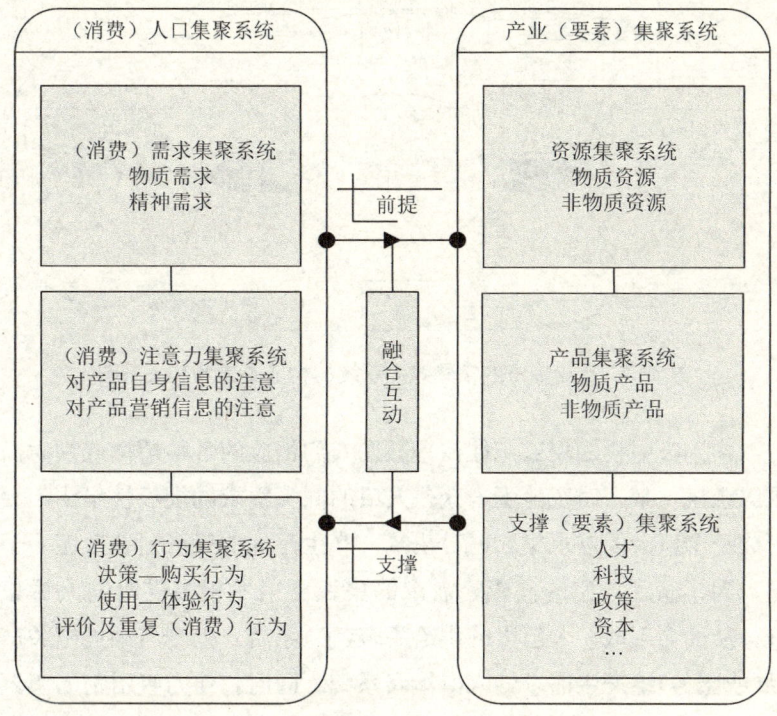

图 3-2 人口集聚系统与产业集聚系统关系图

的"吸引物"(即集聚源)的出现,由于大量人口的集聚而引发相关需求的显著上升,进而导致各种对应供给的集中释放,最终形成相应需求环节与供应环节各要素的全面集聚,并形成一个相对独立的集聚系统的作用过程。

1. (产业)经济的集聚效应系统的要素构成及其相互关系

引发供给及需求集中释放的根源性要素——吸引物,本书称之为集聚源;引发释放的具体要素的不同性质的各方面,称之为集聚端,具体包括需求端和供给端,根据"需求与供给"与"人口与产业"的对应关系,又可分别称之为人口集聚端和产业集聚端,各集聚端下面又包含多种集聚因子,形成各自的集聚子系统(参见图 3-3)。

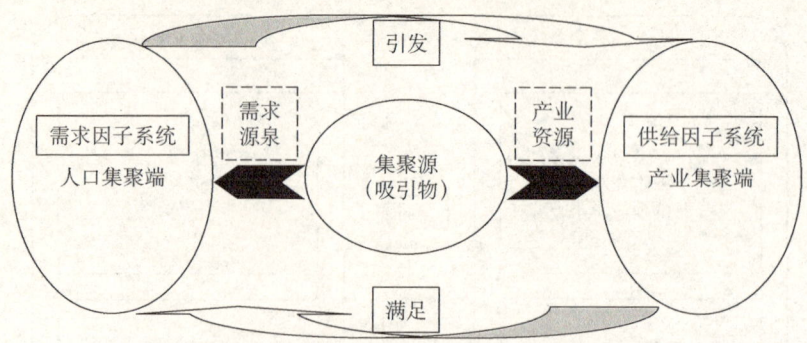

图 3-3 产业经济的集聚效应系统的构成要素及其关系图

作为吸引物的集聚源往往是激发人们相应的各种精神或物质需求的源泉，某一时空范围内众多人口的同类需求的规模性集中，会形成一个巨大的需求集聚（子）系统，产生巨大的经济消费效应。于是，为了满足人们的需求，需求的集聚会引发相关供给的大量集聚，从而会形成一个巨大的供给集聚（子）系统，生产与销售相关产品（或服务）给产生需求的人口集聚系统。同时，作为吸引物的集聚源也常常是以产业资源的角色出现的，是供给方面的重要部分，因此，从严格意义上说，集聚源是供给集聚端（产业集聚端）的集聚因子之一，然而，其对产业端和人口端下面各因子具有强大的吸引力，是引发两端各因子集聚的根源，非常重要，是集聚效应的核心部分。此外，集聚源的吸引力大小与需求集聚以及供给集聚的效应大小成正相关关系，即集聚源的吸引力越大，其可能引发的需求集聚效应和供给集聚效应也越大；反之，则越小。

2. （产业）经济的集聚效应的内部机制

（产业）经济的"人口—产业"集聚效应的内部形成机制具体如下：（1）在集聚源的吸引力的作用下，各种相关需求被激发，加上大量人口的集聚，形成了巨大的消费需求的集聚，进而引发人们对相关产品（或服务）信息的规模化的注意力（认知）的集聚，并完成最终的消费行为的（规模化）集聚，这些构成了一个完整的人口（消费）的集聚系统。(2)这些规模化的消费需求以及注意力的集聚,汇集成巨大的市场潜量,从而引发相关产业要素的大量集聚,包括产业发展所必需的资源、产品及支撑要素等方面的集聚,以满足(消费)人口集聚系统的诉求,从而又构成一个完整的产业(供给)的集聚系统(见图3-4)。

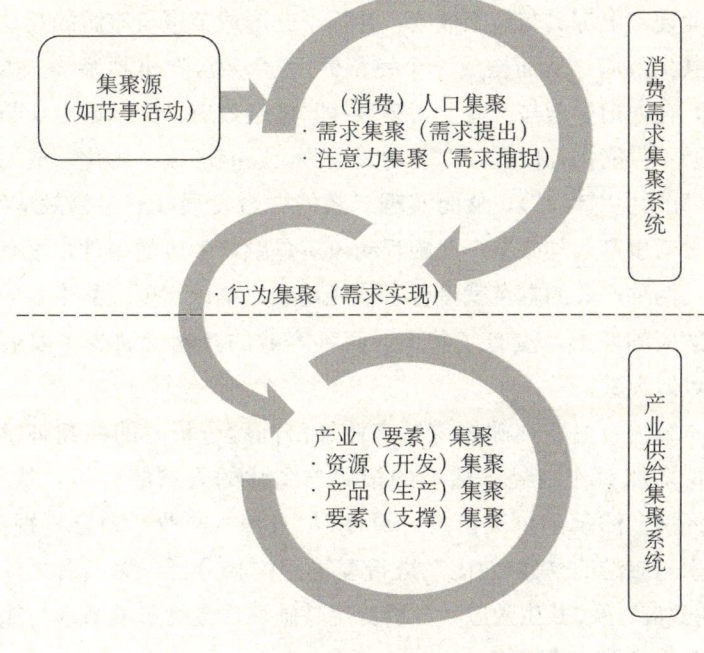

图 3-4 产业经济集聚效应内部机制图

第二节　基于"人口—产业"视角的节事与旅游的集聚效应

旅游业之所以能够成为摄取节事活动经济效应的主要产业,在于节事活动拥有天然的聚光灯效应和人流汇聚作用[①]。这里说的节事活动的聚光灯效应和人流汇聚作用,正如本书所称的"产业集聚效应"和"人口集聚效应"。节事活动和旅游活动都具有集聚效应,既包括人口的集聚,也包括产业(要素)的集聚。因此,从表面看,节事产业和旅游产业的发展有着各自内在的运行体系,互相独立,但从"人口—产业"的角度看,二者的关系密切,各自在人口要素与产业要素上都具有集聚效应,并基于此形成节事与旅游的互动效应与共生效应,从而构成一个完整的"融合效应"机制系统。具体而言,在人口要素与产业要素集聚(即"集聚效应")的基础上,节事与旅游不仅能相互促进(即"互动效应"),还能形成一体化,成为共生体(即"共生效应"),从而实现二者的融合发展(即"融合效应")。其中,节事产业与旅游产业的互动效应是融合效应的条件,没有了互动,两种产业的融合就没有了依托基础,难以实现;共生效应是互动效应的发展,没有了共生,两种产业的互动就缺少了发展方向,难以突破。

本节内容主要突破传统对产业经济问题分析时的纯经济学视角,拟增加对作为经济活动的根源与主体的人口的分析,从"人口+经济"的基础框架出发,具体以"人口—产业"为分析视角,对节事与旅游的"集聚效应"进行理论建构和分析,为二者之间的"互动效应"及"共生效应"分析奠定基础,并最终形成节事与旅游的融合效应的理论框架。

一、节事的集聚效应

节事产业经济的集聚效应,本书将其简称为"节事集聚效应"(下同)。从"人口—产业"的角度看,节事集聚效应是指由于作为集聚源的"节事吸引物"的出现,而引发具有同类节事(消费)需求的人口(群体)在需求、注意力、行为等环节上的集聚,进而引发节

---

① 张金山. 大型节事活动旅游效应的敏感神经[J]. 旅游学刊, 2009,(2):8.

事产业的资源开发、产品生产及产业运营等各相关要素在某区域内的集聚,而为相关经济活动带来的综合优势效应,具体包括节事的(消费)人口集聚效应与节事的产业(要素)集聚效应。

(一)节事的人口集聚效应

节事的人口集聚效应,具体指由于节事(的消费)需求集聚、节事(的信息)注意力集聚、节事(的消费)行为集聚等所产生的综合效应。这是节事消费环节上的一个完整的多要素集聚子系统。通过节事的人口集聚效应,可为节事产业经济奠定市场基础。

1. 节事(消费)人口的需求集聚

根据 Getz(2005)的节事消费需求层次理论,游客参加节事活动有着多种类型的需求,由此引发的动机将促使消费者在节事消费中去寻求或感知多种类型的价值,是节事消费市场形成和实现的基础,具体包括与节事消费相关的物质需求和精神需求两大类型。

2. 节事(消费)人口的注意力集聚

有了需求之后,消费者就会集中自己的注意力去搜索能满足需求的相关信息,来自很多节事消费者的注意力的规模化集聚就是节事人口的注意力集聚。这是节事消费市场实现的前提条件,具体包括对节事产品自身信息的注意和对节事产品营销信息的注意两方面。

3. 节事(消费)人口的行为集聚

从消费行为的产生过程来看,经需求驱动、认知(注意力)的确认后,就是行为的实践。可见,节事人口的行为集聚是节事消费人口在需求的驱动下,捕捉到节事消费信息之后最终使节事消费需求通过行为得以实现的过程,其本质就是节事(消费)人口的需求集聚和注意力集聚在行为上的具体表现。根据消费行为的过程,主要包括节事消费行为的"决策-购买""使用-体验"及后续的"评价及重复消费"等行为的几方面环节的集聚。

(二) 节事的产业（要素）集聚效应

节事的产业集聚效应具体是指由节事（消费）人口集聚效应而引发的节事产业的各种相关要素在某区域内的集聚，并为该区域节事产业及相关经济活动带来的综合优势效应，具体包括节事活动的资源（开发）集聚、产品（生产）集聚、运营（管理）及支撑要素等几方面的集聚所产生的综合效应。通过节事的产业集聚效应，可实现节事产业的规模经济效应与范围经济效应。

1. 节事（产业）的资源集聚效应

节事（产业）的资源集聚具体分为两种情况：一是属地式节事资源集聚。具体指各地利用本地的自然及文化资源优势在本地策划与举办特色节事活动，吸引各种节事产业资源的进一步集聚，为当地节事、旅游及相关产业经济的发展奠定基础，产生巨大的（包括经济、政治、文化等方面）综合效应。如傣族地区的泼水节、广西的民歌艺术节等。二是飞地式节事资源集聚。如北京、上海等地为了进一步提升当地的（旅游）吸引力、城市形象及经济社会发展水平，引进和举办奥运会、世博会等本不属于本地所拥有的国际巨型节事活动资源，利用其国际影响力，从申办、筹办、举办到后期等各个阶段，把活动吸引物、传播媒介等各种资源集聚在一起，为节事及相关产业的发展奠定基础，产生巨大的（包括经济、政治、文化等方面）综合效应。这就属于飞地式节事资源集聚。根据节事资源的类别，那些可被集聚并开发利用的节事资源，包括节事的物质文化资源、非物质文化资源及名人文化资源等的集聚（详情可参考本书第五章第二节"节事资源的创意利用"的内容）。

2. 节事（产业）的产品集聚效应

节事（产业）的产品集聚效应，具体包括由于节事类物质产品和非物质产品的集聚而产生的综合效应。在节事产品的集聚效应的分析中,要注意节事(产业)的产品生产作为节事资源开发的结果,是节事产业经济发展的核心环节,专业化的分工是专业化产品生产的基础和前提保障。

3. 节事(产业)的运营集聚效应

节事(产业)的运营集聚是节事产业经济发展的关键环节,具体通过产业的集群化发展模式,以产业集聚区的空间组织形式,将资本、人力、政策、科技以及资源、产品(或服务)等节事产业运营所需的各要素集聚在一起,而产生的巨大的综合效应。由于关于产业发展必备的资源与产品的集聚效应在其他各自章节部分有专门阐述,本书的"节事(产业)的运营集聚"部分主要探讨产业集群的发展、节事目的地形象以及具体包括节事产业发展所需的制度、资本、人才和科技等要素的集聚。

二、旅游的集聚效应

旅游产业集聚效应,本书将其简称为"旅游集聚效应"。从"人口—产业"的角度看,旅游(产业)集聚效应是指由于作为集聚源的引人关注的"旅游吸引物"的出现,而引发具有相同(或相近)旅游(消费)需求的人口(群体)在需求、注意力、行为等环节上的集聚,进而引发旅游产业的资源开发、产品生产及产业运营等各相关要素在某区域内的集聚,并为该区域旅游产业及相关企业的生产经营管理活动带来的综合优势效应。具体包括两方面:一是旅游(消费)人口集聚效应,包括旅游(消费)需求集聚、旅游(信息)注意力集聚、旅游(消费)行为集聚等所产生的综合效应;二是旅游产业(要素)集聚效应,包括资源集聚、生产集聚、营销集聚及支撑要素(科学技术、政策制度、金融资本、人力资源等)集聚等所产生的综合效应。

(一) 旅游的人口集聚效应

旅游人口集聚效应具体指由于旅游(消费)需求集聚、旅游(信息)注意力集聚、旅游(消费)行为集聚等所产生的综合效应。具体包括：

1. 旅游（消费）人口的需求集聚

旅游消费人口需求集聚简称为旅游人口需求集聚，是旅游消费市场形成和实现的基础，具体包括与旅游消费相关的物质需求和精神需求两大类型。

2. 旅游（消费）人口的注意力集聚

旅游消费人口的注意力集聚简称为旅游人口注意力集聚，是旅游需求提出之后的延伸发展，是旅游市场消费实现的前提条件，具体包括对旅游产品自身信息的注意和对旅游产品营销信息的注意两方面。

3. 旅游（消费）人口的行为集聚

旅游消费人口的行为集聚简称为旅游人口行为集聚，是旅游消费人口集聚在行为上的具体表现，是一个旅游消费人口捕捉到消费信息之后最终使需求得以实现的系统，也是旅游产业生产及经营活动存在的前提，主要包括旅游购买行为、旅游体验行为及游后评价及重复消费行为几方面。

（二）旅游的产业（要素）集聚效应

简称为旅游的产业集聚效应，具体指由产生旅游(消费)人口集聚效应而引发的旅游产业生产经营管理的各种相关要素在某区域内的集聚，并为该区域带来的综合优势效应，具体包括旅游资源集聚、旅游生产集聚、旅游营销集聚及旅游支撑要素集聚等所产生的综合效应。它们共同构成一个完整的旅游产业供给的集聚子系统，可促进一地旅游产业的规模经济效应与范围经济效应的实现。

1. 旅游（产业）的资源集聚

旅游产业资源集聚具体分为两种情况：属地式旅游资源集聚（即利用当地各种特色自然和人文旅游资源，就地开发成固定的旅游景点,是常用模式)和飞地式旅游资源集聚(即利用各种外来特色自然和人文旅游资源,在当地开发临时旅游项目,如各地临时性引入的明星演唱会、嘉年华等项目,是常用模式)。

2. 旅游(产业)的产品集聚

旅游产业产品集聚作为旅游资源集聚的结果,是旅游产业经济发展的核心环节,通过专业化的生产分工实现专业化产品生产,最终形成包括物质产品和非物质产品的两种类型的集聚。

3. 旅游(产业)的运营集聚

旅游(产业)的运营集聚是节事产业经济发展的核心环节,具体包括旅游产业运营所需的资源、产品以及资本、人力、政策、科技等要素在专门的产业集群及空间内的集聚。

三、节事集聚效应与旅游集聚效应的融合

上面分别从人口和产业两方面分析了节事(产业)与旅游(产业)的集聚效应体系,而现实中节事产业经济的各要素与旅游产业经济的各要素很多时候是融合在一起的,如节事人口很多时候就是旅游人口,它们的需求、认知及行为都是互相渗透、融合为一体的,节事产业发展所需的各种要素(如资源、产品、品牌及资本、政策等)很多时候就是旅游业发展所需要的,完全可以共享。这就是节事集聚效应与旅游集聚效应的融合,具体而言,二者的融合主要表现在人口和产业两方面:(1)(消费)人口集聚的融合,具体包括(消费)人口的需求融合、注意力(认知)融合和行为融合;(2)产业(要素)集聚的融合,具体包括资源融合、产品融合、产业运营以及营销、政策、人才、科技和资本等产业支撑要素的融合,通过(节事与旅游的)互动效应和共生效应的共同作用,并最终形成承载(人口与产业两端)各方面要素融合的空间形式——节事旅游集聚区的出现,以完美统一的节事旅游目的地形象影响目标受众。

第三节 节事与旅游的互动效应

节事产业系统与旅游产业系统分别在人口端与产业端的各种要素环节上具有集聚效应,且这种产业的集聚还是融合的,反映了二者之间千丝万缕的内在联系,也为它们之间互相促进奠定了深厚的基础。而这种相互促进的关系,就是节事与旅游(两种产业)的互动效应,具体表现为客源互动、资源互动、生产互动和营销(品牌)互动等方面,其内部的作用机制具体表现为触媒效应和母体效应,即:一地的节事活动对当地旅游产业的促进作用——触媒效应,同时旅游产业对当地节事活动产业也有促进作用——母体效应,二者相互作用、彼此促进。

一、节事与旅游互动效应的外部表现

基于产业经济的"人口—产业"视角来分析,以下的客源的互动属于(消费)人口方面的互动融合,资源、生产、品牌的互动则属于产业(要素)方面的融合。

(一)客源的融合互动——客源的共同需求与组织者的重叠目的促进了节事与旅游的融合互动

从客源角度看,节事活动与旅游业之间经常会互相提供客源,这是因为各自的参与者很多时候会有共同的需求驱使他们互相向对方渗透。可见节事活动与旅游业的客源融合互动,是建立在二者需求互相渗透的基础上。如很多会议参加者在进行是否参加会议的决策时,就考虑会议地点是否适合旅游,如何把会议议程与旅游行程良好地结合起来,于是,适合旅游休闲就成了吸引更多与会者的关键要素之一,也会成为会议或其他类型的节事活动举办的目的地选择的重

要标准,也不难理解"会议是旅游之花"这种说法了。

从组织者角度看,主办节事活动的目的与开展旅游的目的很多时候是相互交叠的,可以互相影响和促进,使各自方面的参加者在目的上向对方扩展,最终达成双重目的的叠加。也就是说,要尽量让旅游者成为节事活动参与者,也要让节事活动参与者成为旅游者,使双方的价值取向趋向融合与统一。这就是节事活动与旅游活动的客源融合互动的价值,只有两种角色互相促进与叠加,且规模数量越大,内在黏性就越强,节事与旅游在客源上的互动效应就越大。

(二)资源的融合互动——资源的互补性促进了节事与旅游的融合互动

一般而言,节事产业与旅游业所依托的优势资源各有侧重,如节事产业更注重于依托政治、经济方面的资源,对当地的优势产业和消费市场依托度较高,而大部分地区的旅游业更注重于依托旅游自然资源、人文资源以及交通饮食服务资源等。但是,两者可以进行资源转化,发挥资源的互补作用,以促进二者的融合互动。现实中常有一些具有丰富的自然旅游资源但并不具有经济优势的地方,通过旅游业的开发,带动了当地的节事产业的发展,进而再促进当地旅游的进一步发展,形成多轮互动、良性循环。例如,瑞士达沃斯只是个万人小镇,但它有很独特的自然风光,因而吸引了很多旅游者,引来了以世界达沃斯经济论坛为首的很多国际会议的主办及会议旅游者的来访,并带动了当地会议产业及节事活动产业的全面发展,进而影响当地旅游业的发展,由此可见节事和旅游业的互动效应。类似的还有我国的海南博鳌等地。

(三)生产的融合互动——客源对象的异地性共性促进了两者的生产互动

节事产业与旅游业都属于服务业,所以,它们的生产活动绝大部分就是服务活动,它们彼此有各自的服务领域、服务对象、服务内容，它们的功能不同，业务指向不同，所要实现的目的也不同。但是，节事产业和旅游业都有一个共同的特征，即服务对象的异地（流动）性，也就是说，节事与旅游两种产业所服务的顾客对象，有很大一部分是外地来访者，而非本地居民，他们基本上都需要经过旅行等空间移动行为才能完成他们的预期目标。这为两者在具体运作上的合作与互动促进提供了基础条件，还能将各自的客源向对方转换——如将节事活动观众转化为旅游观光客，将旅游观光客转换为届时活动的观众，二者互相转换，融为一体。

（四）品牌的融合互动——品牌的互动促进节事与旅游的融合发展

从营销的角度看，节事营销与旅游营销的融合互动是通过信息、传媒、渠道、促销等方面，而最终统一在品牌塑造之下的。无论是节事品牌还是旅游品牌，一旦形成知名品牌，都会彼此给对方带来强烈的关联影响，而且随着品牌影响力的提升，关联效应也得到正向提升。在品牌号召力的影响下，节事产业与旅游产业融合互动，实现双赢。因此，从产品和目的地两个层面上，充分利用品牌互动效应，对当地的节事产业和旅游产业都可以产生事半功倍的功效。一方面，对节事的活动举办地而言，因为被引入的节事活动的"他有品牌"一般在某一地域范围内（省市、国内、国际）有极大的品牌影响力，要借船出海，用其品牌影响力促进当地旅游形象的提升及旅游业的发展。比如，世博会、奥运会、世界杯（足球赛）、NBA（篮球）赛、F1车赛等国际知名的巨型活动，其本身就是一个知名品牌，对举办地来说，能够争取得来就可以促进自身的品牌知名度提升。另一方面，这些知名品牌活动的组委会在选择举办城市时也是很挑剔和严谨的，它们也会考虑到每次的举办地能否为节事活动品牌影响的进一步提升作出贡献，因此，举办城市的品牌影响力和后续爆发力就是重要衡量指标。其实，举办地在借用活动品牌的影响力的同时，城市（或地方、国家）品牌效应也被活动品牌所借用，只有这样才会有活动品牌拥有者与城市品牌拥有者都乐于见到的双赢效果，促进品牌融合，各得其所。

例如，若对 2010 年的"上海世博会"进行品牌解析，这是一个旅游目的地品牌——"上海"与节事活动品牌——"世博会"的完美结合。具体而言，因为"上海"这个品牌的背后蕴藏着上海乃至中国这个巨大的潜在的客源市场，对于（作为节事活动的）世博会来说奠定了坚实的客源基础，也就是说在中国的上海举办世博会，基本不用愁客源不够，自然也会成功地扩大世博会的影响力。而"世博会"这个节事活动品牌，其背后代表的是世界顶级综合性博览会这样的荣誉，其品牌影响力和综合作用也是世界顶级的，能够有资格举办这样的世界顶级节事活动，对于上海，甚至中国，乃至发展中国家来说，都有极大的旅游乃至整个地区的品牌传播、形象影响，还有经济、文化、科技等社会综合效应的明显提升作用，这是一个节事与旅游，甚至整个区域的综合发展良性互动，完美融合的经典案例。此外，2008年北京奥运会的举办也与此有异曲同工之妙。

二、节事与旅游互动效应的内部机制——触媒效应与母体效应

节事与旅游的互动效应在客源、资源、生产及营销（品牌）等方面的具体表现，是触媒效应（节事活动对旅游业的促进）与母体效应（旅游业对节事的促进）的作用的结果，这就是其内部机制。

（一）触媒效应（基于触媒理论）——节事活动对旅游的促进

触媒（catalyst，即催化剂）是一个化学概念，它在化学反应中的作用是改变和加快化学反应速度，而自身在反应过程中不被消耗。触媒效应即是触媒在发生作用时对其周围环境或事物产生影响的程度[①]。触媒可以是物质元素，也可以是非物质元素。城市的一些节

---

① 金广君. 城市设计的"触媒效应"[J]. 规划师，2006，(10)：22.

事活动(尤其是重大节事活动)从某种意义上来说,就是城市触媒的触媒体源,这是由于节事活动的发生,能使城市变得更加充满活力与魅力,而且节事活动本身也具有触媒体的特征,即能够"激发并维系城市发生化学反应"①。可见,节事活动是一种非物质的触媒,它并非单一的最终产品,而是一个可以刺激与引导后续开发的综合元素②。

作为城市触媒的节事活动,提升了举办地旅游形象是个不争的事实③。因此,节事活动对当地旅游形象有催化(触媒)作用,进而促进当地社会的全面发展,这就是节事(活动)的触媒效应。基于此,再结合大型节事活动从申办、运作到实现这一过程中对当地旅游形象的作用,本书尝试构建城市旅游形象系统。根据与当地旅游发展的密切关系,该系统由显形象(与旅游直接相关)和隐形象(与旅游间接相关)两个子系统构成(见表3-2)。

表3-2 基于"CTIS"视角的城市旅游形象系统④

旅游形象构成要素	显形象		隐形象				
	与旅游直接相关的要素		与旅游间接相关的要素				
	旅游基础设施	旅游专门设施	城市形象	旅游行政管理	居民素质	城市服务	形象传播
	地域环境\交通设施\通信设施等	旅游吸引物\旅行社\酒店\旅游商品\购物点\娱乐设施等	区位地脉\历史文脉\城市精神\民俗风情\标志性触媒源(人物\事物)等	法制政策\管理风格及水平等	文明度\友好度\交流程度等	旅游接待水平\公共服务与管理水平等	专业媒介\泛媒体
CTIS	以视觉识别(VI)为主		以行为识别、理念识别(BI、MI)为主				

---

① 荣玥芳,徐振明,郭思维. 事件触媒理论解读 [J]. 华中建筑,2009,(9):80.
② 同上书,81.
③ 罗秋菊. 大型事件活动提升举办地旅游形象评价研究 [J]. 旅游学刊,2009(2):6—7.
④ CTIS(City Tourism Identity System,城市旅游形象识别系统)是受企业形象识别系统(CIS)的启发,以及旅游开发迅速发展的推动等综合因素的作用而产生、发展起来的,是城市旅游形象的重要组成部分。与此相关的研究还有李蕾蕾(1998)在其博士学位论文中构建的 TDIS 体系(区域旅游形象系统),在国内较早开创了旅游地形象的研究。本研究的城市旅游形象系统的构建是基于以上研究而进行扩展延伸的。

具体而言，节事活动触媒对当地旅游形象的促进效应机制分三个阶段，即前期的先导效应、当期的直接传播效应和后期的延伸效应(见图3-5)。

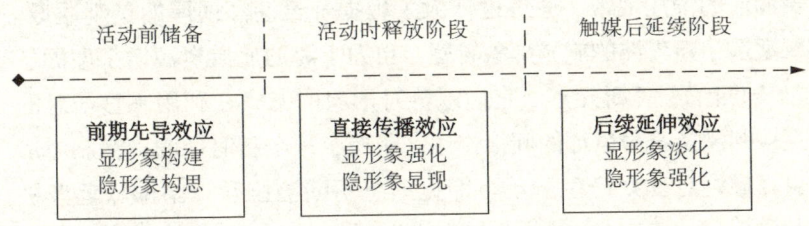

图3-5　触媒效应下节事活动对旅游形象的促进机理图

1. 节事活动前筹备阶段——前期（先导）效应

节事活动举办前的筹备阶段对当地旅游形象的促进作用称为前期先导效应(即前期效应)，其主要过程是显形象的构建和隐形象的构思。这是一个节事活动对举办地旅游形象重新定位与跨越提升的过程。此阶段，当地在各个领域进行广泛筹备，借机积极思考新一轮的城市发展定位，并构思城市及旅游隐形象的新轮廓。同时显形象的构建过程由此开始，直接促进了当地旅游设施的改善及区域旅游形象的提升。从旅游业发展的角度看，节事活动触媒效应在显形象的构建上主要体现在旅游业的"硬形象"的提升上，既包括基础设施(如机场、道路、铁路、港口、绿化)，也有旅游专门设施(如酒店、旅游吸引物等)。同时，隐形象的构思主要涉及城市风格的定位、居民文明素质的培育、城市服务体系框架的构思、旅游行政管理体制的完善及地域旅游形象传播的策划等。

2. 节事活动时释放阶段——直接传播效应（当期效应）

节事活动当期阶段对举办地旅游形象的促进作用称为直接传播效应(当期效应)，主要表现为显形象的强化和隐形象的显现。本阶段除了继续强化前期筹备阶段的显形象，还通过外显形象逐步引致内隐形象凸显出来，进行直接的展示与传播。显形象与隐形象结合，可促进游客与当地触媒系列组合直接对话，进行"文本"解读：

即旅游者通过对当地旅游吸引物及居民、服务者等的接触,充分感受当地的风土人情及地方精神,最终形成区域综合旅游形象。例如,上海世博会为了充分实现与旅游的互动效应,将举办地点选在黄浦江的滨江地带,通过世博大工程提升黄浦江两岸的景观质量,既塑造了新外滩的旅游形象轮廓,也为上海的旅游资源谱系增添了"一轴四馆"等新元素。它们以符号形象的方式,利用感官信息的直接刺激及符号象征的间接作用,塑造了一个新时期的上海旅游形象,最终对受众产生触动,即显形象不断被强化,隐形象逐渐被凸显。

3. 触媒后延续阶段——后续延伸效应(后期效应)

节事活动落幕后对当地旅游形象的促进作用称为后续延伸效应(后期效应),主要表现为显形象的淡化和隐形象的强化。遗忘的基本规律是先快后慢,即记忆的最初阶段遗忘较快,然后就逐渐减慢。该阶段由于活动的落幕游客陆续离开目的地,同时随着时间的推移,大家对活动的关注也逐渐减少,很多有形的固态形象信息在人脑中慢慢被淡化和遗忘。而能作为一种长久印象深烙脑海的往往是人们经过重复提取和识记的无形的柔性形象信息,如当地的名人、名景、名事(件)、名物等的名称及其背后所蕴含的文化内涵,而不是其具象形态。这些要素作为触媒源一经有序组合,便能形成一组组生动的符号,以印象记忆为方式储存于人们的脑海深处。那些显形象要素则常作为短暂印象,在人脑中逐渐被淡化直至遗忘。

(二)母体效应(基于母体理论)——旅游对节事活动的促进

母体效应(maternal effect)是动物界的普遍现象,指双亲的表型影响其后代表型的直接效应[①]。存在于生物圈的母体效应在人文社

---

① Bernardo J. Maternal effects in animal ecology [J]. Amer. Zoologist, 1996(36): 83-105. 张志强,王德华. 小型哺乳动物的母体效应及其在种群调节中的作用 [J]. 生态学杂志, 2005, 24(7): 812—816.

会圈也有类似表现——指原有母体对新生体的孕育、产生与发展的一种依托作用,也可以称为"依托效应"。因此,可充分利用拥有较好基础的旅游业的"母体效应",以孕育滋养当地的节事活动产业。根据在节事活动运营的不同阶段旅游业对其作用的不同,旅游业对节事活动产业的"母体效应"具体可分为前期、当期和后期三个阶段(见图3-6)。

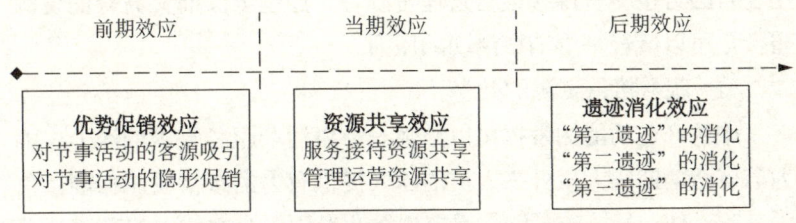

图3-6　旅游业对节事产业的促进机理图

1. 前期效应———旅游业的"优势促销效应"

(1)旅游业基础对节事活动的客源吸引。

旅游业具有先天的促销优势,旅游行政管理部门可发挥营销的组织协调作用,旅游企业可在各自优势领域内发挥具体的执行作用。旅行社在活动的营销上可以把吸引来的大量活动参与者组织成一批批旅游团(如世博旅游团),轻松地进行角色转换,将"活动参与者"转换成"旅游者",从而保证参与活动的客源。例如,历届奥运会及世博会都吸引了大批游客,通过组织游客的方式保证了节事活动的客源。

(2)旅游业基础对节事活动的"隐形促销"。

"隐形促销"是指旅游业基础对当地节事活动的优势促销效应,这主要通过当地旅游形象的影响力,刺激潜在旅游者人群的关注,间接保证了该地的节事活动来访客源,其中一个最主要的指标是当地能否被各种节事活动的主办者视为一个良好的活动举办地。这是因为良好的城市形象是节事活动举办地选择的重要指标,而旅游业要素往往是其中的关键因子,优美的风景与环境、著名的城市地标、鲜明的城市风格等不仅是区域旅游形象的核心，也是区域的综合形象及影响力的关键要素。因此，良好的旅游地形象是该地综合吸引力的关键，对各种节事活动的主办及主管机构（如国际展览局）的吸引力就会很强，也保证了节事活动的参与客源。

2. 当期效应———旅游业的"资源共享效应"

在活动举办期间，旅游产业对节事活动产业有很多共享资源，主要有服务接待资源和运营管理资源等，通过全面而又充分的资源整合，可以减轻举办节事活动的压力。

（1）服务接待资源的共享。

旅游产业功能的发挥可以减轻对节事活动服务需求的压力，能为节事活动期间大量外来人员的流入提供有力的接待设施保障。首先，吃、住、行、游、购、娱等旅游业设施可全方位承担节事活动服务接待的任务；其次，现成的旅游服务体系（如信息咨询、相关旅游预订等）可直接为节事活动参与者提供优质服务；第三，旅游服务水平是城市的精神窗口和形象载体，能直接影响外来者的感官印象和当地体验的愉悦性。能被节事活动共享的旅游业的服务接待资源除了传统的游、行、食、宿、娱、购外，还有信息咨询、代办服务等方面。

（2）运营管理资源的共享。

一是依托旅游业运营管理的组织机构。如临时的大型节事活动运行组织机构可以吸收当地的旅游行政管理机构作为重要成员，发挥其在目的地营销等方面的组织协调作用。也可以让旅游企业在客源的组织与接待、旅游线路的策划与实施、后勤保障等方面发挥具体的执行功能。二是依托旅游业的运营管理机制。旅游业可以通过时空转换和大集中、小分散的途径，充分发挥产业功能，从时空上分散节事活动期间的客流。

3. 后期效应———旅游业的"遗迹消化效应"

因举办节事活动，尤其是大型活动而修建的设施会随着节事活动的落幕而成为"遗迹"。因此，节事活动落幕后旅游业对这些设施

的后续利用称为"遗迹的消化效应",主要有:

(1)"第一遗迹"的消化。

"第一遗迹"即指为举办活动而建成的基础设施,活动结束后往往被旅游业所利用。如为上海世博会而修建的大量地铁、隧道、绿化景观都为上海的旅游业发展所用。简言之,就是对城市基础设施类遗迹的后续利用。

(2)"第二遗迹"的消化。

"第二遗迹"是指部分节事活动专用设施,如世博会的展馆建筑、奥运会的体育场馆成为节事活动遗迹景观,可作为当地的旅游景观直接为当地旅游业所用,往往会成为各地城市观光旅游资源的新成员。简言之,就是对节事活动场馆类遗迹的后续利用。

(3)"第三遗迹"的消化。

节事活动结束后,经典的节事活动旅游资源——"第三遗迹"(如上海世博园、北京奥林匹克公园),结合传统旅游资源(如上海的外滩、北京的故宫),共同构筑一个完美的旅游空间区域,达到对活动遗迹的综合永续利用,并为往后当地的活动举办提供保障。简言之,就是对节事旅游资源类遗迹的后续利用。

第四节 节事与旅游的共生效应

节事与旅游(两种产业)的"集聚效应"和"互动(促进)效应",最终使得二者在多方面结合在一起,融为一体、共生发展,这就是节事与旅游的"共生效应"。节事与旅游的共生效应使二者在客源、资源、生产及营销(品牌)等方面融为一体,使节事与旅游(两种产业)的"融合效应"得以完美实现。

表3-3 节事产业与旅游产业的融合共生效应简表

类型		方式	功效	结果	
人口的融合共生	消费需求（动机）的融合共生	以精神需求为主，物质需求为辅，满足共同的消费需求点，将节事参与者与旅游者的需求融为一体，使之成为节事旅游（消费）者，以节事消费需求来拓展旅游消费需求的领域，以旅游消费需求来提升节事消费需求的层次，融合共生，促进节事产品与旅游产品融合，形成创新性的节事旅游产品系列	通过整合节事与旅游双重需求诉求，推进节事活动与旅游活动的融合共生，提升传统节事和旅游产品的水平	节事旅游需求	节事旅游产业
	消费注意力（认知）的融合共生	以满足共同的信息注意点（以产品自身信息为基础，产品营销信息为突破口）为目的，将节事与旅游的参与者的注意力资源加以创意整合，促使双方的注意力对接融合，从而增加各自对信息关注点的有效认同与对消费行为的有效促进，最终形成"节事＋旅游"的信息融合与整合传播的营销推广机制	整合双重注意力资源，促进整合营销，有效指导节事与旅游营销的有机融合	节事旅游注意力	
	消费行为的融合共生	基于购买、使用、评价等消费行为的特征，发挥旅游与节事各自行为特色的作用，以节事行为的文化性丰富旅游行为的内涵，以旅游行为的休闲性提升节事活动的参与性，提升各自活动的消费者的规模与层次，引导节事参与者与旅游者的消费行为，使他们的行为实现和谐统一	利于融合节事与旅游双重行为的特色，实现双重行为的和谐统一，并指导节事旅游活动产品的创意设计	节事旅游行为	
产业的融合共生	资源开发的融合共生	将节事资源开发成旅游资源，从旅游业带来更多节事产业客源和经济效益，加强文化传承与保护的力度，并促进节事文化的传播与交流。将旅游资源开发向节事方面拓展，以增强旅游产品、产业及目的地的竞争力与影响力	有利于整合两种产业资源，实现规模化的创意性利用，指导节事资源与旅游产业的创意融合发展	节事旅游资源	
	产品生产的融合共生	通过产业的专业化分工和产品的专业化生产，将旅游产业与节事产业的生产体系融为一体，从而形成产品一体化、共生化	通过整合两种产业生产的组织与管理过程，以指导节事资源与旅游产业的创意融合的专业化生产	节事旅游产品	

(续表)

类型		方式	功效	结果
产业的融合共生	产业运营的融合共生	通过节事旅游产业运营所需的组织形式（节事旅游集聚区），以及营销、资本、人力、政策、科技等要素的全方位融合，形成两种产业在业务领域上的跨界整合和共生发展，以及产业运行的"供产销"一体化格局，进而引发综合效用与优势	通过整合两种产业价值链上的各个环节和相关要素，促进集群化运行，以指导节事资源与旅游产业创意融合的宽领域生产	节事旅游（产业）集群	节事旅游产业

一、节事与旅游共生效应的外部表现：基于"人口—产业"视角

本书认为，节事与旅游的共生效应，是指在由节事与旅游两种产业多方面的集聚和互动而产生的相融相生的共生环境中，两种产业的各部门之间，在相互竞争的基础上形成相互协作、合作共生的作用机制，并由此所产生的综合效应，包括客源的融合共生、资源的融合共生、产品生产的融合共生以及产业运营的融合共生等方面，从而形成共生体——节事旅游产业，成为一种新型的产业类别。基于"人口—产业"的视角，客源共生属于人口方面的共生，资源、产品及运营等的共生属于产业方面的共生（参见表3-3）。下面将分别从（消费）人口的融合共生和产业（要素）的融合共生两方面来分析二者的融合共生效应。

（一）（消费）人口的融合共生——客源的共生

从市场学的角度看，消费人口在市场中是作为（消费）客源而存在的，人口的融合共生即客源的融合共生，是以作为（消费）客源的人口的集聚为前提的。因此，"节事—旅游"（消费）人口的共生，即客源的共生，是节事（消费）人口与旅游（消费）人口的融合共生，包括需求（动机）、注意力（认知）及行为等方面。故"节事—旅游"（消费）人口的共生效应，是指节事和旅游两种产业的消费人口群体的

需求、注意力及行为等方面的全方位融合共生，由此而产生的对旅游与节事及相关产业发展的综合优势。通过（消费）人口的共生效应，可以将节事产业与旅游产业的（消费）人口紧密融合为节事旅游人口，以节事（消费）人口来扩大旅游（消费）人口的基数，以旅游（消费）人口来提升节事（消费）人口的质量，进而实现节事与旅游两种产业的（消费）人口的统效综合效应，促进（消费）客源的人口数量和质量的提升。这有利于两种产业客源的统一开发利用，实现由客源重叠效应带来的客源效用最大化，并最终推进节事和旅游产业，甚至整个经济社会的可持续发展。

1. 客源（消费）需求的融合共生

客源（消费）需求的融合共生，即将旅游产业与节事产业的客源（消费）需求融为一体、共生发展。这里的需求既包括物质性的需求，也包括非物质性的精神文化需求；既有食行宿及其安全性等基础性需求，也有社交、求尊重、审美等提高层次需求，还有自我实现等最高层次需求。通过客源（消费）需求的融合共生效应，能为节事资源的旅游开发与利用、节事旅游产品的策划与生产设计提供指导。

2. 客源（消费）认知的融合共生

客源（消费）认知的融合共生，指的是将旅游产业与节事产业的客源的（消费）认知与注意力融为一体、共生发展。这是指以满足节事参与者与旅游者共同的信息注意点为目的，具体是以产品自身信息为基础，产品营销信息为突破口，将节事与旅游的参与者的注意力资源加以创意整合，促使双方的注意力对接融合，从而增加各自对信息关注点的有效认同与对消费行为的有效促进，最终形成"节事＋旅游"的信息融合与整合传播的营销推广机制。通过客源认知（注意力）的融合共生效应，能整合双重注意力资源，有效指导节事与旅游营销的互动融合，从而达到整合营销的效果。

3. 客源（消费）行为的融合共生

客源（消费）行为的融合共生，即将节事产业与旅游产业的客源行为融为一体，可以从决策与购买、使用与体验以及用后评价等行为环节上实现融合共生。具体而言，节事与旅游（两种产业的）客源行为的共生效应，就是基于决策、购买、使用、评价等系列消费行为的特征，在影响决策、促进购买、丰富体验、提升使用满意度、巩固忠诚度的指导思想下，发挥旅游与节事各自行为的独特作用，以节事行为的文化性丰润旅游行为的内涵，以旅游行为的休闲性增强节事活动的体验，提升各自活动的行为者的总量规模与质量层次，从而引导节事参与者与旅游者的消费行为，最终实现节事消费者与旅游消费者的行为实现和谐融合、共生统一。简言之，客源（消费）行为的融合共生效应有利于发挥节事与旅游双重行为的特色，实现双重行为的和谐统一，并能有效指导节事旅游的资源开发、节事旅游产品的内容创意和设计以及营销等方面的工作。

（二）产业（要素）的融合共生——资源、产品与运营的多方融合共生

节事与旅游产业要素的融合共生效应，是指通过节事和旅游两种产业发展所必须的资源开发、产品生产、产业（综合）运营等方面的融合共生，而产生的对旅游与节事及相关产业发展的综合优势，并最终形成新的产业形态——节事旅游产业。通过二者的融合共生效应，以节事产业来扩大旅游产业的边界领域，同时以旅游产业来提升节事产业的质量层次，融合共生，进而实现节事与旅游两种产业的综合统效效应，以促进产业的融合发展，最终促进整个经济及社会系统的全面、健康、可持续发展。

1. 产业资源的融合共生

节事与旅游的产业资源的融合共生，即将旅游资源与节事资源融为一体，共生发展，通过整合两种产业资源的综合优势，实现资源的创意性、规模化开发，指导节事资源与旅游产业的创意融合的利用，以实现规模经济和范围经济的目标。具体而言，节事与旅游两种产业资源的融合共生效应具体包括：（1）将节事资源开发成旅游资源，促进地域综合吸引力和形象的提升，增强节事文化的资源

化、资本化的能力,并促进区域间的文化传承保护与传播交流;(2)将旅游资源开发向节事方面拓展延伸,以丰富旅游业产品的资源谱系、业态类型和内涵深度,以及体验性、互动性、娱乐性、审美性等吸引力要素。简言之,节事与旅游两种产业资源的融合共生效应理论能直接为节事资源与旅游产业的创意融合规模化利用与创意性开发提供指导。

2. 产品生产的融合共生

节事与旅游的产品生产的融合共生,即将旅游产业与节事产业的生产体系融为一体,从而形成产品一体化。这有利于指导节事资源与旅游产业创意融合的专业化生产,进行节事产业与旅游产业的一体化的生产运行机制和全链式产业生产格局的构建。具体而言,节事与旅游两种产品生产的融合共生效应就是通过产业组织及产业链两方面的融合共生,实现节事旅游产业的分工专业化和产品生产的专业化。总之,节事与旅游两种产业的产品生产的融合共生效应理论能直接为节事旅游产品的专业化生产提供指导。

3. 产业运营的融合共生

节事与旅游(产业)的运营(管理)的融合共生效应,即指通过节事旅游产业运营所需的资源、产品以及营销、资本、人力、政策、科技等要素的融合共生,而引发的综合效用与优势。具体而言,应该达到以下目标:(1)通过节事旅游产业集群这一空间载体方式,使节事与旅游的产业组织及产业链的各要素融合共生,促进节事旅游产业集聚化的生产。(2)通过信息媒介、产品渠道、产业组织等的融合共生,塑造良好的节事旅游(目的地及产品)品牌形象,促进节事旅游目的地及其(节事旅游)产品的营销与推广。(3)通过人才、资金、政策、科技等产业要素的融合共生,实现节事与旅游两种产业的人才共享、政策共用、资本共通、科技共融的局面。总之,节事与旅游两种产业的运营(管理)的融合共生效应理论不仅能直接为节事旅游产业的集聚化发展及节事旅游目的地形象塑造提供指导,还能为节事资源与旅游产业创意融合提供一个(包括政策、人才、资金及科技等的)良好的综合发展环境支撑,形成一地节事和旅游及相关产业甚至整个地域的综合竞争优势。

二、节事与旅游共生效应的内部机制:节事旅游产业集群的共生机制

(一)节事与旅游共生效应的结果:节事旅游(产业)集群

综上所述,节事产业和旅游产业在人口(需求、注意认知和行为)和产业(资源、产品、运营等要素)全方位集聚的基础上,通过前期、当期及后期多阶段的互动效应,最终引发了两种产业在客源、资源、产品(生产及服务)和品牌(营销)等方面的融合共生,将原本互相独立与分离的节事产业和旅游产业融为一体,催生一个融合共生体——节事旅游产业集群。

节事旅游产业集群是节事与旅游(两种产业)融合共生效应结果的具体形态表现。若基于"人口—产业"视角,从人口消费和产业要素两个层面上来分析,节事旅游产业集群是一个综合性系统,具体由节事旅游人口(消费)子系统和节事旅游产业(要素)子系统构成。其中,节事旅游人口子系统(即客源市场子系统)主要有节事旅游人口的消费需求(动机)、认知(注意力)及行为三大核心要素;节事旅游产业子系统(即节事旅游产业链子系统)主要有节事旅游的产业资源(利用)、产品(生产)以及产业(运营)综合要素等构成一个完善的系统,这些即是节事与旅游共生效应的外在表现形态。

表 3-4 节事旅游产业集群的系统结构表

节事旅游人口子系统(市场子系统)	节事旅游产业子系统(产业链子系统)
节事旅游人口的(消费)需求(动机)	节事旅游产业的资源(开发)
节事旅游人口的(消费)注意力(认知)	节事旅游产业的产品(生产)
节事旅游人口的(消费)行为	节事旅游产业的产业(运营)

(二) 节事旅游产业集群共生效应的内部机制

1. (节事旅游产业集群)共生效应的形成机制

节事旅游产业集群共生效应的内部机制如下(可见图 3-7):

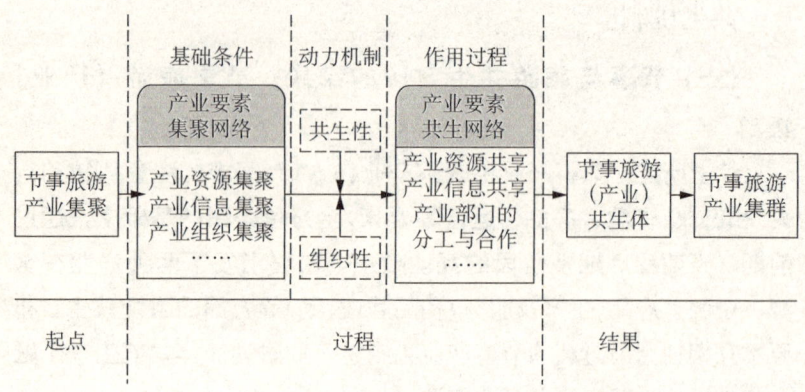

图 3-7 节事旅游产业集群共生效应的内部机制图

节事旅游产业集群共生效应的发挥,首先要以节事与旅游产业相关要素的集聚为前提,即节事与旅游产业(相关要素的)集聚是集群共生效应内部机制的逻辑起点。由于产业(要素)集聚具体包括与某一产业紧密相关的资源、产品、信息以及组织机构(以企业为首)等的集聚,它们构成一个产业(要素)集聚网络,为共生效应机制作用的发挥提供了基础条件。接着,在产业链的整合作用下,由于追求规模经济、游客差异性偏好和要素集聚等积极效应[①],产业(要素)集聚网络内部就具有一种天然的组织性和共生性,(虽然少不了竞争,但更加注重)相互之间的共同依存和共生促进。在组织性和共生性的动力机制作用下,这时的产业(要素)集聚网络就自然会成为一种产业(要素)共生网络,会促进相互间的共生发展。再者,产业(要素)共生网络最大的作用就是能为各个"共生单元"提供产

---

① 聂献忠等. 我国主题旅游集群的成长及其空间特征研究 [J]. 人文地理,2005,20(4): 65—68.

业资源、产业信息等方面的共享环境，并促进各产业部门之间的分工优化和协同合作，并最终达到我们最想要的结果——使"产业(要素)-共生网络"成为一个各要素之间、各部门之间都是亲密无间的名副其实的"节事旅游(产业)—共生体"，以促进特定主题的节事旅游集群的形成与发展。

综上所述，简言之，节事旅游的产业集聚是节事旅游产业共生的基础，节事旅游产业的共生是节事旅游产业集聚的结果与发展目标。只有以产业集聚为基础与条件，产业共生的优势效应才能达成；只有达到了产业共生效应这一结果与目标，产业集聚才有意义和功效。

2. (节事旅游产业集群)"共生效应"的发展模式：节事与旅游产业的共生效应的具体过程机制

(1) 节事旅游产业集群的共生系统。

旅游产业集群的共生系统包括共生单元、共生环境和共生模式三要素[1]。其中，共生单元指共生体或共生关系的基本能量和交换单位，是形成共生体的基本物质条件[2]，本书中即指各个独立的节事及旅游企业、配套服务部门等，是旅游产业集群共生系统的基础。共生环境本书中指节事旅游产业集群存在的内部和外部环境，是旅游产业集群共生系统的条件。共生模式指的是各共生单元——企业与部门间的共生关系及机制，是旅游产业集群共生系统的关键。节事旅游产业集群内部，作为共生单元的节事及旅游的直接服务企业与间接服务企业在一定的共生环境(内部环境与外部环境)下相互作用、结合的组织方式以及彼此间的物质与能量交换的行为关系构成节事旅游产业集群(共生系统)的共生组织及行为

---

[1] 饶品祥. 共生理论视角下的旅游产业集群形成与演进研究 [D]. 西安：西北大学，2010,(6)：37—38；40.

[2] 吴泓，顾朝林. 基于共生理论的区域旅游竞合研究——以淮海经济区为例 [J]. 经济地理，2004,(1)：104—109.

模式①。

（2）（节事旅游产业集群）共生效应的发展模式：基于"组织模式/行为模式"维度。

节事旅游产业集群共生效应的发展模式即为节事旅游产业集群的共生模式。集群共生模式反映了集群内共生单元之间相互作用或结合的方式，也反映共生单元之间的物质、能量交换与配置的关系，是共生体持续演进的基础②，有助于降低企业的交易成本，减少不确定性，增加企业间的信任关系，实现资源的优化配置，对整个集群及参与共生的企业都带来较大的利益③。按照共生理论，共生模式可以按照行为方式和组织模式两个维度进行分类④。结合两种模式来分析，按照共生单元之间融合和成熟程度以及共生效应的大小的不同，现实中节事旅游产业集群共生系统主要有以下几种共生模式，它们基本上都是互惠共生方式，其具体发展演进过程为：非对称互惠间歇式共生——非对称互惠连续性共生——对称型互惠连续性共生——对称型互惠性一体化共生（参见表3-5）。节事旅游产业集群的共生系统就是按照这样的逻辑顺序发展演进的，节事旅游产业集群的共生融合效应就是依照这样的规律逐步放大，并不断扩散影响的，这就是节事与旅游产业的共生效应的具体过程机制。

---

① 饶品祥. 共生理论视角下的旅游产业集群形成与演进研究 [D]. 西安：西北大学文，20106：37—40.

② 同上书，42.

③ 同上.

④ 按照共生理论，共生模式可以按照行为方式和组织模式两种维度进行分类。其中，依据共生单元间行为方式和利益分配方式的不同，共生行为模式包括寄生、偏利共生、非对称互惠共生和对称性互惠共生；依据共生单元间组织程度的不同，共生组织模式可分为点共生、间歇式共生、连续性共生和一体化共生。将共生行为模式和共生组织模式结合起来分析，共有16种组合模式，但在现实中只有几种主要模式存在。（引自：饶品祥. 共生理论视角下的旅游产业集群形成与演进研究 [D]. 西北大学博士学位论文，2010，6：42—43.）

表 3-5　节事旅游产业集群的共生模式类型表

组织模式/行为模式	寄生	偏利共生	非对称互惠共生	对称性互惠共生
点共生	××	××	××	××
间歇共生	××	××	非对称互惠间歇式共生	××
连续性共生	××	××	非对称互惠连续性共生	对称互惠型连续性共生
一体化共生	××	××	×××	对称互惠型一体化共生

① 非对称互惠间歇式共生。

节事旅游产业集群的非对称互惠间歇式共生模式，具体表现为节事及旅游产业各要素及部门所形成的集群，为某些节事及旅行消费者提供一些特种旅游服务，以此促使共生单元间的相互配合。因为其提供的特殊服务是间歇式的，非普遍性的，故需要向连续性共生演进。

② 非对称互惠连续性共生与对称型互惠连续性共生。

在"节事＋旅游"这一庞大的产业集群中，由于产业关联性强、产业的规模差异较大、供应企业多，以及各自的作用不同、互补性较强，只有以互惠连续性共生为主体，才能保证集群共生体中不同企业（及部门）间的共生关系的持续稳定发展。其具体可分为非对称互惠连续性共生和对称型互惠连续性共生。

非对称互惠连续性共生表现为节事和旅游的直接服务共生企业间，或节事和旅游的直接服务企业与间接服务企业的共生模式，由于节事和旅游服务企业较多，彼此间相互竞争，利益的分配往往表现为非对称性，但这种非对称性不能偏离太大，否则，共生关系将会解体①。对称的互惠是合作与互惠局面能长久维持的根本保证。上述两种非对称性的互惠，缺乏持续性发展基因。因此，随着共生界面的变化及共生单元对利益最大化的追求，共生模式会逐渐向对

---

① 饶品祥. 共生理论视角下的旅游产业集群形成与演进研究 [D]. 西安：西北大学，2010：37—40.

称性互惠连续性共生模式发展①。节事旅游产业集群的对称互惠型连续性共生模式,具体是指在共生单元间保持自身的独立性的基础上,通过在共生单元间对称性分配互惠利益,产生新能量,以促进节事旅游产业集群(系统)内部各共生单元的共生关系能够达到稳定的状态。因为对称型互惠性一体化是节事旅游产业集群共生的最高境界,一般情况难以达到(具体详见下文分析),所以,该种模式是节事旅游产业集群共生体的主要共生模式。

③ 对称型互惠性一体化共生。

前面三种共生模式都是基于产业内部各环节和要素作为共生单元来分析的,适合于进行单一产业系统的共生分析。而对称型互惠性一体化共生模式适合于分析两种及两种以上产业的互动融合及共生分析。本书将节事产业和旅游产业各自作为一个共生子系统(单元)来分析,认为节事旅游产业集群的对称型互惠一体化共生(模式),即指节事产业和旅游产业两种产业的各要素及部门已经完全融为一体,互相促进和依存、不可分割,达到了"产业融合的共生一体化"的最高境界——形成了节事旅游产业这一新型的产业。

节事旅游(产业)作为一种新型的产业,是节事产业和旅游产业融合共生的结果,使原本互相独立与分离的两种产业进行一体化发展。在这内部二者互惠互利,已完全融合为一体,并达到最佳的发展效果,实现效益最大化。可见对称型互惠性一体化共生是节事旅游集群共生的最高发展模式,也是节事旅游产业集群化(即集聚化)发展的终极目标和最后境界。这也是节事活动与旅游产业融合共生的最大特征,因为节事和旅游产业很容易融合成共生体,很多产业之间有所融合,但难以达到一体化,形成产业综合共生体(如由节事产业和旅游产业融合共生而形成的节事旅游产业共生体现象)情况。

---

① 饶品祥. 共生理论视角下的旅游产业集群形成与演进研究[D]. 西安:西北大学,2010:37—40.

上述的节事活动与旅游产业共生效应发展演变过程可以乌镇旅游与节事活动的融合共生为例。如今我们可以把乌镇看作一个节事旅游产业集群，当单独的一个个节事活动（如戏剧节、互联网大会、国际当代艺术展等）在这里开始举办时，各种节事活动（及其运作经营的各企业组织等）主要是借助乌镇旅游的势，节事活动从乌镇旅游业上的受益较多，可以说是非对称性的互惠间歇式共生及互惠连续性共生，当后面慢慢各自影响大了并常年不断地举办各类活动时，节事活动与当地旅游业之间就达到对称互惠型的连续性共生，甚至一体化共生。

综上所述，融合是节事与旅游的集聚效应、互动效应和共生效应的基础，其合体就是节事与旅游的融合效应，即节事与旅游之间的集聚是融合的集聚，互动是融合的互动，共生是融合的共生。正因如此，节事资源与旅游产业的创意融合才可以进行，并能得以有续发展，这就是节事资源与旅游产业创意融合的内在机理，并为节事资源旅游产业化的具体发展路径提供了理论基础。

第四章
节事旅游的人口分析：
基于消费人口集聚的视角

产业的发展必须依赖供方和需方的协调持续发展，供方是指供给端的各相关主体（主要包括产业资源的利用、产品的生产及产业运营等各方主体），需方则直接体现为作为客源群体的消费人口。使市场在资源配置中起决定性作用，是《中国共产党十八届三中全会公报》及《中共中央关于全面深化改革若干重大问题的决定》中的重大战略决策，也是重大的理论突破，因为其是全面深化经济体制改革，处理好政府和市场的关系的基础和关键，非常重要。市场就是由承载需求的，作为市场主体的消费者群体——消费人口来支撑的，因此，对节事资源与旅游产业的创意融合的研究就应该以节事旅游的消费人口——节事旅游人口为起点来分析。

从另一方面来看，长期以来，我国旅游产业比较注重的是旅游供给的研究，并依靠具有垄断性的中国特色的各类旅游资源取得了巨大的发展，但为此我们忽视了对旅游需求方的研究，或者说对需求方的研究相对较少。然而，要取得旅游业的可持续发展，我们还必须加强旅游需求方——旅游（消费）人口的分析研究，这是进行旅游供给研究的基础和前提，只有在充分分析旅游（消费）人口的基础上进行旅游业的资源开发、产品生产及产业运营管理，才能真正让市场在资源配置中起决定性作用，体现"以市场为导向"的市场经济发展规律。节事资源是旅游产业开发的重要资源类型，然而至今为止在节事产业发展中，无论是国内还是国外生产导向仍居于主导地位，顾客导向（即市场导向）一直受到冷落[1]。因此，对于节事旅游产业的发展，尤其是节事资源与旅游产业创意融合的发展道路迫切需要从生产导向转为顾客导向，只有这样，才能在节事资源与旅游产业的创意融合过程中，真正做到让市场在资源配置中起决定性作用，并向以客源为导向（即以市场需求为导向）成功转型。

---

[1] 张涛. 节事消费者感知价值的维度及其作用机制研究 [D]. 杭州：浙江大学，2007：4.

第一节 节事旅游（消费）的人口分析框架

从单个节事旅游（消费）者的消费行为来看，每个个体的人口属性、心理及行为都可能是各不相同的，这是一个个性化的问题，属于消费行为学或心理学层面的研究范畴，但若是从规模化的节事旅游消费者来看，这些人群的人口属性、消费心理及行为上具有一些共同的特征，则属于人口学的研究范畴之一，因此，可以从人口学的角度来分析（规模化的）消费者人群的人口属性、心理及行为等方面的普遍性特征和类型化特征等，探索其内在的规律。同时，从文化产业经济发展的角度来说，能否认识、拥有并把握真实有效的规模化的文化消费需求，是文化产品及其服务与生产企业成功占有市场的前提[1]。节事旅游（产业）是文化产业的一种，目前的相关研究一般都注意到，要以市场为导向，就是要以顾客群体为导向，特别是要以顾客群体规模化的需求为导向，这为节事资源与旅游产业创意融合发展的人口分析（即节事旅游人口分析）提供了理论依据和基本思路框架。

一、节事旅游人口的概念界定

旅游人口是一种以旅游为目的的短期流动人口[2]，作为流动人口的一部分，包括探亲、旅游观光、度假、会议、公差、商业购销等各类人员[3]。从人口和经济的关系角度看，旅游人口是指购买旅

---

[1] 沈望舒. 文化产业的供应链、产业链和价值链——以大芬村特色文化产业园区为例 [J]. 城市问题，2008, 12(12): 21.
[2] 陆立德, 郑本法. 试论旅游人口分布 [J]. 社会科学，1986, 12(6): 48.
[3] 沈冠辰. 中国国内旅游人口现状及影响分析 [D]. 长春：吉林大学，2005: 1.

游产品的消费人口,是一种流动的、具有(经济)消费性质的人口①。从上述相关概念界定中可以看出,旅游人口本质上是具有共同的旅游(消费)需求的人群的集合,不是个体的概念,而是一个群体的概念。若再进一步从人口集聚的角度看,旅游人口是指在旅游消费上具有共同的需求、认知及行为特征的人群的集合。基于此,本书认为,节事旅游人口是节事旅游消费人口的简称②(下同),是指以节事旅游为目的的流动人口,具体指在节事旅游消费上具有共同的需求、注意(认知)及行为特征的人群的集合。通过人口的集聚效应,将这些共同的需求、注意力及行为集聚所形成的消费潜力转化为现实的节事旅游购买力,从而促进节事旅游市场的形成和节事旅游产业的发展。

二、节事旅游(消费)人口分析的模型构建

美国社会心理学家库尔特·勒温(Kurt Lewin)在大量分析实验的基础上,提出人类的行为模式③,其表明:人类行为的方式、指向和强度,主要受人的内在因素和外在环境因素的影响和制约,在一定程度上揭示了人类行为的一般规律,可以用于指导分析人类的自然(生理)行为、文化行为、经济行为等。因为在节事资源与旅游产业创意融合过程中,节事旅游者人群(节事旅游人口)的行为是直接影响节事资源与旅游产业创意融合结果的根源,而这是人类的一种规模化行为,因此,从经济消费的角度对节事旅游人口的行为进

---

① 胡平. 中国旅游人口研究——中国旅游客源市场的人口学分析 [D]. 上海: 华东师范大学,2001:6.

② 本研究的节事旅游人口特指节事旅游消费人口,是对其的简称。节事旅游产业人口,是指由直接或间接从事节事旅游产业工作的劳动者构成的人口群体,是与节事旅游消费人口(节事旅游人口)相对的概念。

③ 人类的行为模式:$B=F(P—P_1,P_2,P_n;E—E_1,E_2,E_n)$。B 与 E 之间的函数关系;B(Behavior)表示个人行为;P(Person)表示个人的内在条件;$P—P_1,P_2,P_n$ 表示构成内在条件的各种生理和心理要素,如生理特征、需要、态度等;E(Environment)表示个人所处的外部环境,$E—E_1,E_2,E_n$ 表示构成环境的各种要素,如自然环境、社会环境等。

行分析，可以在借鉴勒温的人类行为模式基本思路的基础上，融合人口学的视角加以完善与改进：

（1）对于影响人的行为的外在环境因素的分析。这是节事旅游人口分析的基础，很重要，包括自然的、文化的、经济的等各方面。但因为涉及生理学、地理学、社会学等很多学科领域，涉及面很广，无法全局把握。再加上本章的研究主要是从人口学角度进行深入的专题研究，所以，在本书的有限篇幅中只将其作为一个影响要素提出来，不作深入探讨。

（2）对于人的内在因素的分析。因为顾客群体规模化的需求是进行节事旅游人口分析的前提，因此，可以从人口学角度来切入。这是节事旅游人口分析的核心与关键。具体而言，若从"人口—产业"视角来看，为了要在节事旅游产业发展中真正实现顾客导向（市场导向），这就需要在把握顾客群体的人口属性的共性特征的基础上，综合考虑他们的需求（及动机）、注意（与认知）及行为等方面的共同特点，从而建构出一个节事旅游（消费）人口分析的逻辑框架，才能更加客观全面地揭示节事旅游（消费）人口的基本规律。这样的人口分析框架，是进行客户细分、市场定位以及资源开发、产品设计与生产，甚至产业运营的基础，是各地节事资源与旅游产业创意融合发展实践的首要环节，也是成功并健康持续发展的基本保障。

总之，基于"人口—产业"视角对节事资源与旅游产业的创意融合问题进行分析，首先应该借鉴产业经济的人口集聚效应的逻辑，以节事（消费）旅游人口作为分析的起点，形成一个（消费）人口的"基本（人口）属性特征—需求（动机）特征—信息的认知（注意）特征—行为特征"的分析框架（参见图4-1），并以此为基础作深入分析，发现节事旅游（消费）人口的自然及社会属性，以及需求、认知和行为等方面的类型特征及共同规律，为其后续的节事旅游产业的供给方面（从资源的开发利用、产品的设计生产，再到产业的运营管理等）的分析奠定基础。这样的分析框架是比较全面和科学的，也是必要和可行的。因此，本书将以不同节事类型的相关案例的调查分析为例，基于节事旅游（消费）人口的基本属性，从需求（动机）、认知（注意）和行为等方面分析节事旅游人口（消费）的类型特征，并总结其内在规律，为节事资源与旅游产业的创意融合研究奠定前期基础。

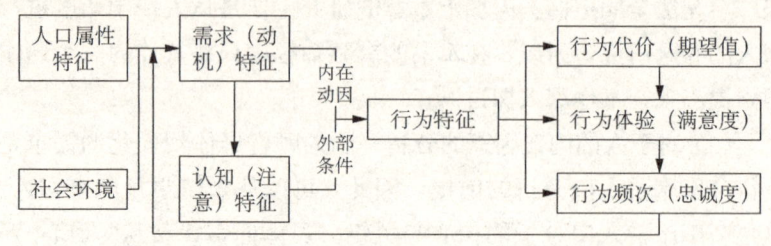

图 4-1 节事旅游（消费）人口的分析模型图

三、节事旅游人口分析的具体框架体系：基于节事旅游人口分析模型

（一）节事旅游（消费）人口的属性特征体系

节事旅游（消费）人口的属性特征体系，主要包括性别、年龄等自然属性特征，职业、收入、教育（学历）、常住地等社会属性特征。这些方面的属性特征能基本反映节事旅游消费者群体的人口属性特征，为节事旅游人口的需求、认知、行为（及态度）等人口行为特征的后续分析奠定基础。

（二）节事旅游（消费）人口的需求及动机体系

1. 需求及动机对于节事旅游（消费）人口分析的必要性

需求是提出行为倾向的内在动因，同时，人类的需求往往是以动机的形式表达出来的，因此，动机是行为的核心驱动要素。节事旅游消费者人群——节事旅游人口的需求类型具体包括与节事消费相关的物质需求和精神需求，由此引发的动机将促使消费者在节事消费中寻求或感知多种类型的价值,是节事消费市场形成的基础。

2. 节事旅游(消费)人口的需求及动机体系

需求是分层次的,需求层次理论可以为节事旅游消费行为的分析提供可靠视角。节事(旅游)消费的需求层次理论[①]指出,游客参加节事活动有着多种类型层次的需求,由此引发的动机将促使消费者在节事消费中寻求或感知多种类型的价值:第一个层次是物质需求,是基础层次的需求,以生理和安全需求为主;对归属感、爱、尊敬的需求为第二层次,是提高层次的需求,属于精神层面的需求;认识、审美、发展和实现自我的需求为第三层次,是最高层次的需求,也是精神层面的需求(如表 4-1 所示)。每一类需求可细分为一些具体的需求点,都有着不同的利益诉求点,并引发相应的动机,动机组合则会引导节事消费者人群采取适当行动来获得相应的利益和价值(参见表 4-2)。

表 4-1 节事旅游者人群的需求层次体系

消费需求层次		需求点
第三层次 (最高层)	认识需求	获得新体验和新知识
	审美需求	美的欣赏
	发展需求	获取(个人发展的)新动力
	实现自我的需求	实现个人价值
第二层次 (提高层)	归属感与爱的需求	家人团聚与社会交往
	尊敬的需求	文化认同(与探索)
	解压与放松	得到尊敬
		放松和逃离
第一层次 (基础层)	物质需求(以生理与安全需求为主)	设施与服务的完善、便利
		产品质量可靠、性价比高

---

① Getz, D. Event Management & Event Tourism [M]. New York: Cognizant Conllnurueation Corporation,2005:331.

表 4-2 节事旅游（消费）者人群的动机体系

趋势动机	节事应提供的价值
猎奇/刺激/激动	体验不熟悉的饮食、服饰、工艺等
	在节事活动中学习
欣赏表演、美景等	欣赏各种景观、艺术及表演等
探寻未来发展的机会	得到（未来发展的）活力
实现某种经历及价值	不寻常的体验机会及个人价值表达
认识同类并交流	搭建社交平台、创造交流机会
陪伴亲友	与亲人或朋友相处的宝贵时间
寻找并融入群体文化	群体联系的纽带，文化的象征和仪式庆典
获得承认、地位和声望	通过参与活动获得别人的认同与尊敬
逃离/恢复平衡	在特殊气氛中逃离日常生活
	娱乐放松
锻炼身体	健身运动及游憩休闲等
饮食	安全愉快氛围下的饮食
性满足	某些吸引因素中隐含着性导向

节事活动的参与原因是其中某些或全部动机的组合。上述节事旅游消费者的具体需求，往往在常见的节事旅游参与动机中表现出来，它们主要有普通社会交往、亲友团聚、猎奇/刺激/激动、节事吸引、娱乐/聚会、文化探索、逃离/恢复平衡、所在地吸引和结交朋友等①。其中，家人聚会与社交、猎奇②、逃离③和文化探索④是

---

① 张涛. 节事消费者感知价值的维度及其作用机制研究 [D]. 杭州：浙江大学，2007：68.
② 猎奇是游客寻求刺激、追求新体验和冒险的复合型动机，包含寻刺激、求变、解闷和惊奇四个维度。引自：Formica S. Uysal M. Market segmentation of an International cultural-historical event in Italy [J]. Journal of Travel Research, 1998, 36(4)：16-24.
③ 逃离是游客改变程式型日常生活、恢复平衡、减少日常压力和沉闷心情的动机。
④ 文化探索也是重要节事动机之一，尤其是文化节更是首要的动机维度。

出现次数最多的五个动机。另外，即使不同类型和主题的节事有相似的动机，各动机的重要性也存在差异，如美食节的寻刺激动机较强、文化探索动机较低①，文化节最重要的参与动机则是文化探索②；国际性节事在家庭聚会动机上弱于社区性节事和地方性节事③，等等。从另一角度看，消费者参与节事活动有实用和享乐两个方面的动机，并且通过参与节事活动寻求实用和享乐两个方面的利益④。总之，节事旅游消费者的动机是一个完整的体系。

（三）节事旅游（消费）人口的认知（注意）系统

1. 认知（注意）对于节事旅游（消费）人口分析的必要性

人对原发性的需求与动机的满足，遵循的是快乐主义原则（享乐主义导向），关注的核心是需求是否得到充分的满足。然而，现实是任何人的行为由于受到各种外部客观条件的限制，往往难以得到最大化的满足，不可能是纯享乐主义的，需要基于对现实条件的认知和注意后获得的理性认知，再来对原发的各种欲望需求及动机加以调节与安排。

需求被激发后，消费者对能满足需求与动机的相关产品信息进行感知注意，影响消费决策及最终的消费行为。因此，认知与注意

---

① Crompton, J. L. & S. L.. McKay, Motives of visitors attending festival events [J]. Annals of Tourism Research, 1997, 24(2): 425-439. Mohr K, et al. An investigation of festival motivations and event satisfaction. by visitor type [J]. Festival Management & Event Tourism, 1993, 1(3): 89-97.

② Kim, Y. H., Goh, B. K., Yuan, J. Development of a multi-dimellsional scale for measuring food tourist motivations [J]. Journal of Quality Assurance in Hospitaly & Tourism, 2010, 11(1): 56-71. Dewar, K., Meyer, D., Wen, M. L., Harbin. lanterns of ice, sculptures of snow [J]. Tourism Management, 2001, 22(5): 523-532. Chang J. Segmenting tourists to aboriginal cultural festivals: An example in the Rukai tribal area. Taiwan [J]. Tourism Management, 2006, 27(6): 1224-1234.

③ Kim, Y. H., Goh, B. K., Yuan, J. Development of a multi-dimellsional scale for measuring food tourist motivations [J]. Journal of Quality Assurance in Hospitaly & Tourism, 2010, 11(1): 56-71.

④ Gursoy, D., Spangenberg, E. R. & Rutherford, D. G The hedonic and utilitarian dimensions of attendees'attitudes toward festivals [J]. Journal of Hospitality & Tourism Researeh, 2006, 30(3): 279-294.

是影响行为意向及消费决策的外部条件(是一种外部动机)。一般情况下,现实条件制约下的认知与注意,是工具理性导向的,从理性审视的维度来影响消费决策,讲究实用性,注重效用获取与性价比的平衡,是一种理性主义。可见,基于理性与工具维度的消费人口的认知与注意,是影响消费人口的消费态度及消费行为决策的关键环节。但人也不是纯理性的,很多情况下(尤其是在客观的外在现实条件不足以影响人们行为的理性决策时),往往一个人平时形成的兴趣爱好和情感偏好,是影响其消费决策及实际消费行为的重要影响要素。在消费人口的属性特征及所属社会群体的环境氛围的条件制约下,经过情感与态度过滤之后的认知,才会最终影响消费行为。

2. 节事旅游(消费)人口的认知(注意)的系统

对节事旅游消费(相关信息)的认知(注意),从内容上看具体包括对节事产品(及服务)本身的认知和对节事营销信息的认知,从过程上看具体包括节事消费之前对节事产品相关信息的认知,以及消费之后游客的实际感知。其中,节事消费前对节事相关信息的认知会影响对节事消费的态度倾向(如是否消费、怎样消费、消费的价格及质量预期等),节事消费后对节事产品及服务的认知会影响对节事消费的满意度(是否满意)及消费的忠诚度(如,今后是否继续节事旅游消费、对同一个节事旅游品牌是否重复进行消费等)。

节事旅游(消费)人口在自身内在动机的驱动下,以需求的满足为基准,对节事旅游产品(服务)进行感知体验和综合评价。本书基于顾客对节事旅游消费价值感知的六个维度——便利价值、服务价值、感知价格、美感价值、玩乐价值和社会价值①,并整合新奇价

---

① 张涛. 节事消费者感知价值的维度及其作用机制研究 [D]. 杭州:浙江大学,2007:143—144.

值维度①，以及知识价值维度②，认为节事旅游者对节事旅游产品消费的价值认知具体包括七大(价值)维度——便利价值、感知价格、服务价值以及美感价值、玩乐价值、个人价值和社会价值的全方位实现。其中，唯有感知价值是负向的价值维度，与认知价值之间是负相关关系，而其他六种价值指标是正向维度，与感知价值之间是正相关关系。这七个维度也是影响节事旅游人口消费认知的原因，它们共同作用，综合形成节事消费人口能感受到的情境价值，并进一步影响对节事消费的态度和行为决策。同时，这些影响节事旅游消费人口对产品的认知(注意)价值的因素，主要体现在两个维度——实用维度(理性视角，以效用、认知为主导)与享乐维度(体验视角，以情感、需求为主导)，两个维度相互协调与均衡的结果，会影响最后的消费行为的倾向。

此外，基于赫茨伯格的双因素理论中保健因素与激励因素的不同功能特征③，本书根据七个价值维度对顾客消费行为的态度及体验满意度的影响的不同，将七大价值维度指标分成两种类型，即保健因素和激励因素。价值认知(感知)的保健维度是指那些与消费者不满意情绪有关的因素，如果保健型价值不高，将引发节事旅游消费者的不满情绪，高的保健型价值可以预防和消除节事旅游消费人口的不满，但它不能起到激励作用。价值认知(感知)的激励维度是能够促使节事旅游人口消费态度及消费体验满意度的因素，它能够直接影响顾客满意度。在节事旅游消费人口价值认知的维度体系

---

① Snepenger, D., Snepenger, M., Dalbey, M. & Wessol, A. M. Meanings and consumption characteristics of places at a tourism destination [J]. Journal of Travel Researeh, 2007, 45(3): 310-321.

② Sheth, J. N., Newman, B. I. & Gross, B. L. Why we buy what we buy: a theory of consumption values [J]. Journal of Business Researeh, 1991a, 22(2): 159-170.

③ 动机行为双因素理论(Two Factors Theory)又称激励保健理论(Motivator-Hygiene Theory)，是美国的行为科学家弗雷德里克·赫茨伯格(Fredrick Herzberg)提出来的。双因素理论认为，引起人们工作动机的因素主要有两个：一是保健因素，二是激励因素。只有激励因素才能够给人们带来满意感，保健因素只能消除人们的不满但不会带来满意感。

中，实用性的价值维度(即便利价值、服务价值)和感知价格是节事旅游消费者态度及体验满意度的保健因素,而享乐性的价值维度(即美感价值、玩乐价值)、个人价值和社会价值,以及服务价值(提升服务要求方面)是激励因素(参见表4-3)。

表4-3 节事旅游(消费)人口的价值认知体系

认知(注意)价值维度		对应的需求(动机)类型	节事应提供的利益(价值)点
属性	价值指标		
享乐性的价值(激励因素)	美感价值	审美欣赏	—各种景观、表演及艺术等的欣赏 —安全愉快氛围下的饮食及其他品鉴活动
	玩乐价值(逃离、休闲等)	解压放松与恢复平衡	—逃离日常生活,体验新奇与刺激 —娱乐休闲与解压放松
	社会价值(归属感、社交、文化探索等)	亲友团聚	—与亲人或朋友相处的宝贵时间
		社会交往	—拓展社交与增加交流
		文化探索与认同	—社区、群体认同、象征和仪式庆典
	个人价值(尊重、学习与发展进步、自我实现等)	获得认同、尊敬、地位和声望	—通过参与活动获得别人的认同与尊敬
		学习与发展进步	—在活动中学习与增长见识 —探寻未来发展的机会
		自我实现	—活动内容符合个人的兴趣爱好 —度过最快乐的时光 —感受(或实现)了个人存在的价值
实用性的价值(保健因素)	服务价值	食宿行游娱购讯等的提升服务	—服务的品质与溢价(如与明星接触及留影的机会)
		食宿行游娱购讯等的基本服务	—基本的现场服务人员及信息服务(如必要的岗位人员配备及图标导向等)
	便利价值	食宿行游娱购讯等的基本便利性	—节事活动地点的交通便利 —食宿娱购游等设施的配套程度及便利性 —获取门票方便 —了解节事信息方便
	感知价格(负向价值维度)	食宿行游娱购讯等综合费用的性价比	—消费价格的合理性 —产品(服务)质量保证

着眼于节事活动关键顾客群的特定利益，有针对性地创造价值（即利益点），对实现节事活动的品牌忠诚是非常重要的①。不仅是节事消费后的品牌忠诚，消费前的潜在消费人群对节事产品（及服务）的价值感知，更会直接影响节事旅游者的消费态度和购买决策，对于节事旅游业的经营者来说，创造并提供多而有序的利益（价值）点，就显得非常重要了。因此，与上述节事旅游者的七大认知价值维度相对应，作为节事活动的策划和设计者可以基于节事旅游消费人口的需求层次体系和价值认知体系，对节事旅游产品（和服务）进行创意策划与专业设计，创造并提供有序的利益（价值）点（具体参见表4-3），以满足节事旅游消费人口共同的内在需求，迎合他们的价值认知趋向。

（四）节事旅游（消费）人口的行为分析系统

1. 行为对节事旅游（消费）人口分析的必要性

行为是需求（及动机）、认知（与注意）与情感（偏好）共同作用的结果。本书认为，节事旅游（消费）人口的行为，具体是指作为消费者的人口群体在需求驱动、认知把关下，于节事旅游消费过程中表现出的一系列相关实践环节，这些行为环节主要包括节事旅游（人口）消费行为的决策-购买、使用-体验及评价及后续消费等。其中，决策—购买是消费行为的前提，使用—体验是核心，评价与后续消费是延伸。

节事旅游（消费）行为是节事旅游人口分析的终极目标，更是进行顾客导向型的节事旅游产业分析的前提与基础，因此是节事旅游人口分析的核心环节。只有这样，才能更好地指导节事资源与旅游产业的创意融合开发的实践。

2. 节事旅游（消费）人口的行为分析体系

节事旅游（消费）人口的行为具有群体性、规范性及文化性等特

---

① Getz, D. Event Management & Event Tourism [M]. New York: Cognizant Conllnurueation Corporation，2005：331.

征。节事旅游消费人口的行为的特征,可具体表现为付诸行为的代价、体验及频率等方面,可以此作为节事旅游人口的行为分析的切入点。

(1)(付出的)行为代价:期待值的反映。

节事旅游消费人口为了参加节事活动所愿意付出的代价,是衡量消费主体付诸行为实践的意愿的标志,其背后隐含的是消费主体对消费标的的期待值,(意愿或实际)支付的代价越高,说明期待值越高,对其就越重视。具体而言,参与节事旅游活动的行为代价可以包括经济、时间、精力等方面的付出,但在市场经济社会的现实背景下,这些会体现在经济费用的支出上。结合节事旅游消费来看,一般会以表现在节事参加活动的门票以及出行总支出上,如票价的高低就是参加演唱会的歌迷的期待值的货币表现,其蕴含了歌迷对某明星的喜爱甚至是忠诚程度。

(2)(体验的)行为感受:满意度的外化。

行为付出时以及付诸后获得的体验感受,是节事旅游人口对节事旅游消费的满意度的外化表达,反映了行为之后的效果。关于节事旅游满意度,可见指标体系表(表4-4)。需要说明的是,该表内容可根据节事活动类型的不同作相应调整与修改,以形成节事旅游消费人口的价值认知的完整体系。因此,本表中的基本要素指标适用于测评演唱会、体育赛事、旅游节庆、会展等各种节事活动的旅游消费人口的满意度的(价值)认知。

(3)(实现的)行为频次:忠诚度的指标。

从重复消费的角度来看,消费者某次行为体验之后的满意度会直接影响到其后续消费,与忠诚度的关系非常密切。节事旅游人口参加节事旅游活动的频次,可以反映其对相关节事活动(甚至与某节事的紧密相关的人与事)的忠诚程度。从较长的时间段来看,以参加演唱会这种节事活动为例,参加(同类或类似)演唱会的行为频次(如平均一年多少次)以及今后再次参加的意愿是衡量粉丝们(节事旅游人口)忠诚度的具体指标。

表 4-4 节事旅游满意度指标体系表①

项目指标体系		
一级指标(A)	二级指标(B)	三级指标(C)
A1 享乐性 (激励因素)	B1 美感价值	—各种景观、表演及艺术等的欣赏
		—安全愉快氛围下的各种品鉴活动(含饮食)
	B2 玩乐价值	—逃离日常生活,体验新奇与刺激
		—娱乐休闲与解压放松
	B3 社会价值	—与亲人或朋友相处的宝贵时间
		—拓展社交与增加交流
		—社区、群体认同,象征和仪式庆典
	B4 个人价值	—通过参与活动获得别人的认同与尊敬
		—在活动中学习与增长见识
		—探寻未来发展机会
		—活动内容符合个人的兴趣爱好
		—渡过最快乐的时光
		—感受到(或实现了)个人存在的价值
	B5 服务价值	—服务的品质与溢价(如与明星接触的机会)
A2 实用性 (保健因素)	B6 便利价值	—基本的现场服务人员配备及信息标识服务等
		—活动地点的交通便利
		—食宿娱购游等设施配套程度及其使用的便利性
		—获取门票方便
		—了解活动信息方便
	B7 感知价格	—消费价格的合理性
		—产品(服务)质量保证

① 该表是基于本研究前述的节事旅游人群消费体验后的满意度的价值认知体系的七个维度(可具体参考"表 4-3 节事旅游(消费)人口的价值认知体系"),根据其现实消费感知的主要关注点设计而成的,用于了解与分析对节事旅游人群消费(体验)的满意度的认知情况,并可进一步指导节事旅游产品及产业的运营管理。

综上所述，从节事旅游（消费）人口分析的逻辑框架（体系）中可以看出，"以市场为导向"是任何产业（及其内部企业）运行管理的基础，本节内容对节事旅游（消费）人口的分析逻辑框架，就是融合人口学和社会心理学双重理论视角，对目标市场的主体人群——节事旅游人口的行为特征及规律的分析的一种新方法，是客源市场分析中最重要的部分。这是节事资源与旅游产业创意融合的前提，若没有对作为节事旅游客源市场的消费人口的深入分析，无论是资源开发、产业生产，还是营销推广等任何环节，都将失去筑屋之基、立足之本，这是任何资源开发以及产业运营管理所必须重视的。下面将以多项上海的各类节事活动的代表性案例的调查分析为例，探讨主要类型的节事旅游（消费）人口的特征与规律。

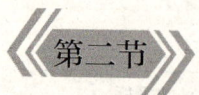 类型探讨1：节庆活动类旅游人口特征分析及启示

基于时间维度，节庆类活动可分为传统节庆和现代节庆，本节内容将从传统节庆与现代节庆类两方面的对比尝试分析节庆旅游人口的特征。其中，传统节庆（活动）是指自古延续下来的民俗节日及民间重要日期的相关庆典及仪式等活动，主要包括传统节日庆典、庙会、传统祭祀活动（含民间祭祀与政府公祭）等。现代节庆是指在现代社会背景下诞生或从外国引入并成长起来的节日及重要日期的相关庆典及仪式等活动，主要有现代人造节庆、西方节日活动等具有典型的现代气息的事件活动。

一、案例选择及问卷调查情况简介：上海龙华庙会与顾村樱花节

（一）案例选择

本次选取的两个节庆活动都是在春季（4月份），且都是在上海

举办的，分别是上海传统和现代两种类型的代表性节庆活动。(1)上海龙华庙会是商品集市、民间信仰和民间娱乐三者相结合的综合性庙会，是独特的海派庙会。作为华东地区历史悠久并沿袭至今的传统庙会之一，它不仅对上海，而且对长三角地区来说，也曾经发生过深远的影响。龙华庙会以龙华寺为中心，它不但促进了上海地区的形成和发展，也从多方面影响了上海城市精神的形成。20世纪70年代以后，龙华庙会日渐衰落，现代化建筑大量发展，老居民大量搬迁。因此，庙会所依托的物质和社会环境已经改变，许多习俗逐渐消失。然而，龙华庙会近千年的发展史已经在上海民众心中占据了重要地位。上海龙华庙会在现代都市社会的传统庙会类节庆活动系列中具有较强的代表性。(2)上海顾村樱花节是为了满足现代都市人休闲需求而被人为策划和开发出来的现代节庆活动，自2011年开始，每年樱花开放期间在被誉为"上海赏樱第一宝地"的宝山区顾村公园举办，至2014年4月15日已成功举办四届。其中，2014年（第四届）共接待国内外游客140.59万人次，为历届樱花节游客量之最，3月30日接待游客数达到16.02万人次，打破了公园单日客流量记录，并且经受了5个单日10万人次以上大客流的考验，连续2届实现零事故和零投诉。上海顾村樱花节可谓是近年来上海现代人造节庆一个成功的案例。基于以上原因，本书以上海的龙华庙会和顾村樱花节分为传统节庆和现代节庆的代表案例，通过问卷调查的方法，对节庆活动的旅游人口进行分析，并探讨节庆活动的旅游人口各方面（如人口的自然属性、社会属性、需求、认知及行为等方面）的特征，尝试总结节事旅游发展（节事资源与旅游产业创意融合）在人口方面的规律。

（二）问卷调查情况简介

本次调研在进行问卷设计（参考本书附录部分的附件1和附件2）后，以问卷调查（现场调查与网络调查）为主，并结合受众面谈、现场观察体验等方式进行。其中：(1)上海龙华庙会的调查，通过现场和网络调查的方式发放问卷，共收到有效问卷 414 份。其中，2013 年上海龙华庙会举行期间(4 月 12 日—4 月 14 日)，调查小组在庙会现场进行问卷调查，共发出问卷 395 份，收回有效问卷 347 份。同时，调查小组于专业问卷调查网站——问卷星网站(http://1.sojump.com/login.aspx)上派发问卷调查，共发出问卷 70 份，收回有效问卷 67 份。(2)上海顾村樱花节的调查，采取的是在樱花节期间(2013 年 3 月 28 日至 4 月 21 日)80% 的现场调查，20% 的网络问卷调查的形式，随机发放问卷总计 418 份，回收率为 100%，其中，有效问卷为 360 份，无效问卷为 58 份，问卷有效率为 86.12%（参见表 4-5）。

表 4-5　上海龙华庙会与顾村樱花节问卷调查发放与回收情况（2013）

		发出问卷	回收有效问卷	有效率
龙华庙会	现场调研	395	347	89.03%
	网络调研	70	67	
	总计	465	414	
顾村樱花节	现场调研	335	340	86.12%
	网络调研	83	20	
	总计	418	360	

二、节庆类节事旅游人口的特征分析

基于 2013 年上海龙华庙会和顾村樱花节调查问卷的统计数据，下文将分别从人口属性、消费需求、信息认知(注意)和消费行为等方面来探索节庆旅游人口的特征和规律。

（一）节庆旅游人口的属性特征

1. 性别：无明显的性别倾向

从节事旅游人口的性别上看，龙华庙会和樱花节的男女比例都在 50% 左右，即节事旅游（消费）人口没有明显的性别倾向，只是相对女性比例稍微多于男性。

2. 年龄：传统节庆老年居多，现代节庆青年为主

从节事旅游人口的年龄上看，龙华庙会与樱花节的旅游人口的年龄很鲜明——龙华庙会主要集中在中老年人群上，特别是老年人群（33.82%），这反映了传统节庆的顾客人口的年龄特征是比较倾向于老年人的。另外，樱花节的来访者中，18—34 岁的青年人占调查总人数居多（18—24 岁占 38.33%，25—34 岁占 27.78%），这反映了现代节庆活动的客源的年龄特征——年轻人是主要的顾客人群，还有 35—44 岁的中年人群是第二梯队的顾客人群（在本调查中占到 15% 的比例）。这些年龄段的人口主要分为两种人群，一种是在校大学生，一种是上班族。上述这些年龄特征的人群与其紧密相关的职业特征相呼应，互相佐证。

3. 职业：退休人士钟情于传统节庆，学生与白领喜欢现代节庆活动

从职业类别看，龙华庙会的最大客源部分在职业分布上的表现是退休人员（占比 29.47%），正好验证了其客源的年龄特征——以老年人为最多（60 岁以上的旅游人口占 33.82%）；樱花节则不同，退休人员是占比最小的人群之一（只占 6.67%），而大学生（37.78%）和企业职员（32.78%）是其客源的主要职业类型。

4. 收入：参与现代节庆客户人群经济收入较低，传统节庆则反之

由表 4-6 中可以发现，来顾村公园游玩的游客收入主要集中在 3 000 元以下（46.67%）和 3 001—6 000 元（31.67%），说明这两个收入阶层的人群是樱花节（甚至是现代节庆活动）旅游的主要顾客人群，且非常集中（合起来占比接近 80%），这也和上述的年龄及职业特征相适应。从这些表面的人口统计特征可以看出：(1)与周边旅游相比，公园踏青活动更能吸引广大群众，公园大多无需门票或者是相对低价的门票，门槛较低，比较能被大众接受。(2)公园休闲类的活动相对花费较少,除了交通费、门票的支出外,通常无需游客另行消费。(3)由于游客们可自行安排活动,比较自由,也减少了不必要的花费(如娱乐设施等)。这些相比跟团的旅游方式都更具有优势,但也局限了客源的分布范围——一般只限于本地或周边地区的人群。

表4-6 节庆活动问卷调查人群的人口属性基本信息数据统计表

问题		选项	龙华庙会		顾村樱花节	
			人数	比例(%)	人数	比例(%)
您的性别	A	男	184	44.44	169	46.94
	B	女	230	55.56	191	53.06
		合计	414	100.00	360	100.00
您的年龄	A	18岁以下	22	5.31	22	6.11
	B	18—24岁	34	8.21	138	38.33
	C	25—34岁	59	14.25	100	27.78
	D	35—44岁	85	20.53	54	15.00
	E	45—60岁	74	17.87	30	8.33
	F	61岁以上	140	33.82	16	4.44
		合计	414	100.00	369	100.00
您的职业状况	A	学生	41	9.90	136	37.78
	B	公务员或事业单位人员	80	19.32	38	10.56
	C	企业职员	84	20.29	118	32.78
	D	私营业主	37	8.94	12	3.33
	E	自由职业者	50	12.08	28	7.78
	F	退休	122	29.47	24	6.67
	G	其他	0	0.00	4	1.11
		合计	414	100.00	360	100.00
您的月收入大约是多少?	A	3 000元以下	33	7.97	168	46.67
	B	3 001—6 000元	140	33.82	114	31.67
	C	6 001—8 000元	112	27.05	34	9.44

(续表)

问题		选项	龙华庙会		顾村樱花节	
			人数	比例(%)	人数	比例(%)
您的月收入大约是多少？	D	8 001元以上	129	31.16	44	12.22
		合计	414	100.00	360	100.00
您的常住地	A	上海	254	61.35	318	88.33
	B	周边地区（江浙地区）	93	22.46	34	9.44
	C	长三角以外的大陆地区	56	13.53	6	1.67
	D	境外	11	2.66	2	0.56
		合计	414	100.00	360	100.00

5. 常住地——都以本地人口为生存的依托

从两种节庆活动的旅游人口的常住地属性来看，二者有一个共同的鲜明特征，那就是以近距离的客源为核心，尤其是城市当地人是两种（传统和现代）节庆活动共同客源的地域来源（分别占比88.33%和66.35%），其次是周边的江浙地区。这也说明一个基本问题——对于节事活动策划与组织运营者来说，节庆类活动，无论是现代还是传统的，一定都是要以当地人（及周边）地区为客源依托的，一切产品的设计及营销等都要以当地人口的需求特点、行为习惯及消费特征为出发点，才能奠定成功的基础。因此，节庆类活动旅游产品一定要以当地居民的休闲游憩消费为根本，切不可像传统的旅游产品那样以服务于外来游客为主要目的的。只有抓住并分析透本地（及周边）居民客源市场，节庆旅游产品或目的地的经营管理才会有坚实的基础，切不可顾此失彼，将外地客源作为主要目标对象。

（二）节庆旅游人口的需求特征

节庆旅游人口在需求方面的特征可通过调查的数据统计表得到一些表现（参见表4-7）。

表 4-7　节庆活动问卷调查人群的需求相关问题的数据统计表

问题		选项	龙华庙		顾村樱花节	
			人次(/人数)	比例（%）	人次(/人数)	比例（%）
参加本次节庆活动最吸引您或者您最感兴趣的是什么？（可多选）	A	游览参观，踏青赏花	173	25.74(41.79)	320	60.84(88.89)
	B	娱乐活动	127	18.90(30.68)	82	15.59(22.78)
	C	风味小吃	149	22.17(35.99)	82	15.59(22.78)
	D	香火庙市（度假住宿）	145	21.57(35.02)	6	1.14(1.67)
	E	商品贸易（婚庆典礼）	70	10.42(16.91)	36	6.84(10.00)
	F	其他	8	1.19(1.93)	0	0.00
		合计	672/414	100.00(162.32)	526/360	100.00(142.70)
对于下列各种节事活动，您更青睐于？（可多选）	A	节日节庆类活动	251	32.63(60.63)	166	28.04(46.11)
	B	花卉园景展览	153	19.92(36.96)	180	30.41(50.00)
	C	体育赛事	112	14.58(27.05)	106	17.91(29.44)
	D	时尚类活动	162	21.09(39.13)	120	20.27(33.33)
	E	展销会	90	11.48(21.74)	0	0.00
	F	其他	0	0.00	20	3.38(5.56)
		合计	768/414	100.00(185.51)	592/360	100.00(164.44)
您是否会提高对包含了节事活动的旅游线路的兴趣？	A	会提高兴趣	248	59.90	198	55.00
	B	无所谓	100	24.16	104	28.89
	C	不会提高兴趣	66	15.94	58	16.11
		合计	414	100.00	360	100.00

1. 节庆旅游人口的需求共性与特性

（1）共同特性：节庆旅游需求是以精神需求为主导的多元的需求体系。

首先，从节庆旅游者人群的需求来看，通过"参加本次节活动最吸引您或者您最感兴趣的是什么？（可多选）"问题来看，很多受访者的选项都不止一个,说明节庆旅游人口的需求是多样性的,而非单一性的,节庆旅游需求系统是以精神需求为主导的多元需求体系。其中,"游览观光,踏青赏花"的选项都是比例最高的(樱花节占到88.89%,就连不是以赏花为主题的节庆活动——龙华庙会的比例也达到41.79%),这充分说明在多样性的节庆旅游需求中,游览休闲是很多人参与节庆活动的最主要动机(需求)之一,此外,包括娱乐活动等在内的精神(文化)动机(需求)也是节庆旅游的主导需求(动机)。

风味小吃在两个节庆活动中的比例都较高,选择该选项的人占到30%左右的比例,都是其中的重要需求(动机),其是为了满足主导性的精神需求(动机)而延伸出来的,但却是必不可少的辅助性的物质需求(动机)。这说明在多元的节庆旅游需求体系中,无论是自古沿袭的传统文化类节庆活动,还是现代人造的自然鉴赏类节庆活动,除了主导性的游览、休闲娱乐等精神层面的需求外,在物质层面的需求中餐饮和美食是最基本也是最主要的物质需求类型,带有地方特色的风味小吃则往往是顾客人群最喜欢的。

(2)类型差异:自然类与人文类节事旅游者主导动机各有偏重。

首先,从内容性差别上看,以自然为主题的节庆旅游活动的游客中,亲近自然并观赏自然风光是最主要的旅游动机,占压倒性的绝对优势,比较集中(在樱花节的调查中,在很多多项选项的回答中选择"游览参观,踏青赏花"的占到接近90%);而以人文社会为主题的节庆旅游活动中,主导性的动机则比较分散,除了户外游览观光外,休闲娱乐、信仰朝觐等都是常见的需求(动机),主要的动机比较均衡地分布着,在动机分布上不像自然类节庆那么过度集中。这一点可以为后续的顾客人群对节庆旅游产品的核心关注点(信息)的分析提供基础,也能为节庆旅游产品的开发与设计提供借鉴(可结合参考本节内容后续的关于"人口的认知特征"部分的分析)。其次,从时间性差别看,体验庙市往往是节庆旅游人群参与传统节庆活动的重要动机,这启发我们庙市(会)应该成为节庆旅游活动产品设计的重要内容,才可以满足顾客人群的主要需求。

2. 对不同类型节事旅游活动的需求偏好

"对于下列各种节事活动,您更青睐于?(可多选)"是为了了解游客对不同类型节事旅游活动的需求偏好而设置的问题,龙华庙会与顾村樱花节的调查结果分别是:(1)龙华庙会的调查结果显示的游客需求偏好依次排列的顺序是"节日节庆类活动(60.63%)—时尚类活动(39.13%)—花卉园景展览(36.96%)—体育赛事(27.05%)—展销会(21.74%)";(2)顾村樱花节的调查结果显示的游客需求偏好依次排列的顺序是花卉园景展览(50.00%)—节日节庆类活动(46.11%)—时尚类活动(33.33%)—体育赛事(29.44%)—其他(5.56%)"。

从以上结果可以看出,在几种主要的节事类型中,人们喜欢参加的节事活动主要是节日节庆类活动(如庙会、元宵灯会)、花卉园景展览(如各类花节、花展)、时尚类活动(例如演唱会、电影节、电视节);也有一大部分人选择体育赛事类活动(分别是 27.05% 和 29.44%,均超过 25%);相对偏好度较低的是展销会类及其他类活动。

3. 对专门的节事活动的旅游产品(线路)需求基础较好

当问到"您是否会提高对包含了节事活动的旅游线路的兴趣?"时,两个调查的结果均显示,有近 60% 的人(龙华庙会和顾村樱花节分别是 59.90% 和 55%)都选择了"会提高兴趣",1/4 左右的人(龙华庙会和顾村樱花节分别是 24.16% 和 28.89%)均表示"无所谓",只有少数(均为 15% 左右)表示"不会提高兴趣"。这说明专门节事活动旅游产品(线路)具有一定的市场基础,只要能结合各次节事活动的特色,提供别具一格的专门产品和专业化服务,还是会受到市场欢迎的。

(三）节庆旅游人口的认知特征

对节事旅游产品信息认知（注意），包括对节事旅游产品本身的认知（注意）——对产品的核心关注点，以及对节事营销信息的认知（注意）。

1. 对节事旅游产品信息的认知（注意）

如前面分析过的问题"参加本次节庆活动最吸引您或者您最感兴趣的是什么?（可多选）"（参考表 4-7），除了反应节庆旅游人口的需求特征，也是体现顾客对节庆旅游产品本身（信息）认知方面特征的问题。具体而言，以自然为主题的节庆旅游活动产品，亲近自然并观赏自然风光是最主要的认知关注点，占压倒性的绝对优势，比较集中（如樱花节的调查中，90% 的人选择"游览参观，踏青赏花"），而以人文社会为主题的节庆旅游活动中，除户外游览观光外，娱乐、信仰朝觐等都是游客常见的认知关注点。这一点启示我们，对任何节庆活动，无论是产品策划与设计，还是后续相关的宣传与营销以及活动现场的感知与体验，都应该让顾客人群明显地认知（注意）到游览休闲这一最主要的信息，此外，再尽量想方设法让顾客感知娱乐、饮食等方面的信息。

2. 对节事营销信息（渠道）的认知（注意）

对节事营销信息的认知（注意）的研究，在现实的调查研究中经常通过对产品营销的信息渠道的分析来了解目标顾客的信息媒介使用习惯，以便更好地满足顾客的信息需求和产品需求。

（1）共性：网络平台和口碑相传是当今社会两种最主要的节庆活动信息媒介渠道。

通过表 4-8 可知，龙华庙会的受众在具体媒介类型的选项中，消费人群了解本次活动的媒介渠道按照从高到低依次是：从亲友处得知（32.37%）—网络平台（16.90%）—报纸杂志（9.90%）—电视电台（9.43%）—其他（2.17%），其中，"亲友处得知"（人际口碑相传）和"网络平台"是排在前两位的，具有明显的优势，是龙华庙会的游客人群最重要的信息媒介渠道。顾村樱花节的调查显示，消费人群了解本次活动的媒介渠道按照从高到低依次是：电视电台（27.78%）—网络平台（24.17%）—从亲友处得知（11.94%）—报纸杂志（9.17%）—其他（1.94%），其中，"电视电台""网络平台"和"从亲友处得知"排在前三位，是樱花节游客人群最重要的信息媒介渠道。综观两个调查，"亲友处得知"（代表人际口碑相传）和"网络平台"都排在前三位，应该是一般的节庆活动信息传播的主要媒介渠道，这可能也是节庆活动信息传播的特点。

表 4-8　节庆活动问卷调查人群的信息认知渠道的数据统计表

问题	选项		龙华庙会		顾村樱花节	
			人次（/人数）	比例（%）	人次（/人数）	比例（%）
您是通过何种方式了解到本次节活动的？	A	不了解	83	20.05	7	1.94
	B	报纸杂志	41	9.90	33	9.17
	C	电视电台	39	9.43	100	27.78
	D	网络平台	70	16.90	87	24.17
	F	不经意间看到	38	9.18	83	23.06
	E	从亲友处得知	134	32.37	43	11.94
	G	其他	9	2.17	7	1.94

上述总结说明：（1）在网络信息非常发达的当今社会，网络平台（包含移动网络）是人们了解节事活动相关信息的重要渠道，在节事活动的宣传、营销以及（门票）销售中，一定要高度关注网络渠道的作用，并进行深度开发利用。（2）人际的口碑相传在当今社会仍然还是最主流的信息传播媒介方式，当然包括节事旅游人口对节事产品的信息认知。（3）在比较传统的大众媒体类型中，电视电台在当今节庆旅游产品的信息传播以及消费人口的信息认知中还是比较重要的方式，报纸杂志却随着现代媒介，特别是各种网络媒介的崛起，其传统的主流地位受到极大威胁，且呈现持续衰落的趋势。

(2) 特性：对"不经意间了解到"与"不了解"两种情况的解读。

有两点需要特别注意的事：①通过调研时的现场观察，有不少是多次参加龙华庙会的中老年人，因而"不了解"这一选项的选择人数占到 20.05%，这体现了以龙华庙会为代表的传统节庆活动项目，在时代的大潮流下面临着逐步被人遗忘的困境。②"不经意间看到"的人在量的调查中都具有较高的比例，尤其是在樱花节的调查中居然达到 23.06%，在龙华庙会中也达到 9.18% 的比例。这说明，对于节事活动的了解，尤其是新兴的休闲节庆类活动（如 2011 年才开始的上海顾村樱花节）的了解，人们对其的随意性较强，一般不会带有很强的目的性，不会针对性地去专门搜索某某节事活动，往往是以在闲暇时间的顺便了解为主。这可能是节事旅游与传统的观光旅游（即以经典景区为目标的旅游）最大的区别。一般地，传统的观光旅游都会提前做很多功课，带有很强的针对性去搜寻信息，甚至还要做很详细的出行攻略，或是委托专门的旅行服务商完成出行任务；而节庆类休闲旅游活动往往是在无意间了解到相关节事名称信息之后再做简单的信息了解，在周末或其他闲暇时间简单准备后就自行前往了。

（四）节庆旅游人口的行为特征

下面将从消费支出、出行的同伴及参加活动的次数三方面来分析节庆旅游的行为特征（参考表 4-9）。

1. 行为的消费支出：饮食、娱乐、购物是节庆旅游人群主要的开支

表 4-9 的数据显示，从节庆旅游行为的消费支出结构来看，支出最多的是饮食，两个调查均超过 50% 的人群（分别是 50.48% 和 54.17%）选择"餐饮"为占比最大的开支，购物、娱乐也是主要的消费支出类型，而选择交通、住宿为主要支出类型的游客极少。此外，由于樱花节是要门票的，所以，将"（门票及）其他"方面的开支作为最

大开支的人也有一部分，占到25%；华庙会是不要门票的，故其在这方面的选择比例极低，即使有人选，也是很笼统的"其他"方面的开支，几乎可以忽略不计。

表 4-9　节庆活动问卷调查人群的行为相关问题的数据统计表

问题	选项		龙华庙会		顾村樱花节	
			人次（/人数）	比例（%）	人次（/人数）	比例（%）
在你参加本次节庆活动的花费中，哪些所占比重最大?（可多选）	A	交通	73	12.74/17.66	29	5.62/8.06
	B	购物	179	31.24/43.24	50	9.69/13.89
	C	餐饮	209	36.48/50.48	195	37.79/54.17
	D	住宿	22	3.84/5.31	40	7.75/11.11
	E	娱乐活动	83	14.49/20.05	112	21.71/31.11
	F	（门票及）其他	7	1.22/1.69	90	17.44/25.00
		合计	573/414	100.00/138.44	516/360	100.00/143.33
您的同伴是	A	家人	167	40.34	162	45.00
	B	朋友	98	23.67	43	11.94
	C	恋人	30	7.25	83	23.06
	D	单独出游	55	13.28	31	8.61
	E	同事	41	9.90	32	8.89
	F	单位组织游玩	23	5.56	9	2.50
	G	其他	0	0.00	0	0.00
		合计	414	100.00	360	100.00
您参加过几次这样的节庆活动?	A	0次	75	18.11	65	18.06
	B	1次	214	51.69	162	45.00
	C	2次	50	12.08	90	25.00
	D	3次（及以上）	75	18.12	43	11.94
		合计	414	100.00	360	100.00

综合上述信息和情况，说明在以本地及周边居民为核心目标客源的节庆旅游项目中，因为住宿、交通甚至门票等要离开常住地的、传统的观光旅游项目中占比很大的开支的大幅减少，用于饮食、娱乐、购物等弹性较强的开支则得到大幅提升，是游客主要的开支类别，这对于节庆活动项目的经营者来说具有很大的启发价值，如可以提高饮食、娱乐及购物等方面的服务质量及性价比来激发游客的消费。

2. 出行的同伴：接近半数是陪家人出行的

当问到"您的同伴是谁"的时候，两个调查回答最多的都是家人（分别占比 40.34% 和 45%），接近一半的人都是陪家人出行的。在接下来的选项中，两个调查出现了较大的差异。其中，顾村樱花节的调查数据显示，恋人是仅次于家人，排序第二的出行同伴，占比接近 1/4（23.06%），为最主要的出行同伴。这可能是因为樱花节等现代的以花为主题的节庆活动具有一定的浪漫情调及现代气息，这样的场合比较适合当代年轻人谈恋爱，所以会吸引较多的恋人参加活动。龙华庙会则是传统的文化传承类节庆活动，对于那些有共同文化特点及传统文化兴趣的朋友有一定的吸引力，也约占 1/4（23.67%）的人是这样的人群，但这样的场合也许不太适合谈恋爱，所以与恋人一同出行的比例则比樱花节低得多，仅有7.25% 的比例。另外，单独出游者也有一定的比例，分别是 13.28%（龙华庙会）和 8.61%（顾村樱花节），与同事一起出行的也与此形相似，都是接近 10% 的比例。至于单位组织参加节庆旅游活动的则很少，不是主要的出行同伴者。

综上所述，可以总结出以下几点：(1)家人同行是节庆旅游活动最主要的出行(同行)方式，也同时折射出与家人交流与团聚是节庆旅游者们很重要的出游动机。节庆旅游项目经营者一定要基于这个特征策划和设计相关的节庆旅游产品(线路)，并提供利于家人交流的平台及服务项目。(2)那些具有浪漫情调及现代气息的节庆活动对恋爱中的(年轻)人具有较大的吸引力。(3)单独出游者、同事、朋友也是不可忽视的出行者类型。

3. 参加活动的次数：节庆活动的核心客源是回头客，忠诚度比较高

在对"您参加过几次这样的节庆活动？"的问题的调查中，两个调查回答最多的都是 1 次（分别占比 40.34% 和 45%），比例都在一半左右，此外，1 次以上的比例也较多，但是没来过的——选择"0 次"的比例都在 18% 左右。这说明，无论是传统的沿袭下来的节日节庆类活动，还是新办的现代节庆活动，其顾客主要是参加过以前活动的回头客，有超过 80% 的人都是来过 1 次以上的，这对于才办过三届的顾村樱花节来说更是具有说服力。节事旅游项目经营者要抓住老顾客，推出适合老顾客的核心诉求，以及维持和深化体现本项目特色的服务项目，对保持顾客忠诚度来说非常重要。

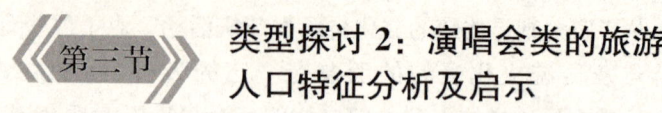

第三节　类型探讨 2：演唱会类的旅游人口特征分析及启示

一、案例选择及问卷调查情况简介：2013 周杰伦与罗志祥演唱会

（一）调查背景与目的

在现代消费社会特征日趋浓烈及全民休闲已经到来的时代背景下，人们的旅游需求日益多样化，旅游资源开发方式日趋精细化，形式多样的文化娱乐资源的旅游开发已成现代休闲社会一道亮丽的风景线。其中，明星演唱会能吸引大量追星族前往现场体验明星风采及现场气氛，并带动餐饮、住宿、购物、游览及交通等周边消费，正在形成一种新型的演唱会旅游产业链。演唱会旅游路线也越来越多地出现在人们眼前，并渐成潮流。本次调研就是为了了解作为一种节事旅游形式的演唱会旅游的顾客群体的人口特征而展开的，具体要了解他们的基本人口属性特征，以及（需求）动机、认知（注意）和行为等特征，为演唱会类节事资源与旅游产业的创意融合发展提供参考。

（二）案例选择

本次调查 2013 年在上海举办的两场演唱会——巡演"舞极限"上海站演出罗志祥演唱会（时间为 2013 年 4 月 13 日，地点是上海梅赛德斯奔驰文化中心）和周杰伦"摩天轮"世界巡回演唱会上海站（时间为 2013 年 5 月 17—19 日，地点为上海梅赛德斯奔驰文化中心）为具体案例对象。周杰伦、罗志祥在国内追星族中具有较大的影响力，并且各演唱会都是在上海举办的，观众的客源基础很好，因此，选取他们的观众作为样本具有代表性。

（三）调查方式

本次调查以罗志祥、周杰伦两场演唱会的观众人群为对象，到演唱会现场采取随机抽样的方式抽取本次调研的样本，使样本具有抽样性以及真实性。

调查以问卷调查为主，兼用个别访谈方式。调查小组在问题思路框架（参见表 4-10）的指导下，精心设计好问卷（参考本书附录部分的附件 4）后，对受委托的专门调研人员（上海某部属高校本科学生 20 名）进行问卷调查培训，然后按照不同的演唱会进行分组，等到各次演唱会开演当天，提前到达现场，以问卷填写的方式对演唱会观众进行问卷调查，并辅以个别访谈。问卷调查主要用于对基本问题涉及的基本情况的了解；个别访谈主要用于对个别问题的补充与深入理解。

表4-10 演唱会调查问卷设计思路框架表

问题性质	问题内容	目的	意义
基本信息（人口的属性）	性别、年龄、学历、职业、居住地、月收入以及偶像崇拜程度（成为明星粉丝的时间）	了解与分析演唱会旅游人口的基本属性特征	指导演唱会旅游产业发展的顾客定位以及产品设计、设施和目的地建设等
需求与动机	参加（演唱会）活动的原因	了解与分析演唱会旅游观众的核心动机，也是满足预期需要的主要方面	启示演唱会旅游产品设计、产业规划及开发要注意符合消费人口的需求与动机
需求与动机	除了参加演唱会之外附带的其他活动	了解与分析核心动机之外，演唱会旅游的其他（辅助）动机	指导旅游线路的内容项目设计
认知与注意	演唱的主角明星的核心吸引力：即产品的核心亮点	了解消费者群体对演唱会（者）注意力的焦点	指导演唱会的内容创意策划以及亮点的凝练
认知与注意	了解（演唱会）活动的（媒介）渠道	了解认知途径：即演唱会观众了解信息的媒介习惯（偏好）	指导营销推广的媒介选择及营销内容的设计
行为	获得门票的方式	了解与分析购买行为的方式	指导产品分销渠道的建设
行为	门票价位	了解与分析演唱会消费行为所付出的经济代价	指导产品定价
行为	后续的重复消费意愿	了解演唱会旅游行为的后续消费意愿及消费忠诚度	指导产品的后续开发经营
专业的演唱会旅游线路	参与专业的演唱会旅游线路的意愿	了解与分析对专业演唱会旅游产品的消费意愿、市场基础及可行性	论证提供专业演唱会旅游产品的可行性
专业的演唱会旅游线路	（专业的）演唱会旅游产品（路线）设计的要点	了解与分析消费者对专业演唱会旅游产品的主要关注点	指导提炼专业演唱会旅游产品的成功关键点

（四）数据收集

罗志祥演唱会共在现场发放500份问卷，回收498份，有效问卷 480 份；周杰伦演唱会共发放 500 份问卷，回收 468 份，有效问卷 418 份。本次调查共发放问卷 1 000 份，回收的有效问卷为 898 份，总体问卷的有效率为 89.8%，故可进行统计分析。在调查完成后，调查研究小组将问卷的结果整理成简明的数据表——"2013 年（上海）演唱会"问卷调查基本数据统计表（详见本书附录部分的附件 5）。

二、演唱会旅游人口的属性特征分析

调查数据所示，大城市及其周边地区的、中低收入的、年轻高学历女性在校生或公司白领粉丝是演唱会旅游的核心顾客人群。下文将分别从性别、年龄、学历、职业、收入、常住地及成为粉丝的时间等方面，对本次演唱会旅游案例相关问题的数据进行分析，以归纳演唱会旅游人口的属性特征，并期望能发现一些基本规律。

（一）性别：女性占绝大多数

表 4-11 显示，无论是哪场演唱会的观众，在性别上都是女性占绝对的压倒性优势（都在 85% 左右的比例），这说明女性比男性更喜欢观看演唱会，背后可能反映出女性的追星情结，只要条件具备，她们就会尽量通过观看演唱会的形式到现场感受自己所喜欢的明星的风采。但至于其背后原因是否是"异性相吸"（因为本次调查的两个演唱会都是男星的个人专场）所致，还需进一步论证，特别是针对男性粉丝参加的对自己喜欢的异性明星演唱会的实践调查来论证。

表 4-11　演唱会调查样本的人口性别数据（比例）表

问题	选项	罗志祥演唱会(%)	周杰伦演唱会(%)	平均数(%)
性别	A. 男	14.20	16.27	15.24
	B. 女	85.80	83.73	85.00
	合计	100.00	100.00	100.00

(二)年龄：基本集中在 18—34 岁的人群

由表 4-12 可知，参加演唱会的人口年龄特征——演唱会旅游人群基本集中在 18—24 岁（竟达到约 75% 的比例），是其核心顾客人群，这和后面的顾客人群的职业特征（大学生）是相吻合的（详见后文分析）。

表 4-12　演唱会调查样本的人口年龄数据（比例）表

问题	选项	罗志祥演唱会(%)	周杰伦演唱会(%)	平均数(%)
年龄	A. 18 岁以下	3.13	1.67	2.40
	B. 18—24 岁	75.00	76.08	75.54
	C. 25—34 岁	18.96	20.33	19.65
	D. 35—60 岁	2.50	1.91	2.20
	E. 60 岁以上	0.42	0.00	0.21
	合计	100.00	100.00	

(三)学历（教育程度）：中高等学历人群是核心顾客人群

由表 4-13 可知，参加演唱会的人口学历特征——演唱会旅游顾客人群基本集中在大学学历（含大专与本科）的人群，比例达到 80%，且根据现场调查时的访谈和观察可以明显地看出来，这正好

表 4-13　演唱会调查样本的人口学历数据（比例）表

问题	选项	罗志祥演唱会(%)	周杰伦演唱会(%)	平均数(%)
学历	A. 初中及以下	3.13	4.07	3.60
	B. 高中	6.88	13.40	10.14
	C. 本科(专科)	85.00	79.19	82.01
	D. 硕士及以上	5.00	3.35	4.18
	合计	100.00	100.00	

与上面的年龄特征相符,这些人大多是在校大学生,或是刚大学毕业不久的人,他们的年龄绝大部分集中在18—24岁。其次,演唱会顾客人群的第二梯队是高中学历的人群,比例也占到10%左右。过高学历者(如硕士研究生及以上)和过低学历者(如初中学历及以下)则很少。

(四)职业:以在校大学生和年轻的公司白领为主

表 4-14 演唱会调查样本的人口职业数据(比例)表

问题	选项	罗志祥演唱会(%)	周杰伦演唱会(%)	平均数(%)
职业	A. 学生	52.92	55.02	53.97
	B. 公务员或事业单位人员	10.42	7.89	9.16
	C. 企业职员	20.63	17.94	19.29
	D. 私营业主	6.25	7.89	7.07
	E. 自由职业	7.92	7.89	7.91
	F. 退休及其他_____	1.88	3.35	2.62
	合计	100.00	100.00	

表 4-14 的数据显示,在职业特征上,学生是主要的演唱会旅游顾客群体,两场演唱会的参加者的学生比例都达到一半以上(分别是 52.92% 和 55.02%),结合现场观察和访谈的结果,大学生占主流。其次是企业职员,作为第二梯队的顾客人群,其比例达到 20% 左右。诸如公务员或事业单位人员、私营业主、自由职业者则明显比例较低,均接近但达不到 10% 的比例。最后,退休及其他职业性质的人群则是比例最低的人群,几乎可以忽略不计。

(五)收入:以中低收入者为主要目标人群

在顾客人群的经济能力的特征上,有一个明显的特征——演唱会大部分受众人群的收入不高,调查结果显示,月收入 3 000 元以下的超过一半，3 001—6 000元的占30%左右，两部分加起来达到80%以上的比例，可见演唱会旅游的主流目标顾客是中低收入者①。这刚好与年龄、学历、职业方面的特征相呼应，互为佐证，因为这些人绝大部分处于18—24岁，是在校大学生或毕业时间不长的公司职员，他们当前的收入肯定是不高的，甚至很多人还没有固定收入，但他们受偶像崇拜情结的驱动，为了圆自己的偶像崇拜梦想，把有限的财力，甚至是勒紧裤腰带也要想方设法看一场演唱会，如后面将要分析到的罗志祥演唱会"门票价格"的问题选项中，竟有高达38%的人购买的是1 280元的内场票，这其中就有一大部分的购买者来自中低收入者的粉丝群（具体详情可结合该部分内容的分析进行理解）。

表4-15　演唱会调查样本的人口收入数据（比例）表

问题	选项	罗志祥演唱会（%）	周杰伦演唱会（%）	平均数（%）
月收入	A. 3 000元以下	54.58	51.67	53.13
	B. 3 001—6 000元	30.63	28.71	29.67
	C. 6 001—8 000元	11.04	14.83	12.94
	D. 8 001元以上	3.75	4.78	4.27
	合计	100.00	100.00	

（六）常住地：以当地人及周边地区的近程客源为主体

与节庆旅游人口的地域来源特征比较接近的是，演唱会的顾客人群也主要是以近距离的城市当地居民及周边区域的居民为主，但这里有较大的不同之处——本地人的比例相比节庆旅游活动，有大幅降低，只有40%左右的比例，周边地区（江浙地区）的比例却大

---

① 为了调查的方便，本研究所选的节事活动案例都是在上海举办的，上海及其周边的长三角地区为国内经济发达地区，居民收入水平相对较高，相对于其他地区，本研究将月收入8 000元以上者列为高收入者，在这之下的则被列为中等收入者，甚至是低收入者。

表 4-16 演唱会调查样本的人口常住地数据比例表

问题	选项	罗志祥演唱会（%）	周杰伦演唱会（%）	平均数（%）
常住地	A. 上海	36.04	41.15	38.60
	B. 周边地区（江浙地区）	39.79	40.19	40.00
	C. 长三角以外的大陆地区	22.08	16.03	19.06
	D. 境外	2.08	2.63	2.36
	合计	100.00	100.00	

幅提升，也达到 40% 的比例，二者并驾齐驱。这背后的原因可能是，对于那些位于经常举办明星演唱会的大城市（如上海）周边的中小城市或城镇居民来说，当地实际少有明星演唱会的，当地举办节庆活动则是平常和普及得多，所以，明星演唱会虽然一般在大城市举办，但其目标顾客不仅是本市客源，还能吸引很多周边（小城镇或农村）地区的居民前来观看。除此之外，由于时间、金钱等各方面的原因，能亲自体验自己心目中的偶像明星的演唱会现场，对于大部分的粉丝们来说机会不是很多，所以，有较大影响力的明星专场演唱会，对于离开举办地较远地区的客源也有一定的比例，如本次调查中的"长三角以外的大陆地区"的客源就占到大约 20% 的比例，这也是不容小视的客源市场。至于境外客源的比例极低，是很好理解的，因为这除了经济、时间等成本的限制外，语言、出境签证等也是重要影响因素。

（七）成为粉丝的时间：时间越长忠诚度越高，参加的动机越强烈

如表 4-17 所示，这一题的调查结果最明显的一个特征——明星演唱会的受众就是明星的拥趸者，也就是平时我们所说的粉丝群，正是这些粉丝们的偶像崇拜心理，驱使着他们奋不顾身地前往演唱会现场（具体可以结合下文"是什么原因促使您来参加本次活动（演唱会）的？"一题调查结果的分析）。这其中，有一个更有意思的

现象——粉丝们喜欢心目中的偶像明星的时间越长,其前往演唱会现场的动机就越强烈,在顾客人群中的比例就越高,特别是5年以上粉丝,周杰伦5年以上的"老粉丝"的比例竟高达近71%。这启示我们:越是铁的粉丝,就越是演唱会旅游的潜在顾客,提供越多的能与心目中偶像明星亲密接触的机会,就越能抓住演唱会消费人群的心,也就意味着专业的演唱会旅游产品(线路)成功运营的概率越大。

表4-17 演唱会调查样本中成为粉丝时间的人口数据(比例)表

问题	选项	罗志祥演唱会(%)	周杰伦演唱会(%)	平均数(%)
成为粉丝的时间	A. 1年以下	10.42	11.00	10.71
	B. 1—3年	22.50	8.37	15.43
	C. 3—5年	31.88	9.80	20.84
	D. 5年以上	35.21	70.81	53.01
	合计	100.00	100.00	

三、演唱会旅游人口的"需求—认知—行为"特征分析

(一)演唱会旅游人口的需求特征

1. 亲临现场体验偶像明星风采是粉丝演唱会旅游最核心的动机

演唱会旅游需求系统是以精神需求为主导的多元需求体系,在"是什么原因促使您来参加本次活动(演唱会)的?"一题的选项中,以粉丝的偶像崇拜为首(两场演唱会的"粉丝"选项的比例分别达到78%和72%,平均为75%),其次为陪同亲友、好奇、放松与调整身心等。

2. 在满足核心需求同时也存在多样化的动机

在"除了看演唱会之外,您还会附带什么活动"一题的回答中,购物、休闲观光、特色美食都是较为重要的辅助动机,比例都在30%左右,选择"其他"的比例也较高(比例分别为39%和26%,平均为29.5%),说明还有一些多且杂的动机。这些动机里面,既有来

自物质方面的需要，也有来自精神方面的需求。

选择"拜访亲友"的人也有 10% 左右，虽然不是很主要的辅助动机，但也启示我们，利用看演唱会时顺便探访亲友（如同学、老友等）也是很多人出行，特别是来自较远地方（需住宿）的游客的行程的内容之一。

表 4-18　演唱会调查样本人口"需求与动机"情况数据（比例）表

问题	选项	罗志祥演唱会(%)	周杰伦演唱会(%)	平均数(%)
是什么原因促使您来参加本次活动（演唱会）的？	A. 我是 fans	78.13	72.25	75.19
	B. 陪同亲友	14.17	12.92	13.55
	C. 出于好奇而来	3.96	6.94	5.45
	D. 放松并调整状态	3.33	5.98	4.66
	E. 其他___	0.42	1.91	1.17
	合计	100.00	100.00	/
除了看演唱会之外，您还会附带什么活动（可多选）	A. 购物	35.63	38.04	36.84
	B. 观光	29.17	25.12	27.15
	C. 吃特色食品	24.17	25.60	24.89
	D. 拜访亲友	6.67	10.05	8.36
	E. 其他___	39.38	25.84	32.61
	合计	135.02	124.65	/

（二）演唱会旅游人口的认知特征

表 4-19　演唱会调查样本人口"认知与注意"情况数据（比例）表

问题	选项	罗志祥演唱会(%)	周杰伦演唱会(%)	平均数(%)
您觉得罗志祥（周杰伦）最吸引你的是什么？（多选，最多三个）	A. 形象	62.92	59.81	61.37
	B. 实力	76.04	82.54	79.29
	C. 内涵	35.83	25.12	30.48
	D. 性格	66.04	55.02	60.53
	E. 品质	15.21	15.07	15.14
	F. 其他	8.96	7.42	8.19
	合计	265.00	244.98	/

(续表)

问题	选项	罗志祥演唱会(%)	周杰伦演唱会(%)	平均数(%)
您是通过何种渠道知道本次演唱会的	A.（票务）网站	29.17	31.10	30.14
	B. 微博	35.42	27.03	31.23
	C. 电视电台	13.54	15.07	14.31
	D. 亲友告知	13.54	21.05	17.30
	E. 其他	8.33	5.74	7.04
	合计	100.00	100.00	

1. 对节事产品本身的认知——对产品的核心关注点

"您觉得罗志祥（周杰伦）最吸引你的是什么？"这一问题是为了了解顾客对演唱会旅游产品本身的信息的核心关注点。对这一问题的回答，演唱会明星的实力、形象和性格是顾客群——粉丝群最重视的三点，均有超过60%的人选择了这三点。其中，明星的专业"实力"（有80%左右的人选择了这一选项）毋庸置疑地被排到第一位，这说明实力持久的明星是维持粉丝忠诚度的最大法宝，也是演唱会能成功吸引客源的首要指标。了解了这一点，对经营者而言非常重要，因为它能够为专业的演唱会旅游产品（及服务）更好地满足目标顾客的核心诉求，将顾客的这些需求要点转化为商家的产品要点提供参考与借鉴。

2. 对节事营销信息的认知——信息认知与传播渠道

从产品经营的角度看，在了解了顾客最重视的需求要点和产品应突出的亮点后，如何将这些重点信息通过适合的媒介方式传播到目标顾客那里，并吸引他们的注意力则是接下来需要重点解决的问题。"您是通过何种渠道知道本次演唱会的？"是专门为了完成上述目的而设计出来的问题。表4-19的数据显示，以下几点值得关注。

（1）网络媒介和口碑相传是当今社会两种最主要的演唱会宣传媒介。这一点与节庆类活动比较相似。首先，选择"（票务）网站"和"微博"渠道了解演唱会信息的都达到30%以上，而这二者都属于现代的网络媒介方式，加起来达到60%以上。这说明各种网络平台是粉丝们了解演唱会活动信息的最主要渠道,甚至是(门票)销售渠道重要的未来发展方向(具体可结合下面"获取演唱会门票方式"一题的调查分析)。

在传统的信息传播与交流渠道方式中,人际间的口碑相传在当今社会仍然是一种重要的信息传播(渠道)方式。本调查结果显示,在罗志祥演唱会和周杰伦演唱会这两个调查中,选择"亲友告知"的分别达到13.54%和21.05%。结合现场访谈情况所知,这一点在有共同兴趣爱好(喜欢相同明星)的粉丝群中的存在是非常自然的,因为他们有共同话题,甚至有自己内部比较稳定的朋友圈,甚至还将这种朋友圈扩散到网络平台上,尤其以当今最流行的微信、微博、人人网、QQ群及专题网络平台等网络社交媒体为主。这也进一步呈现了一种新的人际口碑传播的趋势——口碑相传的信息沟通与传播方式,除了传统的人与人之间的口碑相传,还有新兴的网络口碑相传方式,二者已经很完美地融为一体,很难完全单独划定界限。

(2)电视电台是演唱会旅游者人群了解信息的大众媒体方式

在比较传统的大众媒体类型中,电视电台仍然是当今演唱会旅游者人群了解信息的重要方式。调查结果显示,选择"电视电台"为了解演唱会信息的方式的比例达到15%,仍有一定的受众基础。所以,演唱会及其专门的旅游产品的信息营销传播仍然要保持这种渠道方式。相对而言,随着现代媒介特别是各种网络媒介的崛起,报纸杂志等曾经风光无限的纸质媒体,难掩其衰落的趋势(如选择"其他"媒介方式的比例仅有7%左右,且这其中还有其他的媒介方式,报纸杂志仅仅是其中的一部分)。

(三)演唱会旅游人口的行为特征

下面将从观看演唱会的行为代价(所购门票价位)、行为方式(购买门票的渠道方式)、参加演唱会活动的次数以及后续行为意愿等方面来分析演唱会旅游行为的某些特征(结合参考表4-20)。

表 4-20　演唱会调查样本人口"行为"情况数据（比例）表

问题	选项	罗志祥演唱会（%）	周杰伦演唱会（%）	平均数（%）
您获得活动（演唱会）门票的方式是哪一种？	A. 中介组织抽票	4.38	3.11	3.75
	B. 亲朋好友相送	7.08	5.74	6.41
	C. 票务网站	76.04	77.27	76.66
	D. 其他	12.50	13.88	13.19
	合计	100.00	100.00	/
您所购买的是什么价位的门票？	A. 280元看台	5.00	23.68	14.34
	B. 380元看台	19.38	30.38	24.88
	C. 580元看台	14.79	13.16	13.98
	D. 780元看台	6.88	5.74	6.31
	E. 980元看台	16.04	5.26	10.65
	F. 1 280元（内场）	37.92	21.77	29.85
	合计	100.00	100.00	/
你一年大约参加多少次演唱会？	A. 没有(0次)	0.00	0.00	0.00
	B. 1次	53.96	57.89	55.93
	C. 2次	25.83	19.86	22.85
	D. 3次	11.04	9.33	10.19
	E. 4次及以上	9.17	12.92	11.05
	合计	100.00	100.00	/
您还会来看您喜欢的明星演唱会吗？	A. 会	78.54	86.12	82.33
	B. 不会	21.46	13.88	17.67
	合计	100.00	100.00	/

1. 行为方式——购买（购票）方式

"线上为主，线下为辅"是演唱会门票销售网络格局的基本特征。表4-20的数据显示，在对"您获得活动（演唱会）门票的方式"问题的回答中，有接近80%的顾客选择"票务网站"为获取门票方式，各种网络平台，如微博及专门的网站等，既包括互联网方式也包括移动互联网方式，不仅是粉丝们了解演唱会活动信息的重要渠

第四章　节事旅游的人口分析：基于消费人口集聚的视角

道，也是他们购买门票的重要方式，体现了演唱会消费人群的行为方式的一个重要特点。这代表着门票销售渠道重要的未来发展方向——网络平台销售门票会越来越重要，而且随着移动网络和移动电子终端设备的迅猛发展，以及移动网络支付及金融服务的日益普及，通过移动终端设备完成门票购买操作的用户将越来越多，经营者一定要紧跟这一趋势。此外，选择"其他"作为购买门票方式的用户也有超过 10% 以上的比例，这其中有一些就是通过传统的实体的门票销售网点来完成购票的。可见，通过"线上为主，线下为辅"的方式布局门票销售，是演唱会门票销售网络格局的基本特征。

2. 行为代价——期望值

通过不同价位的演唱会门票的销售情况，能间接折射演唱会顾客人群对自己喜爱的明星的专场演唱会的价值期待——期望值，期望值越高，则购买高价门票的可能性越高。通过本次对"您所购买的是什么价位的门票"问题的调查，结果显示，两次演唱会门票的购买者中，竟然有高达 30%（平均数）的顾客购买了 1 280 元（内场）的高价门票，尤其是罗志祥演唱会的观众中比例竟然高达近38%。这说明，明星类节事活动有一个很鲜明的特征，那就是粉丝们对其心目中的偶像明星的专场演唱会的期望值很高，并且愿意支付昂贵的费用来实现其超高的期望。为什么本书敢于这么肯定地得出该结论呢？那是因为，前面对顾客人群的收入情况的调查结果的数据显示，明星演唱会的目标顾客是以中低收入者为主要目标人群，且这些人主要是在校大学生或刚毕业的公司职员，他们的月收入超过一半是低于 3 000 元的，这些收入不高的群体愿意支付 1 280元的高价门票，可见他们对心目中的偶像明星的崇拜程度，更能反映出他们一旦有机会通过专场演唱会看到心仪的明星风采时，对其寄予的超高期望。这对于专门的明星演唱会运营机构来讲是个极好的消息，但这也提醒我们：对于带着极高的期望值的粉丝顾客群来说，如何帮助他们真正实现其期望，是产品（服务）提供与运营者要考虑周全的问题。因为很多时候与"期望越高"紧伴相随的常常是由于一点点失误导致的"失望越大",因此,运营者不可掉以轻心,不然会影响顾客的后续消费行为意愿,并直接影响运营者的后续经营。

3. 行为频率——忠诚度

参加演唱会活动的频率越高,越能说明顾客群体对其心目中的偶像明星的专场演唱会的消费忠诚度越高,"你一年大约参加多少次演唱会?"这一问题,就是想通过对顾客群对参加演唱会的行为频率的调查了解他们对这项活动的忠诚度。表4-20的数据显示,在两次演唱会的参与人群中,没有一人是一年内不参加任何演唱会活动的,这也进一步论证了后面数据的有效性——演唱会的潜在消费人群是忠诚度比较稳定的消费者类型,本次调查数据显示,超过一半的人是一年之内要最少参加一次明星演唱会的,剩下一半不到的人是参加"2次"及以上的,甚至连"3次"和"4次及以上"的比例也分别达到10%以上,合计达到20%以上。可见,对于演唱会的组织和运营者来说,维护顾客的忠诚度很重要,千万不能让他们流失。这一点刚好和上一题的分析结果相互证明,互相作用——粉丝们的超高期望值为他们参加偶像明星的专场演唱会的忠诚度奠定了坚实的基础,想方设法维持粉丝顾客群体的忠诚度,则为进一步巩固和提高他们对(由运营者提供的)演唱会产品(服务)的期望值铺下了可靠的基石,二者相辅相成。

由于演唱会活动的顾客群在行为上具有"高忠诚度"这一鲜明的特征,当问到"若以后还有您喜欢的明星演唱会,您还会来看吗?"时,有超过(平均数)82.5%的人数选择"会"(其中,罗志祥演唱会为79%,周杰伦演唱会为86%)。这一结果是在情理之中的,说明演唱会类的节事活动的目标顾客群具有很好的后续行为意愿,所以,演唱会活动项目是具有很好的市场基础的节事活动产品类别,具有很广阔的成长空间,值得商家进一步重视和深度挖掘发展。

(四)专业演唱会旅游线路经营的可行性分析

既然演唱会类的节事活动的目标顾客群具有很好的后续行为意愿,演唱会类的节事活动产品值得挖掘和发展,利用演唱会资源,深度开发专业演唱会旅游线路也是将演唱会产品系列深度发展的一种重要模式,以进一步完善和丰富粉丝团们的演唱会的内涵体验。基于这样的目标,本书还特意进行了调查研究,具体如下文所述(请结合参考表 4-21)。

表 4-21 样本人口关于"专业演唱会旅游线路经营"的情况数据(比例)表

问题	选项	罗志祥演唱会(%)	周杰伦演唱会(%)	平均数(%)
您愿意参加专业的演唱会旅游线路吗?	A. 愿意	67.08	61.00	
	B. 不愿意	11.04	33.97	
	C. 看情况	21.88	5.02	
	合计	100.00	100.00	
您觉得(专业的)演唱会旅游路线最重要的是什么?(可多选,但不超过3项)	A. 能现场感受明星风采,欣赏表演	65.00	44.98	
	B. 能和志同道合的人一起交流与分享	50.00	53.11	
	C. 能提供专业的全程演唱会旅游服务	23.96	17.94	
	D. 方便省事	15.00	23.92	
	E. 其他	17.08	10.29	
	合计	171.04	150.24	160.50

1. 对专业的演唱会旅游线路(产品)的顾客参与意愿的调查

当问到"您愿意参加专业的演唱会旅游线路吗?"这一问题时,

两场演唱会的粉丝们均有超过 60% 的人群回答是"愿意",特别是罗志祥演唱会的观众达到了 67%,且还有 22% 的人群选择"看情况",这也是可以争取的部分,若将二者相加,则可有接近 90% 的人会成为专业演唱会旅游线路的潜在顾客。这说明,专门的演唱会旅游线路(产品)的开发是很有市场基础的,将演唱会与旅行游览甚至是休闲身心完美地结合在一起,其不仅是对现有演唱会活动产品的内涵与形式的丰富与深化,也是对传统旅游产品的内涵实现转型升级,以及对形式进行拓展突破的新型的良好路径模式。可见专业的演唱会旅游产品(线路)除了具有良好的客源(市场)基础,应该还具有广阔的产业发展空间,值得期待。

2. 对(专业)演唱会旅游路线设计要点的了解

通过调查,我们认识到演唱会旅游产品(线路)的美好前景,对于商业经营者来说,如何进行专业的研发与设计便是接下来需要解决的问题,于是我们设计了"您觉得(专业的)演唱会旅游路线最重要的是什么(可多选,但不超过 3 项)"这一问题。通过调查结果的数据可以看出,"能现场感受明星风采,欣赏表演"和"能和志同道合的人一起交流与分享"的选项被顾客群体内部普遍最重视的两个要点,其中,有分别超过 65% 和 45%(平均数为 55%)的是重视"能现场感受明星风采,欣赏表演";"能和志同道合的人一起交流与分享"也具有超过一半的人重视。由此可见,现场感受自己心仪的明星的风采,这一点折射出"偶像崇拜"这一精神层面上的诉求是一种粉丝们普遍的基本需求,也是最重要的核心需求;而能和志同道合的人一起交流与分享,则代表了粉丝们与同类交流的迫切希望,这是社交需求在追星社交圈内的具体表现,因为通过这个平台,具有共同崇拜对象明星的人群会建立起进一步沟通信息的社交圈,共享信息,互通情感。因此,能现场感受明星风采,以及能与同类交流分享是专业的演唱会旅游线路(产品)研发必须重视的基本与核心问题。其次,从调查结果中可以看出,"能提供专业的全程演唱会旅游服务"(平均数为 21%)和"方便省事"(平均数为

19.5%)等是提高产品(服务)吸引力和满意度的重要方面,也不可忽视。

 类型探讨 3:体育赛事类旅游人口特征分析及启示

一、案例选择及问卷调查情况简介

随着 2008 年北京奥运会的召开,体育赛事逐渐引起人们的关注,体育旅游更是备受青睐。体育旅游是体育与旅游相互融合交叉的部分,它体现了体育的社会性与旅游的社会性。从上海来看,随着全民健身运动的兴起以及上海举办的国际性赛事数量日益增长,其所引起的体育旅游效应也随之升温。为了了解上海举办的不同赛事对旅游产业的影响,本书对相关体育赛事的观赛旅游者进行了问卷调查,以期对体育赛事类节事活动的旅游(消费)人口进行分析,以及为体育赛事类节事旅游业的发展提供参考与指导。

(一)案例选择

本小组针对 2013 年(主要是上半年)上海举办的不同类型的体育赛事活动及其对旅游业发展情况做一些案例调研与分析,分别是 X-GAMES 世界极限运动大赛(2013 年 6 月 9 日—6 月 12 日,在上海江湾体育中心举行)、国际田联钻石联赛-上海站(2013 年 5 月 19 日,在上海体育场举办)、中超联赛上海申花主场(对北京国安)(2013 年 5 月 25 日,在虹口足球场举行)、F1 中国大奖赛(2013 年 4 月 12 日—14 日,在上海国际赛车场举行)。这些体育赛事代表了不同的赛事类型的特征,具有较大的影响力,颇具代表性。具体的相关体育赛事(上海)问卷调查情况,可参见表 4-22。

表 4-22　相关体育赛事（上海）问卷调查情况简表

现场问卷调查情况			
赛事名称	问卷发放时间 （比赛时间）	问卷发放地点 （比赛地点）	问卷发放数量 300 份，有效问卷回收数量 278 份，有效问卷率 92.67%
国际田联钻石联赛上海站	2013 年 5 月 19 日	上海体育场	
中国足球超级联赛（上海申花—北京国安）	2013 年 5 月 25 日	虹口足球场	
X-GAMES 世界极限运动大赛	2013 年 6 月 9 日	上海江湾体育中心	
F1 中国大奖赛	2013 年 4 月—14 日	上海国际赛车场	
网络问卷调查情况			
赛事名称	问卷发放时间	问卷投放平台	问卷发放数量 280 份，有效问卷回收数量 236 份，有效问卷率 84.29%
2012 年 3 月—6 月上海举办的体育赛事（含上述赛事）	2012 年 3 月—2012 年 6 月	问卷星 & 调查派①	
		百度贴吧	
		体育赛事论坛	
		人人网	

（二）问卷调查情况简介

调研对象：2013 年（主要是上半年）上海举办的上述代表性体育赛事的现场观众、电视观众以及对体育赛事有所关注的社会人群。

调研情况及问卷回收情况：针对这些体育赛事案例，本次调研在进行问卷（参考本书附录部分的附件 6）设计后，以问卷调查（现场调查与网络调查）的方式为主，并辅以现场观察和个别访谈的方法，拟对体育赛事类活动的旅游人口的各方面特征进行分析总结。研究小组共在各种比赛现场及网络平台上发放问卷 580 份，共回收有效问卷 514 份，总体问卷有效率为 88.79%。其中，现场调查时，共发放问卷数量 300 份，有效问卷回收数量为 278 份，有效问卷率为

---

①　问卷星的网站地址为：http://www.sojump.com/，注册后进入地址为：http://1.sojump.com/login.aspx；调查派的网址为：http://www.diaochapai.com。

92.67%；网络调查时，共发放问卷 280 份，有效问卷回收数量为 236 份，有效问卷率为 84.29%。

（三）调研结果数据统计及有效性分析

本书根据 514 份有效问卷的答案进行整理，在获得一手数据后，将调研结果的数据整理成"2013 年（上海）体育赛事旅游"问卷调查基本数据统计表（详见本书附录部分的附件 7）。

二、体育赛事类节事旅游人口的特征分析

综观"2013 年（上海）体育赛事旅游"问卷调查基本数据统计表（详见附件 7），下文将分别从人口属性、需求及动机、信息认知（注意）以及消费行为等几方面来探索体育赛事旅游人口的各种特征。

（一）体育赛事旅游人口的属性特征

从体育赛事旅游人口的属性特征来分析，可以总结如下：男性关注体育赛事的人数明显高于女性。体育赛事旅游所吸引人群的年龄层次大多为中青年，其中，25—40 岁这一阶段的人数最多，其次是 18—24 岁。有固定收入的人群比例又高于学生群体。体育赛事旅游人群大多数接受过或正在接受高等教育。受调查者大多数有一定的经济基础，那些虽没有固定收入的大学生群体由于特殊的年龄阶段特征及灵活的经费来源渠道，也是不可小视的目标群体。顾客群中本地游客占压倒性优势（达到 77% 的比例），其余的大都来自体育赛事举办地的周边地区，很多人以前都参加过各类自己喜欢的体育赛事，并且一个家庭内孩子数量的多少直接决定着家庭成员出行的概率，即单身者、已婚无子女及仅一个子女的家庭成员是体育赛事旅游的核心群体。下面分别单独分析。

1. 性别：以男性为主

虽然倡导全民健身，但总体上在我国乃至全球，男性更喜欢运动已经成了铁定的事实。这在本次调查中也得到了很好的验证，如

表 4-23 所示，男性占到 70% 的比例，是女性体育赛事旅游者数量的 2 倍多。这种现象在我国更加普遍，在国外，女性喜欢运动、关注赛事的比例远远大于我国，如 F1 方程式赛车以及 NBA。另外，从各种运动以及赛事的不同类型的对比中可以发现，关注的男性与女性的数量比会随着运动赛事类型的不同而改变，这将在后文继续阐述。

表 4-23 体育赛事旅游（样本）人口性别信息基本数据表

题号	问题	选项	样本数	百分比(%)
1	性别	A. 男	359	69.71
		B. 女	156	30.29
		合计	515	100.00

2. 年龄：中青年是主流人群

从本次调查问卷的数据（如表 4-24）可看出，在年龄方面，25—40 岁的人群是最主要的体育赛事旅游人群（比例为 42%），其次是 18—24 岁和 41—60 岁的人群，值得注意的是，低年龄段（18 岁以下）和高年龄段（60 岁以上）的人群比例很低。这可能是因为 18 岁以下的人群大多是学业压力较重的高中及以下的学生一族，他们的经济收入往往来自每月家长给的零用钱，他们没有过多的时间和精力关注学业以外的事情。其次，处于 18—24 岁的年轻人，很多是在校大学生或刚毕业不久的职员，虽然没有较高及较稳定的收入，但他们所处的特殊年龄阶段使他们对体育运动及相关赛事的喜爱度和关注度都是极高的，而且大多数都处于恋爱阶段，对户外旅游及体育运动的需求较为迫切，最终使他们成为体育赛事乃至体育旅游的重要消费人群。25—40 岁的人群正处于事业的上升阶段，收入相对较高，这为他们满足自己的体育爱好和旅游休闲奠定了坚实的经济基础，使之成为最主要的体育赛事顾客人群。

表 4-24 体育赛事旅游(样本)人口年龄信息基本数据表

题号	问题	选项	样本数	百分比(%)
2	年龄	A. 18 岁以下	67	13.01
		B. 18—24 岁	115	22.33
		C. 25—40 岁	217	42.14
		D. 41—60 岁	91	17.67
		E. 60 岁以上	25	4.85
		合计	515	100.00

3. 常住地：吸引的基本是本地及周边的居民

从本次调研结果(如表 4-25)可以看出，在其他条件相同的情况下，体育赛事所吸引的游客来源呈现出明显的"距离衰变规律"：上海顾客所占的比例尤为突出，比例达到 77%。其次为来自长江三角洲地区(江浙地区)的游客，比例接近 20%，然后随着距离的增加，受众的人数会随之减少。据此，本书认为，体育赛事举办地与目标顾客人群的生活城市的距离会成为影响其关注体育赛事，从而成为影响体育(赛事)旅游的一大因素，尤其会成为负面阻碍因素。这一点与其他类型的节事活动旅游，甚至是传统的旅游活动的距离衰变规律是比较一致的。

表 4-25 体育赛事旅游(样本)人口常住地信息数据表

题号	问题	选项	样本数	百分比(%)
3	常住地	A. 上海	398	77.28
		B. 周边地区(江浙地区)	97	18.83
		C. 长三角以外的大陆地区	20	3.88
		D. 境外	0	0.00
		合计	515	100.00

4. 学历(教育程度)：绝大部分都受过或正在接受高等教育

如表 4-26 所示，64% 的调查者为大学学历，其中多数还是在校大学生，他们大多表示自己能够自行合理安排时间，并能克服经济因素的限制，以满足自己对体育赛事以及体育旅游的迫切需求。据现场观察及访谈发现，中小学生往往是与家人和同学结伴而来，大多数人将其作为自己课余放松身心的一种方式。同时，我们还通过访谈了解到一些在校大学生的心理，那就是在学校课业允许的前提下，他们（在校大学生们）更倾向于走出校园，选择体育运动、观看体育赛事、旅游等体验生活的方式来填满课余时间，随着我国大学生生源比例的大幅提升，这部分人群将在体育赛事旅游的客源结构中占据核心的主导地位，地位越来越重要。

表4-26 体育赛事旅游（样本）人口受教育情况信息数据表

题号	问题	选项	样本数	百分比(%)
4	学历	A. 初中及以下	22	4.27
		B. 高中	72	13.98
		C. 本科(专科)	330	64.08
		D. 硕士及以上	91	17.67
		合计	515	100.00

5. 收入及职业（所从事工作的性质）：中低收入人群是主要客户群

本书根据上海及其周边地区（长三角）的经济发展水平及居民平均收入水平，将平均月收入3 000元以下的列为低收入群体，8 001元以上的列为高收入阶层，3 001—8 000元的列为中等收入者群。如表4-27所示，从收入上看，体育赛事旅游的顾客群体主要是中低收入群体，即月均收入6 000元以下者为体育赛事旅游的主要客户群体。从之前的分析能看到，如今，大学生占据了体育赛事以及体育旅游顾客群体的大部分比例。据有关数据显示，如今的大学生收入主要是父母给予的零花钱以及利用课余时间的兼职、实习，往往不会超过3 000元。这与上一点分析结论相符合。另外，中等收入者基本为中青年的社会在职人员，虽然时间上没有大学生自由，但其经济基础支撑了其参与体育赛事（旅游）活动的高比例结果。

表 4-27　体育赛事旅游（样本）人口收入及工作性质信息数据表

题号	问题	选项	样本数	百分比(%)
5	月收入	A. 3 000 元以下(低收入)	227	44.08
		B. 3 001—6 000 元	155	30.10
		C. 6 001—8 000 元	40	7.77
		D. 8 001 元以上(高收入)	93	18.06
		合计	515	100.00
6	职业(所从事工作的性质)	A. 学生	112	21.75
		B. 公务员或事业单位人员	74	14.37
		C. 企业职员	195	37.86
		D. 私营业主	26	5.05
		E. 自由职业	88	17.09
		F. 退休及其他＿＿＿	20	3.88
		合计	515	100.00

要说明的是，由于职业类别非常丰富，很难确定类型，在本书这样一个非专业的关于职业类型的调查研究中，职业类别的划分是较为笼统的。如从表中数据可看出，其中的"企业职员"占比虽然达到 38%，但这是一个比较模糊的范畴，"学生"也只能是作为一种特殊的职业类别被列入到问题选项中，就和"退休及其他"的职业选项的列入一样，所以将其称为"所从事工作的性质"可能更合适。因此，从这个角度看，这些属于不同的收入阶层的顾客人群，在所从事工作的性质上缺乏明显的特征，并没有对关注程度造成显著的差异。

6. 婚姻（家庭）状况：孩子越少出游概率越高

表 4-28 显示，从体育赛事旅游者人群的婚姻及家庭角度来看，未婚者和已婚但没有孩子的人群是其主要的客户群体，其中，未婚

者占到 37% 的比例,已婚没有孩子的人群占到 35%,二者所占比例比较接近。而已婚有 1 个孩子的人群也占到接近 25% 的比例,不可忽视,至于有两个孩子及以上的人群则占比很低,是非主流客户人群。这基本上可以反映出体育赛事旅游客源群体在婚姻家庭方面的一个基本特征——一个家庭内孩子数量的多少直接决定着家庭成员出行的概率,即单身者、已婚无子女及仅一个子女的家庭成员是体育赛事旅游的核心群体。

表 4-28 体育赛事旅游样本人口婚姻状况信息数据表

题号	问题	选项	样本数	百分比(%)
7	婚姻状况	A. 未婚	191	37.09
		B. 已婚没有孩子	181	35.15
		C. 已婚有一个孩子	118	22.91
		D. 已婚有两个孩子以上	25	4.85
		合计	515	100.00

7. 以往观看体育赛事活动的情况:基本是经常观摩体育赛事的人群

为了更直观地感受,本书根据附件 7 ["2013 年(上海)体育赛事旅游"问卷调查基本数据统计表]中样本人口的观看体育赛事活动的情况数据,通过 EXCEL 软件绘制了图 4-2。根据图示,被调查者中很多人以前都参加过各类自己喜欢的体育赛事,这说明体育赛事旅游者大多是喜欢体育运动的人,他们对自己喜欢的体育运动类型的相关赛事活动也会感兴趣,并且是比较忠诚的体育赛事消费者。如图及相关数据显示,在调查者中有一半以上的人以前看过黄金田联大奖赛,也有占比 40% 左右的人看过网球大师赛和中超(足球)联赛,而 F1 大赛(世界一级方程式赛车)、斯诺克和 CBA 则是属于第三梯队的客户群体,比例都在 20%—30% 之间,观摩最少的赛事是极限运动。为什么会有如此结果,我们将会结合下面的关于体育赛事本身的一些具体问题来深入解析。

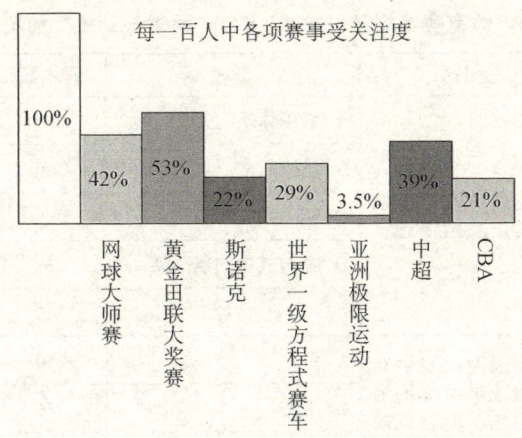

图 4-2 体育赛事旅游（样本）人口观看体育赛事活动的情况数据图

（二）体育赛事旅游人口的动机（需求）特征

1. 欣赏体育竞技并不是激发体育赛事旅游者观摩动机的唯一因素

问题"您对体育赛事里的哪种元素更加看重？"是为了了解影响体育赛事旅游者出游动机的因素，通过表 4-29 的数据表可以看出竞技因素是最主要的，占到 42.7%。这表明体育赛事虽然有了许多包装和营销元素，但是其最本质的专业性——竞技性才是最吸引人的，在宣传赛事的同时一定要同时宣传、推广各项体育运动技巧本身的特点。

随着体坛及娱乐圈边界的日益模糊，体育娱乐化越来越明显，其明星效应也越来越与娱乐界接轨。调查结果正好验证了这一现象，数据显示，除了竞技本身外，明星效应和娱乐休闲元素也是激发体育赛事顾客群体的另两种重要的因素（比例分别达到 26% 和 21%）。这说明体育赛事游客群体前来观摩赛事现场，其动机是多元的，除了能满足顾客对体育运动本身竞技性这一核心需求外，娱乐休闲化也是他们的重要需求，这也是当今体育运动娱乐化、休闲化的重要体现，难怪现在有人将体育划分为竞技体育和休闲体育两

表 4-29　体育赛事旅游（样本）人口"需求与动机"情况数据表

题号	问题	选项	样本数	百分比(%)
5	您对体育赛事里的哪种元素更加看重？	A. 娱乐休闲元素	109	21.17
		B. 竞技元素	220	42.72
		C. 明星效应	135	26.21
		D. 参与其中的氛围感	51	9.90
		合计	515	100.00
6	您会因为比赛中有中国选手或你们省市的选手而特意前往观看吗？	A. 会	330	64.08
		B. 不会	185	35.92
		合计	515	100.00

种重要类型。同时，体育赛事的休闲化运作还通过"明星效应"来推波助澜，使其更加娱乐化、产业化。2013年6月20日下午，球星贝克汉姆造访同济大学并引发现场混乱，造成"贝壳"（贝克汉姆的粉丝）们受伤，后来，贝克汉姆被迫取消校园互动活动。在这一点上，体育赛事和演唱会活动的特点是共同，因为在这个注意力经济时代，有了明星就会带来注意力，就会带来粉丝和游客，就会带来经济效益。类似的例子还有很多，如历年来引入的大型赛事一般都以明星效应作为主打，网球大师赛会有费德勒、纳达尔，斯诺克会有丁俊晖、奥沙利文，F1会有舒马赫、莱库宁，确实能够做到吸引眼球，吸引游客。

我们还结合各个不同赛事案例的调查结果数据做了进一步分析，从中发现：专业竞技元素、明星效应和娱乐休闲元素三者，在不同的体育赛事类型中，其吸引观众的作用也不尽相同，例如，在足球、篮球、网球等更富有激情的赛事中，竞技元素占主导；田径、F1等更专业、难欣赏的赛事中明星效应更显著；在极限运动、赛马等更有趣味性的赛事中，娱乐休闲元素会比较重要。总之，不同的赛事类型，其吸引观众的主导因素也不尽相同。

最后，"参与其中的氛围感"相对于其他几项因素显得不那么重要,毕竟,赛事的观看者不需要有强健的体格去身体力行、去感受场上运动员的感觉。

综观体育赛事旅游人口的动机与需求体系,若从旅游需求的单一性和复杂性来分析,体育赛事所吸引的游客人群,一方面对这种新型的旅游形式产生兴趣,有着追求新奇、爱创新的复杂性需求,另一方面,游客人群又倾向于仅仅观看赛事,而非亲身参与其中,体现出谨慎、平静、可预见性强的特点,符合单一性需求。不可否认的是,在赛事之前增加一些互动的活动确实有助于吸引更多关注者。

2. 本土明星(选手)出赛是粉丝观战动机的有力激发因素

与上述问题紧密相关的是,如今是否拥有中国体育界巨星(即本土明星)参加,已成为举办的体育赛事能否吸引人们来举办地观看,乃至是否参与体育旅游的重要决定因素。当我们对"您会因为比赛中有中国选手或你们省市的选手而特意前往观看吗?"这一问题时,如图4-3的数据所示,有接近64%的人回答"会"。这就充分说明,在对体育赛事的明星效应毋庸置疑的基础上,拥有本土体育明星的出场,是体育赛事吸引顾客的重要法宝。这是对明星效应的进一步发展与深化,其背后隐含的不仅是体育赛事活动观摩者的偶像崇拜心理(和演唱会的观众的明星崇拜需求如出一辙),也是客源群体爱国家、爱家乡心理的一种需求表达。

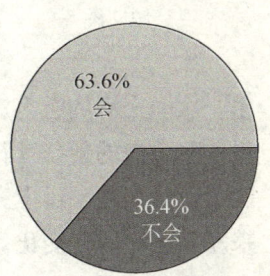

图4-3 样本受体育巨星影响情况

正如刘翔飞跃2004年雅典之后,黄金田联大奖赛成功落沪从而吸引了大批本土粉丝作为观众,这在历届田径钻石大奖赛(上海)上体现得最明显,刘翔参加与否直接影响票房销售情况。正如黄金田联大奖赛离不开刘翔那样,对于各类网球赛的中国观众来说,不要说观赛现场的售票率,就连收视率也离不开李娜。可见,本土明星(选手)对激发粉丝们的体育赛事现场观战动机作用明显,是其有力的推手。

3. 除比赛本身外最吸引顾客的需求倾向：多元的需求倾向

现场研究小组还临时对顾客的需求调查做了改进，即进一步对体育赛事旅游者人群的具体需求倾向作了补充调查。通过"您认为到上海观看体育赛事，除比赛本身外最吸引你的是什么？(可多选)"问题的询问，结果如图 4-4 所示，作为体育赛事旅游的目的地(如本案例调查中的上海)要有除体育赛事之外的其他吸引人的地方，其中，四通八达的交通是前提，丰富的文化活动、购物的便利也是重要因素。这个特征可以推广到整个节事(包含体育赛事、节庆、演艺活动、会展活动等类别)旅游目的地的吸引力体系的构建上。例如，作为体育赛事甚至是节事旅游目的地的上海，这个国际化大都市的影响力会让那些

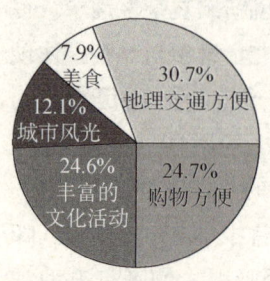

图 4-4　除比赛外吸引顾客的需求倾向图

第一次来上海的游客产生一种只来上海看比赛太亏了，一定还要感受一下上海的繁华才行的念头，而上海的快速发展、日新月异的变迁又会让那些来过上海的游客感叹上海的变化之快，也能留下游客来发现上海的新变化。由于好奇心驱使的认知与探索的旅游需求是一种重要的旅游需求，而上海的美食、文化活动、购物等方面具备不同于别的城市的"新奇性"和"复杂性"，对前来观赛的异地游客来说，对这些有着强烈的好奇心，于是就产生了主观的对旅游的需求。

(三) 体育赛事旅游人口的认知特征

1. 受众对赛事产品信息的认知：引入的国际大型体育赛事备受顾客青睐，且多为周期性的

从体育赛事的来源属性上看，从国外引入的国际性体育赛事对观众的吸引力很大。如表 4-30 和图 4-5(图 A)所示，顾客对"您观看的体育赛事是上海自办的还是引入的？"的问题，有 83.3% 的人回

表 4-30 体育赛事旅游（样本）人口"信息认知"情况数据表

题号	问题	选项	样本数	百分比(%)
		对产品本身信息的认知		
1	您观看的体育赛事是上海自办的还是引入的？	A. 引入	429	83.30
		B. 自办	86	16.70
		合计	515	100.00
2	您所观看的体育赛事属于哪个规模层次？	A. 大型	448	86.99
		B. 中小型	67	13.01
		合计	515	100.00
3	您所观看的体育赛事的类型是？	A. 周期性	383	74.37
		B. 一次性	132	25.63
		合计	515	100.00
		营销信息的认知渠道		
4	您了解体育赛事的途径有？（多选）	A. 网络	345	66.99
		B. 电视电台	370	71.84
		C. 户外广告板	93	18.06
		D. 亲友告知	118	22.91
		E. 杂志	175	33.98
		F. 报纸	221	42.91
		G. 其他	0	0.00
		合计	1 322	256.69

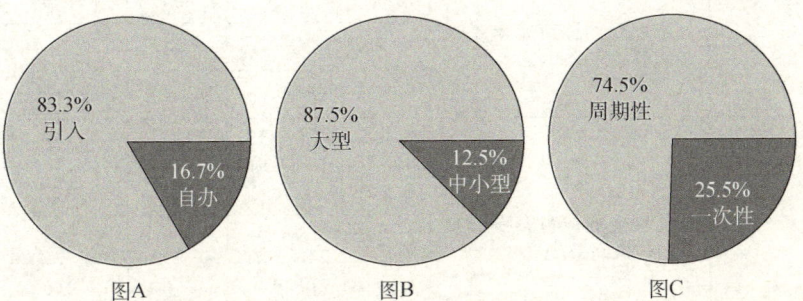

图A　　　　　　　　图B　　　　　　　　图C

图 4-5　赛事的不同来源属性、规模层次、类型对体育赛事旅游人群的影响图

答是"引入",因为这些引入的国际赛事一般都是具有较高国际影响力,其吸引的观众也是国际性的,一般具有较好的受众基础。然而,通过调查还了解到,观众对上海目前引入的国际性大型体育赛事仍感觉到不够,诸如 NBA 季前赛、意大利杯、飞镖竞标赛、射箭比赛、赛马、冰壶、美式骑牛等都是被提及较多的。可见上海引进的体育赛事虽多,但还远远没有达到饱和,仍有许多赛事可以引进。我们还要注意到,目前引入的大型赛事,引入的不仅是比赛,也包括各种先进的营销方式,以上海大师赛为例,每年的大师赛前都会有大规模的球童海选,比赛时网球中心周围会有各种有关网球的活动、游戏,这些活动都是为了让网球运动更快地发展起来。同样,其他的引入赛事也不仅仅是引入了一项比赛,更是把一项中国人本不熟悉的运动带入中国,虽然把一部分自办赛事的关注者拉走了,但扩大了体育赛事观看者的基数。

其次,从体育赛事的规模层次上看,大型体育赛事对观众的吸引力明显比中小型的大得多。如表 4-31 和图 4-5(图 B)所示,顾客对"您所观看的体育赛事属于哪个规模层次?"这一问题,有 87.5%的人回答是"大型"。另外,如表 4-31 和图 4-5(图 C)所示,从体育

表 4-31　体育赛事旅游(样本)人口"观赛行为"情况数据表

题号	问题	选项	样本数	百分比(%)
7	您所观看的体育赛事是在节假日举行的吗?	A. 是	454	88.16
		B. 不是	61	11.84
		合计	515	100.00
8	您能接受的体育赛事门票的价位区间是?	A. 500 元以下	333	64.66
		B. 500—1 000 元	151	29.32
		C. 1 000—2 000 元	31	6.02
		D. 2 000 元以上	0	0.00
		合计	515	100.00

赛事的类型(及是否是周期性的)上看,周期性的体育赛事(占比74.5%)对观众的吸引力以绝对优势压倒了一次性(非周期性)的赛事活动的吸引力(占比 25.5%)。

综上可知,体育赛事的来源属性、规模层次以及类型(是否是周期性的)在吸引观众前来观看,乃至由体育赛事所衍生的旅游活动中起着至关重要的作用,而引入的影响力大的国际性大型体育赛事备受顾客青睐,且多为周期性的体育赛事,这一点值得高度重视。反之,如何提高自办的、中小型赛事的社会知名度,如何平衡自办的、中小型的赛事以及引入的、大型的赛事,吸引更多的人群来关注上海举办的相关赛事,吸引其参与到体育旅游中来是当前最值得反思的一个问题。另外,基于问卷调查的深入访谈,发现观看上海自办赛事(如中超足球联赛)的人群中第二次以上观看相同赛事的比率,要明显高于观看引入赛事(国际田联钻石联赛)的游客的比率。一方面,这是因为自办赛事在上海的历史更久,有了固定的关注者;另一方面,观看引入的大型赛事的游客表示,他们观看赛事更多的是被其宣传所吸引,抱着猎奇的心理来观看,所以,在满足其心理之后想吸引第二次来观看就变得困难了。

2. 受众对赛事营销信息的认知:电视与网络两种媒介渠道遥遥领先

"您了解体育赛事的途径有?"这个问题是为了了解体育赛事旅游人群对体育赛事信息的认知渠道情况的。由图 4-6 可知,所有渠道中受调查者主要通过电视了解体育赛事的信息(比例高达 72%),主要因为电视直播是除现场观看外最直接的关注体育赛事的方式,这样会比较直观生动。网络渠道排在第二(比例为 67%),网络的优越性在于它的便捷、时效,它不像电视有固定的直播时间。而报纸、杂志、户外广告这三种传统媒体因其时间和版面的局限性,信息传达效果不及电视和网络,受到新媒体的巨大冲击,因而通过传统纸质媒体及户外实体媒介方式了解到体育赛事信息的参与者明显较少;另一方面,通常会选择传统纸质媒体(如报纸杂志)的人群是中老年人，从本次调查者的年龄层次中可以看出，中老年人群所占的比例较小，这也是旅游者通过传统纸质媒体渠道了解体育赛事频率较小的原因。

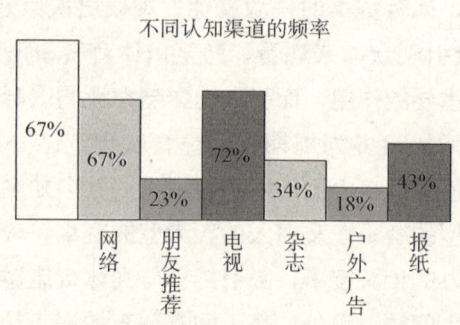

图 4-6　体育赛事旅游人群的认知渠道

朋友推荐的比率相对较低(只有 23% 的比例)。结合现场访谈，受调查者表示他们会和志同道合的朋友一起参与、观看体育赛事，但因为都只在了解赛事之后才会有去观看的想法，所以，在了解体育赛事的途径中朋友推荐这种口耳相传的传播方式比例会相对较小。如今有一种趋势要关注，那就是由于新技术和新媒体的出现，随着建立在朋友圈基础上的社交平台(如微博、微信、QQ、人人网)等社交媒体的迅猛发展，传统的那种必须面对面地口耳相传的推荐方式，已经慢慢地被面向各自社交圈的网络社交媒体所取代，由原来的口耳相传变为网络传播，但其本质仍然与传统口头相传一致，即其本质是传统的以亲友介绍或推荐为特征的人际(口碑)传播在新媒体上的新表现，还是亲友间的一种推荐方式。对这一点的认识应与时俱进。

（四）体育赛事旅游人口的行为特征

1. 赛事时间安排的特征：赛事安排在节假日会更受顾客青睐

影响旅游者旅游消费决策以及成功出行的因素很多，除了经济因素外,时间是一个最基本的约束因素,因此,体育赛事的举办时间是否合理会直接影响其客源的多少。一般而言,节假日(含周末)是很多节事活动,尤其是重要的体育赛事保证现场入座率的最好时间区间。图 4-7 明显显示,有高达 88.2% 的人是利用节假日前往观看体育赛事的,显然,节假日期间人们方有闲心去现场观看体育赛事。可见,赛事的举办时间在观众是否会前来

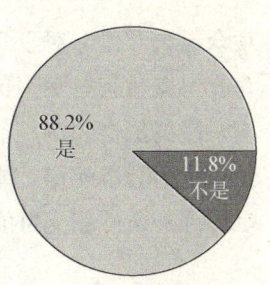

图 4-7 观看体育赛事的时间分布图

观看体育赛事,乃至参与体育旅游起着决定性的作用。目前,许多具有一定吸引力的赛事,如大师杯、世游赛等往往都在工作日召开,而在学业、工作压力如此之大的今天,人们往往会选择弃卒保车,从而大大降低了他们前来现场观看体育赛事。主办方选择节假日作为比赛日期,几乎是一个不用思考并可知的必然因素。因此可以适当地把一些热门赛事的举办时间调至双休日或其他公共假日。

2. 赛事门票的价位特征:大众化票价市场潜力大

经济因素是旅游需求产生的客观条件。一般而言,旅游需求与旅游商品价格之间具有负相关的关系,因此,赛事门票的价格也是影响人们是否愿意前来观看比赛的一大因素。对"体育赛事门票理想价位"的调查结果显示(如图 4-8),对于体育赛事的门票价格大多数游客都觉得越便宜越好,选择 500 元以下的比例达到 64.7%。这是因为价高的赛事门票价格会降低游客的旅游需求。虽然目前的大多比赛都会有不同的票价,但毕竟赛场的观众饱和度有限,并非所有的人都能买到心里能够接受的票价范围内的票。而且,从之前对观众职业的调查中可以看到,大部分

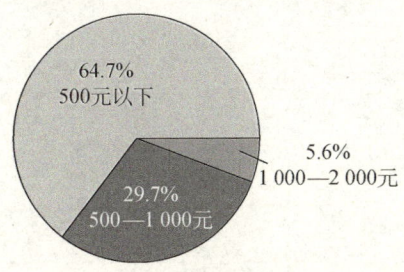

图 4-8 体育赛事门票理想价位区间图

观众是大学生，对于月平均收入在 3 000 元以下的他们，是完全没有能力支付有些赛事的高昂票价的。就拿 F1 世界方程式赛车赛来说，最高价格 3 280 元。总之，经济因素是产生旅游需要和实现旅游需要的基本前提，能够前来上海观看体育赛事的游客都已有了一定的经济条件和支付能力，已经具备了满足其旅游需求的能力。

第五章
节事旅游资源的创意性开发

我国文化资源分布广泛，目前的文化产品也数量众多，但缺少在全球范围内具有较强竞争力的文化精品，常被诟病的是文化大国却不是文化强国。节事旅游产业是节事产业与旅游产业融合发展的结果，也是文化产业的一种新兴的重要类型，其在发展过程中存在的重要问题基本与当前中国文化产业发展的现状相符：我国具有很多历史悠久、内涵丰富的节事文化资源，却没有具有世界影响的节事品牌项目，韩国江陵的端午祭被列为世界非物质文化遗产，而作为发源地的中国的端午节却没有得到世界的认可。究其原因，其中最主要的方面就是我国当前的经济发展方式，无论是物质的制造业经济，还是非物质的文化产业经济，仍以粗放的发展方式为主导。从产业经济发展的角度来看，粗放型的经济发展方式一方面是高投入、高消耗和高成本的，另一方面却是低产出、低质量和低效益的；反之，集约型经济增长方式是一种低投入、低消耗和低成本，同时也是高产出、高质量和高效益的经济增长方式。当前，我国文化产业发展方式总体上还比较粗放，强调依赖资源消耗，往往缺乏增长的可持续性。因此，节事旅游产业作为文化产业，尤其是旅游产业的重要类型，集约化是其发展的必然路径选择。

从节事旅游产业链角度来观察，对节事资源与旅游产业创意融合发展来说，节事旅游资源的开发利用、节事旅游产品的生产和节事旅游产业的整体运营是节事资源与旅游产业创意融合的三个关键环节。其中，节事资源的旅游创意开发是基础，节事旅游产品的专业化生产是核心，节事旅游产业的综合运营是关键。因此，节事旅游产业的集约化发展应该融合在节事旅游资源的创意性开发、节事旅游产品的专业化生产和节事旅游产业的集聚化运营这些重要环节之中。总之，节事旅游产业必须是文化与经济互动，节事与旅游融合，资源与产品并行，产品与产业相连的朝阳产业，是在不断探索和践行资源的创意性开发，产品的专业化生产，产业的集群化运作的新兴业态，兼具规模化与集约化的优势。

本章将重点探讨节事资源的创意开发利用问题，而节事旅游产品的生产和节事旅游产业的整体运营问题将在后面两章分别探讨。

第一节 节事资源的文化本质及其产业化开发的意义

要对节事资源进行旅游产业化的开发利用，首先要对节事资源本身进行深度剖析。因为只有充分认识了节事资源的客观本质、属性特征及客观规律，才有可能对其进行充分、恰当和科学、持续的开发利用，既不浪费资源，又能保护环境，还能最大化地满足人们的精神文化需求。

一、节事与民俗：节事的民俗（文化）本质

（一）节事与人口：节事现象既是人口文化现象，也是人口经济现象

当前，我国学术（尤其是旅游）研究中的"节事"，是"节"与"事"的合成，相当于英语中的"Festival & special event"，通常是对节庆活动和特殊事件活动的统称。节庆注重公共庆典的欢乐本义，而特殊事件活动具有更为广泛的内容，包括各种交易会、博览会及各种文化体育活动等。从人口学的角度看，节事活动是临时性的人口空间（移动）变迁导致的一种综合人口现象，其本质是作为人口（群体）节事旅游者人群的临时性的空间移动产生的一种人口迁移和人口集聚现象。这种由人口的迁移导致的人口集聚现象，主要表现在文化、经济等方面，既是一种人口的文化现象，也是一种人口的经济现象。

1. 节事是一种人口文化现象

现代社会的特点之一是人口的迅速增长和流动人口的剧增。人

口流动的规模日益扩大,方式愈来愈多,次数显著频繁,除了为了基本的生存层次的谋生需要(即物质性需求)的工作性质的流动与迁移,在当今社会更有很多为了提升的享受层次的认知、审美、休闲等需要(精神文化需要)的非工作性质的流动与迁移。其中,人们参加文化节事及旅游休闲等活动就是很大的一部分。若从人口学的角度来看,节事活动是在一定的时(间)空(间)范围内的大量人群的迁移和集聚活动。从根源上分析,导致这些人口的迁移(变动)和集聚的原因,是相关人口群体的共同的(精神)文化需求。因此,从本质上说,节事活动是相关节事人口(群体)为了满足相同的(或相近)的文化需求而产生的文化行为,这属于一种文化现象。若从人口文化的角度看,则属于人口文化中的迁移(变迁)文化①。因为人们参加节事及旅游活动,往往是要离开自己的常住地一段时间后再回到常住地的,若从人口迁移的角度看,则属于不改变常住地点的临时性人口移动。

2. 节事是一种人口经济现象

节事中的人口迁移产生的人口集聚现象不仅是一种文化现象,也是一种经济现象。因为这些人群在参与节事活动的过程中自然会产生各种与个人的日常生活及外出旅行相关的各种消费行为,因此,这也是一种名副其实的经济行为,属于一种经济现象。这种经济行为所引发的各种消费主要集中在交通旅行、饮食住宿、文化体验、休闲购物、游览观光等方面,这又与旅游业的构成非常契合,

---

① 涂途(2005)认为,人口文化是"人口生产创造的精神结晶"。狭义的人口文化是由人口生产直接派生的直属直系的人口文化系列,是人口文化的核心,包括性文化、婚姻文化、生育文化、家庭文化、老龄文化、人口变迁文化、丧葬文化。这些文化因素从多方面长期影响和制约着整个人类自身的生存、繁衍、发展、进化和升华,与物质文化和精神文化相互协调、互补互辅,共同推动和促进人类社会的进步和发展。广义的人口文化是与物质文化和精神文化联姻、嫁接的旁支旁系的分系统和分支,包括各种人口文化的传统、制度、机构、产业等。在人口变迁文化中,狭义的人口变迁只指改变常住地点的人口移动;广义的人口变迁既包括改变常住地点的人口移动,也包括不改变常住地点的临时性移动。(参见:涂途."人口文化"面面观[J].山西师大学报(社会科学版) 2005, 3: 1—7.)

因此，节事（产业）经济往往与旅游（产业）经济紧密地融合在一起，成为一种新型的交叉性的综合经济形态——节事旅游经济，形成一种新的产业形态——节事旅游产业。

综上所述，节事现象是一种由于人口的暂时性的迁移而引发的文化和经济现象，可以称之为节事文化经济现象。因此，可以用文化经济的思维来解剖现代社会的节事现象。同时，因为节事经济与旅游经济的关系密切，还可以用旅游业经营运作的理论和方法来解析这种新的旅游经济现象——节事旅游经济现象及其产业发展的内在逻辑。

（二）民俗与泛民俗

1. 民俗（文化）：本质上是人口文化

作为专门的学术用语，中文"民俗"一词相当于英文"Folklore"一词的意译，由 folk（民间）和 lore（风俗）的意义合体而成，即民间风俗。民俗（民间风俗）是文化，准确地说民俗指的是一个国家或民族中广大民众所创造、享用和传承的生活文化。同时，由于民俗起源于人类社会群体生活的需要，在特定的民族、时代和地域中不断形成、扩步和演变，为民众的日常生活服务①。从人口学的角度看，人类社会群体其实就是一个人口的概念，可见，民俗文化是存在于一定人口群体范围内的文化，其本质就是一种人口文化。具体而言，民俗文化是人口文化在民众的日常生活中的一种表现形式，包括人口文化的三大方面：物质文化、物质性人口文化和精神性人口文化②。

---

① 钟敬文. 民俗学概论［M］. 上海文艺出版社，2009，9：1—2.
② 萧君和撰写的《论人口文化与人口文艺》一书强调，作为"人类在社会实践过程所获得的生产能力和创造的财富的总和"的文化，就是由与人类生产三大基本形式（物质生产、物质性人口生产、精神生产）紧相关联的三大部分构成的：（1）作为物质生产能力和创造的物质财富的总和的物质文化；（2）作为物质性人口生产能力和创造的人口财富的总和的物质性人口文化；（3）作为精神生产力和创造的精神财富的总和的精神文化（含精神性人口文化）。（参见：萧君和. 论人口文化与人口文艺［M］. 哈尔滨：黑龙江教育出版社，2003：4.）

2. 民俗文化系统

现代社会的节事文化属于民俗文化,因此,要对节事文化系统进行分析,这可基于系统论视角按照"民俗系统"的逻辑框架进行分析。现代社会的民俗文化是一个有其自身内部结构规范的系统,在这个系统内,文化生态是民俗文化的依存载体,它影响着民俗的另外三个实体,即民俗文化的行为主体(俗民)、民俗文化的表现客体(习俗)和民俗文化的运作介体(使现代民俗得以顺利传播扩布的各种民间及官方机构),它们之间的相互作用决定着现代社会民俗的生存及发展变迁(参见图 5-1)。

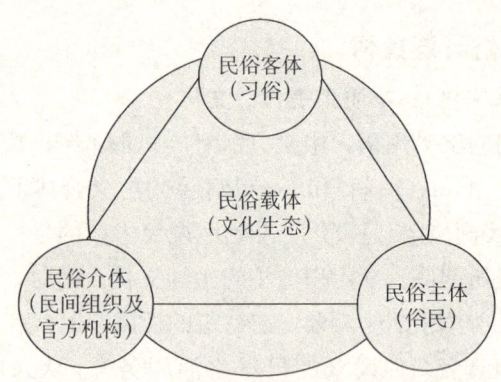

图 5-1 现代社会的民俗系统(结构)图

(1)依存载体——背景:文化生态。

文化生态环境作为民俗文化的载体,是现代社会各种民俗事象赖以生存的基础,是民俗文化系统发展与演变的最终根源,其改变必将导致民俗(文化)的主体(俗民)、客体(习俗)及介体(各种组织机构)等的连锁改变。现代社会的一个最大特点就是工业化、城市化,由此导致民俗的文化生态环境的基地发生了巨大转变,即民俗不再以农村为根据地,而是慢慢发展成为以城市为依托基地。在以工业化、城市化为特征的现代社会背景下,传统民俗赖以生存的文化生态环境发生了巨变,民俗文化的主体及民俗文化的客体(习俗本身)等都大不同于从前(具体见下文分析)。

(2) 行为主体——俗民。

人是一切社会文化事象的核心，民俗事象就是围绕着人这一核心展开的。人民大众作为民俗的(行为)主体，是各种民俗事象的具体践行者。俗民是民俗文化系统发展与演变的直接驱动力，俗民群体的发展变化将直接影响整个民俗(文化)系统的改变。

现代社会的一个最大特点就是工业化、城市化，由此导致俗民的身份也实现从"农民"到"市民"身份的逐渐转变。市民社会最大的特点就是独立意识增强，人际关系淡化。邻里居民们在保持独立与距离的基础上各自相敬如宾，互不干扰，人们不太会侵扰别人，但也绝不会太亲近，甚至有时邻居做了几年还互不认识，传统农业社会那种守望相助、邻里大家庭的氛围环境已一去不复返。如今，城市社区的民众之间直接的日常联系和沟通日益减少，民众之间的热情与互助已经被道貌岸然的商业规则、冷漠无情的法制意识和冠冕堂皇的公共秩序瓦解得踪迹难觅，当个人或家庭需要日常帮忙时，主要求助的不是邻居和亲友，而是物业、居委、街道或110(公安报警)、119(火警)、120(医疗急救)等相对疏远的社会组织和机构。由此导致民间社会的凝聚力、向心力急剧下降，传统民俗的运行失去了其赖以生存和发展的核心支点，于是，商业组织、媒体机构、政府部门及相关社会机构团体成了维系现代民俗(文化)生存与发展的中坚力量。

(3) 运作介体——组织机构。

因为上述原因，现代社会中民俗文化的主体，除了民俗文化基本的行为(实践的)主体——俗民外，还增加了社会机构这一负责组织运行的主体——本书将其称为运作介体，其实，它是现代民俗文化的一个新主体，与俗民共同构成了现代民俗文化体系的主体，这也是现代民俗(文化)区别于传统民俗(文化)主要的不同点之一。例如，现代的节庆民俗往往是在商家和媒体的大力推动下，节日还未到来就营造出节日气氛，以刺激忙碌的民众过节的神经，诱发他们的节日用品购买欲望，巩固并循着商家及各种社会组织等背后推手事先设计好的流程来完成过节步骤，让俗民们在过节过程中无形地满足商家、媒体、官方及相关社会组织机构的利益诉求。在2014年春节期间下的第一场雪期间，因为韩剧《来自星星的你》的热播，剧情中关于初雪要吃炸鸡和啤酒的场景引发了很多韩剧迷的情侣们在这一天纷纷吃炸鸡喝啤酒，这为一部分中国人过春节的风俗增添了一些新的元素，也为很多卖炸鸡的店铺带来火红的生意。可见，这时的民间大众（俗民）其实已成为以（节事）民俗消费者的身份出现的民俗的被动（行为）主体，以商家为代表的各种组织机构反而成了主导现代（节事）民俗文化的真正主体，主导着节事民俗的内容——节事文化的客体，同时主导着节事民俗的行为者——节事文化的主体。长期以来，如此这般的发展态势在民俗的行为主体方面，形成了"强势机构弱势民间"的局面，养成习惯性的"机构依赖症"，民众的主体地位不断地遭到挑战和被迫让位，甚至沦落为被动的民俗消费者，将民俗的生产者角色轻易地让贤于各种社会机构。

（4）表现客体——多种形式的具体习俗。

在习俗惯制的作用下，民俗的主体（俗民）通过物质、行为或语言等形式表现出来的具体习俗（风俗）是民俗的表现客体。比如情人节，情侣们（俗民）的节日习俗表现为物质、行为及语言等多种形式的综合：互相馈赠的巧克力或鲜花及其他表情信物——物质习俗；与情侣共进烛光晚餐或参加派对等活动——行为习俗；说表达爱慕之情的节日话语——语言习俗。

我国传统的习俗是农耕文明的产物，重视协调天人关系与家庭关系，在现代社会，人们的消费方式、生存观念和生活态度都发生了根本性变化，因而现代社会的民俗体系不再仅仅是传统的民俗事象，更多的是以泛民俗为代表的，适应现代社会环境的新（型）民俗，即使是传统民俗，也有很多变革与发展，甚至还融入了很多现代元素。以节庆民俗为例，如今的传统节日民俗已不再是人们生产与生活的时间坐标，人们对传统节日更多的是精神留恋与文化欣赏，享受传统节日是对生活的调节与丰富，而不是生活之必需。当今各种人造节事活动(如网络商家炮制的"光棍节")、外来洋节等也在不断地成为国人特别是年轻人群所钟爱的节日民俗。同时，我们应该注意到，照这样下去，我国传统节日中优秀的文化基因将有失传的危险，民族文化将面临"断层"的危险。

3. 现代社会的民俗（文化）类型：基于民俗的文化生态背景的不同

现代社会背景下的民俗系统，从民俗事象赖以生存与发展的文化生态背景来看，是一个由基于传统社会的文化生态环境的纯传统民俗和基于现代社会的文化生态环境的(现代)泛民俗两大子系统构成的系统，其中，泛民俗又可以分为经过现代变异与创新的传统民俗(或称之为过渡民俗)以及全新的现代民俗(或称之为新民俗)(具体内部分类情况参见表5-1)。

表5-1　现代社会背景下的民俗系统分类表

	子系统类别		诠释或举例	地位与影响	文化生态	特征
民俗系统	纯传统民俗		保持纯粹的传统文化特征的民俗	被原汁原味保留的原住民的传统节庆习俗	现代民俗系统的边缘与衬托	基于传统社会的文化生态环境	原始性；传统性
	泛民俗	经过现代变异与创新的传统民俗	经发展演变的春节、七夕等传统节庆民俗	纯传统民俗与全新的现代民俗的过渡	基于现代社会的文化生态环境	活态性；现代性
		全新的现代民俗（新民俗）	现代各类文化节、大型赛事及庆典，以及外来洋节等	现代民俗系统的主流与核心		

4. 泛民俗

民俗是流动的，民俗学科也应该是发展变化的。民俗文化的形成过程不仅是一个不断累积的过程，更是一个不断更新、替代的过程。所谓的传统民俗只是一个相对概念，民俗事象总是处于不断变化发展中①。美国民俗学家阿兰·邓迪斯（Alan Dundes，1977）曾在《谁是民俗之"民"》一文中说："随着新群体的出现，新民俗也应运而生。"新群体、新社会关系、新生产力、新文化等都是新民俗产生的原因②。综上所述，本书认为，所谓"泛民俗"，就是基于人们生活与生存的现代社会的文化生态环境的各类民俗事象的综合，具有活态性、现实性（变革性与创新性）等特征。

（1）活态性。

民俗是"在特定的民族、时代和地域中不断形成、扩布和演变"的，所以，民俗不是一成不变的"死水"，而是活态的，具有活态性本质特征，具体体现为动态性、变化性和时代性等特点。不同的时代、民族或地域的民俗是不尽相同的，甚至同一民俗现象（或活动），也会随着时代、地域或民族的变化而发生演变，而且在一定社会条件下还会诞生新的民俗。现代"泛民俗"概念的提出，很好地契合了民俗的活态性本质。

随着与传统民俗学相对的"都市民俗学（Urban folklore）"于20世纪60年代在英、美国家产生后，美国民俗学者邓迪斯相继提出了"泛民俗"和"泛民俗学"的概念。其根本在于唤醒人们，尤其是民俗学者们要关注民俗的泛文化现象，关注与民俗紧密相关的现实社会生活，不要只把民俗研究的关注点停留在"古老的"民俗，弃"新"专"旧"，而应该循旧拓新，将鲜活生动的社会生活（文化）事象纳入民俗学研究的视野。

（2）现代性

民俗是人们现实生活的反映。同样，泛民俗也具有这样的文化特点，因此，它与人们的现实生活密切相关，在表现现代社会的人们超前的生活观念和生活现象方面，尤为如此③。基于这一点，本

---

① 毕旭玲. 流动的日常生活——"新民俗"、"泛民俗"和"伪民俗"的关系及其循环过程 [J]. 学术月刊，2011，6：102.
② 同上书，103.
③ 徐华龙：泛民俗研究与学科的建设——当代民俗学发展趋势 [J]. 浙江学刊，2002，（3）：134.

书认为,"泛民俗"与纯传统民俗对比的最大特征就是现代性,即"泛民俗"是反映现代社会的人们的现实生活的民俗事象的总和,与纯粹的传统民俗(纯传统民俗)在内在逻辑与外在表现(形式)上有许多不同的新型特征。

泛民俗与纯传统民俗内在逻辑的不同,主要表现为两方面:一是价值实用性,即改变了传统民俗的运行轨迹,促使人们心甘情愿地继承与传习,它的动力不再仅仅是传统意义上的世代相传的历史惯性,而更强调对现实人群的实用价值;二是意识发展性,改变了传统民俗原来的意识,不再是传统民俗主体——俗民认为该如何就如何,而是现代俗民群体们觉得应该如何就如何。

泛民俗与传统民俗在表现(形式)上有很多不同①,最大的两点就是异化与创新。异化就是异化了的"传统民俗";创新指泛民俗不仅翻版旧民俗,也有自己的新特点、新面貌。这些不同点是基于二者的紧密联系这一坚实基础的,否则,无法进行不同点的比较。泛民俗是与传统民俗有关的行为和思想,它表现为既有原来民俗的文化特征,又有新的时代印记。正是这种新旧文化的交汇,形成了泛民俗的基本架构②。因此,泛民俗具有三大特点:对原生态的(传统)民俗的克隆;对现代文化的融入;基于现代生活背景的创造③。从(对传统民俗的)克隆到(对现代文化的)融入,再到(对现代生活文化的)创造与创新,是一个逐步深入,循序渐进的过程。这也正好深刻地揭示了现代泛民俗形成的内在机制:克隆—融入—创新。

(三) 节事与民俗

1. 节事本质上是一种民俗文化现象

在泛民俗的理念指导下,现代节事体系(包含现代节事与传统

---

① 陶思炎. 中国都市民俗学 [M]. 东南大学出版社, 2004.10: 191.
② 徐华龙: 泛民俗研究与学科的建设——当代民俗学发展趋势 [J]. 浙江学刊, 2002(3): 131.
③ 同上书, 133—134.

节庆，下文中统一简称为节事）是现代民俗文化的重要类型，具有民俗文化的属性特征和功能，本质上是一种民俗文化现象。

首先，民俗（文化）的集体性、传承性与扩布性、稳定性与变异性、规范性与服务性等基本特征①，无论是传统节庆还是现代节事，都表现得非常明显，可见节事具备了民俗（文化）的基本属性。

其次，民俗一旦形成，就成为规范人们的行为、语言和心理的一种基本力量，同时也是民众习得、传承和积累文化创造成果的一种重要方式②。在现代社会，无论是传统节庆还是现代节事，都能很好地规范其对象群体——民间大众的言行举止，影响社会的思想观念，还能调节身心，增进认知学习，并可利用节事活动的机会进行宣传教育等。可见，参加节事活动（包括传统节庆和现代节事）仍是民间大众满足精神需求、调节身心、休闲娱乐、拓展社交和学习视野的重要方式，是现代民众重要的民俗文化生活内容。

由此可见，节事现象是现代社会中的民俗文化现象，其中的现代节事（活动）是一种产生于现代社会背景下的泛民俗（即现代新民俗），流传继承下来的传统节庆则属于流动与变迁于现代社会中的传统民俗。

2. 现代节事与传统节庆共同构成了现代节事（民俗）体系

从文化的内部结构来看，民俗文化包括物质民俗、精神民俗、行为（制度）民俗及语言民俗等类型因子，并且大多民俗（文化）事象都是这些因子的融合与统一。节事作为民俗文化的一种类型，主要由传统节庆民俗与现代节事民俗共同构成。

传统岁时节庆，是一种典型的以行为文化为核心特征的民俗（文化）类型，也是物质、精神、行为和制度以及语言等各种民俗因子的融合与统一。随着社会的发展变迁，为了适应现代生活的需要，除了传统的岁时节日，还有一些在某种历史背景下形成的纪念

---

① 钟敬文. 民俗学概论［M］. 上海文艺出版社，2009.9：11—26.
② 同上书，2.

日,以及各种社会(公共)活动日(如各种名人纪念日、各种文化旅游节、体育赛事、博览观展、文娱演出等特殊事件的举办日),因为它们有着各自特定的活动内容,在现实生活中对其活动的参与者们,发挥着身心调节、规范世道等①民俗的重要功能,扮演着民间风俗的角色,俨然已成为当代的节事民俗,是现代泛民俗的"活态"表现。可见,现代节事与传统节庆共同构成了现代节事体系,是现代民俗文化大家族中的重要成员。

3. 民俗文化系统视角下的节事(民俗)文化系统

根据民俗文化系统,对应地节事(民俗)文化系统也由四个要素构成(参见图5-2):(1)节事民俗的载体——当地的文化生态环境,节事民俗的载体包括地脉、文脉及其文化精髓,它是节事孕育、产生、发展、演变及消亡的土壤。(2)节事民俗的客体,是节事生存与发展演变的基础,它是节事资源的主要内容。(3)节事民

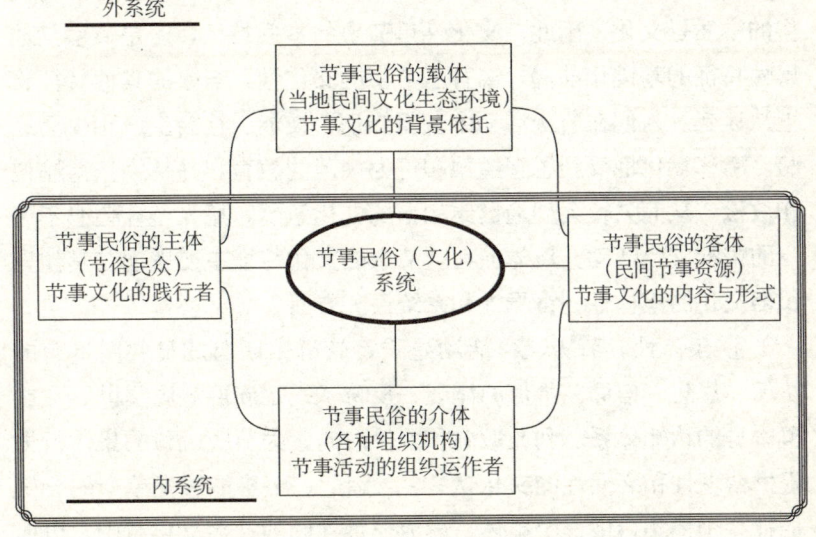

图 5-2　节事民俗(文化)系统图

---

① 仲富兰. 中国民俗文化学导论(修订本)[M]. 上海:上海辞书出版社,2007,(7):155,166.

俗的主体——节俗民众(俗民)，节俗民众由社会民众构成，节事本来就代表他们生活方式的一部分，一切节事都是因他们而存在、演变和消亡。他们是节事的最终依靠的主体力量，也是具体的节事文化的践行者。(4)节事民俗的介体，即作为节事运作者的各种社会机构。在民间大众的凝聚力日益减弱的背景下，企业、媒体、政府及相关组织机构是现代社会的重大节事活动的组织者和运作者，更是节事民俗(文化)的生存、传承、发展演变及创新的主导者。

4. 作为（泛）民俗文化的节事的特征

从泛民俗文化的角度来看，现代社会的节事(民俗)具有文化性、活动性与(动态)变化性等特征。

（1）文化性。

"节庆活动首先是一种文化活动，具有认识、传播、教育、审美和娱乐功能。"[1] 节事是现代民俗体系的重要类型和内容，而民俗的本质是文化，因此，文化性是节事的本质特征，这是节事其他属性特征的基础和前提，离开了节事的文化性，节事的其他特征将无从谈起。人们在节庆活动中获得知识、技能、社会生产和生活经验，潜移默化地受到思想道德和行为规范的教育，并从中获得愉悦和放松，从而为社会创造健康和谐的文化氛围，是人类社会必不可少的精神文化活动。具体而言，节事的文化特征主要表现在其作为民俗文化的集体性、符号性和系统性三方面。

① 集体性。节庆(事)活动是一定族群中所有成员共同具有的认识、思想、信仰、价值的体现，反映了一定族群对周围世界及族群本身的认知体系、利益取向和价值取向，为节庆(事)的集体行为提供合理性和必要性的文化认知[2]。因此，节事能够把单个的分散的社会个体集合成一个集体，形成一种共同的社会文化氛围，进而

---

[1] 范建华. 论节庆文化与节庆产业 [J]. 学术探索, 2011, (2): 100.
[2] 同上.

演化成一种族群认同和文化认同,使社会成员中的个体获得文化归属感①。这就是节事的集体性的具体表现。可见,节事民俗作用的对象不是零散的个人或几个人,而是某一群体、区域、民族甚至是国家的民众,我们将之称为节事民俗的行为主体——俗民。

② 符号性。文化的一个重要特征是符号性,任何民俗都是标示其作用的对象群体的文化符号,只有通过相同的文化符号(可以是物质的、行为的、语言的及精神观念的)的连接,如使用(或消费)同样的器物,说同样的话语,信仰共同的理念,参加同样的集体性活动,甚至崇拜同样的图腾等,才能通过符号化的象征使得人们认识到自己归宿集体,实现文化认同,并进一步加强内在的凝聚力,进而构筑属于自己的社会和文化活动圈。

③ 系统性。如前所述,节事民俗是一个完整的系统,在这个系统中,行为主体、表现客体、运行介体依托于社会文化生态环境这一载体实现融合与统一。

(2) 活动性。

节庆活动从远古到现在以至未来都是人们进行生产生活、寄托精神、表达欢乐、沟通天地人神的理想化活动②。综观任何民俗节事,与之形影不离的是各种活动的开展,节庆事件的具体内容一般都是一系列的活动项目按照一定的时间序列组合而成的。可见,活动是节事的伴生物,活动性是节事(民俗)的另一个重要属性,有时我们甚至直接将"节事"表述为"节事活动"就是很好的例证。具体而言,节事活动又具有三个鲜明的特征:非日常性、变化性与(注意力)集聚性。

首先,作为节事(内容成分)的活动,其具有区别于日常性活动的一个基本特点,那就是非日常性。也就是说,与日常事务性的活动相比,节事活动的基本特点是非日常性,甚至有时我们将节事活

---

① 范建华. 论节庆文化与节庆产业 [J]. 学术探索,2011,(2):90—100.
② 同上书,99—100.

动称为"非日常性(的)活动"①。这一点在本书的第一章介绍得很清楚，可以具体参考，这里不赘述。

其次，基于节事活动的非日常性特征，节事活动还具有强大的注意力聚焦性特征，这是从注意力经济的视角来分析的结果。因为对活动组织者来说，节事活动是赞助商或组织机构举办的非常规性的一次性或不经常发生的活动，对活动参观者来说，"节事活动是为人们提供的非正常选择范围内的或非日常经历的娱乐、社交或文化经历的机会"②，所以，节事活动的举办，无论是对于其参与者，还是相关商业机构、媒体机构，都具有潜在的利用价值，会引起各方利益群体的关注，从而具有巨大的注意力引爆性。这也为节事（产业）的注意力集聚提供了基础，进而为节事的"人口—产业"的双重集聚，实现节事产业的集聚、互动及融合效应奠定了基础。

（3）（动态）变化性。

正如民俗文化的动态变化一样，节事也始终处于一个发展和变迁之中，是一个历史的范畴。当代节事文化的变迁反映了人们在新的社会生存环境里与新的时代氛围下对当地族群的节事文化作出的新阐释，也是族群的传统文化为适应新的现实生活而作出的积极回应③。节事文化的动态变化性，在当下主要表现为：一是参与者群体的变化。传统的节庆活动是当地的原住民日常生活的重要组成部分，因此，在以前基本上都是以当地人为参与主体的，如今除了当地的社区居民，为了带动当地的经济发展，还会引来更多的外来旅游者，甚至成为参加者的主流人群。二是节事内容及形式的变化

---

① 节事活动一般是指非日常性的活动，"对活动组织者来说，节事活动是赞助商或组织机构举办的非常规性的一次性或不经常发生的活动，对活动参观者来说，节事活动是为人们提供的非正常选择范围内的或非日常经历的娱乐、社交或文化经历的机会"（Getz, D.1997：4—16）。

② Getz, D. Event Management & Event Tourism [M]. New York: Cognizant Communication Corporation.1997：4—16.

③ 范建华. 论节庆文化与节庆产业 [J]. 学术探索. 2011, (2)：99—100.

及创新。从传统的节庆来看,为了适应现代社会的发展变化,基于原生文化背景的节庆节日的内容及其形式都在不断地发展演变。一方面,很多传统节庆项目及仪式、程序等不断地被调整或增减;另一方面,很多新的节事及活动层出不穷,如各种各样的现代化的旅游节、文化节、赛事活动、博览会等不断涌现。

二、节事资源的文化分析

市场经济背景下资源是被人们极其重视的。拥有了资源,就意味着具备了在市场中竞争和发展的基础,于是,无论是直观性的物质资源,还是含蓄型的非物质资源,都被最大化地开发利用。因此,节事(活动)也被各级政府、各类商家等视为一类(文化)资源,从各个角度、各个层面进行大肆开发利用(如各国都极力争办奥运会、世博会等世界级的重大节事活动;各地都想方设法推出各类节日、庆典及各类大型活动以推动节假日经济的发展)。

(一) 节事资源本质上是民俗(文化)资源

虽然目前节事已蔚然成为一种资源并不断地被开发和利用,但对节事资源的公认的定义目前尚未形成。本书认为,节事资源是指凝结在节事(民俗)系统中能被人类当成资源而被开发利用的各方面要素的组合,是物质资源与非物质性资源的综合。从本质上看,节事资源是一种文化资源,具有自身的特征与价值功能。这是因为节事是现代民俗文化的重要类型,因此,节事资源本质上是一种民俗(文化)资源。这里要进一步说明的是,说节事资源的本质是文化资源,是说节事资源这一庞大的谱系(见下文分析)中是以文化资源为核心和基本构成要素的,并不是说其中没有任何自然资源的成分要素,有些与节事文化相关的自然物品,由于是节事(民俗)文化系统中的构成要素,也可以成为节事文化资源的成分。如端午节被插在各家门上的艾叶、菖蒲等纯自然作物,由于在端午节这个特定的日期具备了去虫病、驱不祥等特定的文化象征意义,而成为端午节的重要文化习俗,并被很多人当作一种资源不断地进行开发利用,甚至形成了专门种植、贩卖菖蒲和艾叶的产业链。

(二) 节事资源的特征

文化资源具有无形性、传承性、稳定性、共享性、持久性、效能性、递增性等特征。文化资源对人类社会的发展起着方向性、支撑力、凝聚力、推动力的作用①。作为一种文化资源,节事资源除了具有文化资源的一般特征外,还具有节事自身的特点,如符号性、精神性、再生性、稳定性、群体性、多层次性、时效性、长远性等特征,呈现出一个特征体系的融合,在以下几方面的表现尤为突出。

1. 多元性与整体性的结合

因为文化的内部结构是一个完整的多元素系统,具有多元性,是由物质文化、行为(及制度规范)文化和精神文化等多层结构构成的,缺一不可,缺少其中任何一方,都不能完整地诠释某一文化事象的深刻内涵。节事作为一种文化资源类型,当然也具有多元性特征,且表现得更加明显。节事资源的多元性,指的是作为一种资源类型的节事,其资源的形态既有物质属性的,也有行为(及制度)、语言或精神心理等非物质属性的表现形式,是多元属性的统一。

基于节事资源的多元性,节事资源的整体性指的是,节事资源是其物质和非物质的多元属性表现形式的整合与合体。这一特点对节事(文化)资源的开发与利用尤其具有指导意义。从开发利用的角度来看,节事资源开发的最大特点就是整体性,节事资源往往是从物质、行为和精神等方面被综合开发和利用的。如我们对传统元宵节资源的开发与利用,一般要从物质、行为(制度)及精神等方面进行,从碗里吃的元宵、门口挂的灯笼到闹元宵用的器具(物质文化元素),再到舞狮舞龙等闹元宵活动及其内部规范流程(行为文化元

---

① 吴圣刚. 文化资源及其利用 [J]. 山西师大学报(社会科学版),2005,12(6):128—130.

素),甚至包括对人的祝福寒暄和自我内心的祈祷许愿(语言及精神文化元素)等就是通过多元文化结构的整合,表达祈福纳祥、娱乐身心等节日主题,以调节民众的生活和生产。物质、精神及行为制度等结构元素缺一不可,只有它们的综合方可完整地表达节日的内涵,任何单一的结构元素都难以实现。

2. 符号性与象征性的融合

节事资源具有符号性,是一种符号(文化)资源,并自然融合了象征性(象征意义)的运用。

一般而言,被传承下来的节事活动都是基于某一区域的环境条件,历经长期的发展演化而逐步沉淀下来并稳定成型的,因此,知名的节事(活动)往往是一地的符号标示,具有符号性,有的还成为当地的"标志性节事活动",使人一提到某某节事就想到某某地方。如德国慕尼黑的啤酒节、西班牙潘普洛拉市的奔牛节、巴西里约热内卢的狂欢节、苏格兰爱丁堡的文化节、美国的NBA球赛(NBA的全称为National Basketball Association,即美国篮球职业联盟)和我国汉族的春节、傣族的泼水节、青岛的啤酒节、大连的服装节、新疆吐鲁番葡萄节及江苏盱眙龙虾节等。

基于节事的符号性,某一节事往往也凝聚着某地的独特个性与鲜明特色,具有对当地的象征隐喻功能,象征性非常突出。从上述例举的世界各地的知名节事品牌也能很容易地看出,这些节庆的所致具体内容,要么就是当地的独特物产,要么就是当地的特色风情或文化现象,使人一听到或看到该节事的名称,不仅可以轻松知道并记住是什么地方,更能让人印象深刻地了解该地的独特个性(物产、文化或风情等)。这对地方(或城市)的品牌形象塑造与传播具有非常重要的指导意义。有一个非常明显的靠节事营销出名的地方——江苏的盱眙借助于龙虾节,不仅让其物产龙虾风靡于全国,更让人知道了这个以前根本不起眼的苏北经济穷县,而且县份名字也很生僻难认的地方,不仅弥补了前人取名不当带来的不良后果,并且伴随着龙虾这一物产带来的还有长长的龙虾产业链(从养殖、加工、烹饪到销售)和整个盱眙经济的升级发展(从龙虾养殖业、加工、零售、营销、餐饮美食到龙虾产品的品牌升级,再到影视文化、旅游观光等产业优化升级)①。

3. 独有性与共享性的统一

如上文所述,某一节事之所以能成为某地的符号象征,是因为其凝聚着某地的独特个性与鲜明特色,代表着某地拥有的特色资源和优势,并且是当地所独有的,甚至有时是其他任何地方具有的同类资源所无法比拟的,因此,节事资源对于其所在地(准确地说,应该是节事资源依托的环境所在的地域,而不能称之为所属地)来说,独有性明显,比较优势突出。这为一地的节事资源开发提供了好的基础,但是否有了好的节事文化资源就能很好地开发和利用呢?未必,关键要靠当地对节事文化资源的创新性挖掘和开发生产的能力,因为节事文化还有一个特征——共享性。

节事文化资源的共享性,即指某地的节事资源是全人类所共同拥有的,是全人类共同的遗产与财富,虽然它依附于某个地方环境而存在,是这个地方所独具的特色,但并不是某个地域的人所能独享的,特别是那些人类遗产资源,一般而言其所有权也是共有的。这也就意味着,对于独特节事(文化)资源,所属地(即当地)可以进行利用与开发,但并不能阻碍别地的人进行开发利用。这就是节事文化资源开发利用的共享性原则,这也是文化资源开发的共同特征和准则,对全国人一样公平,对全球人也一样公平。如美国人就曾利用中国的花木兰历史故事这一文化资源开发了《花木兰》影视作品,还依托中国武术的遗产文化和熊猫的品牌文化推出《功夫熊猫》娱乐作品,并且被他们注册了品牌,而我们无话可说,甘拜下风。

(三)节事资源的价值功能

从资源利用与开发的角度来看,节事作为一种资源的价值功能

---

① http://www.ahnw.gov.cn/2006nwkx/html/201006/% 7BE79A8EE7-9F52-4918-BBE8-2BA9773FB56E% 7D.shtml,2013 年 8 月 3 日访问。

体系可从节事涉及的主要利益相关者来分析。

1. 对于节事的参与主体

（1）满足民众的精神文化需求。

精神需求与物质需求一样，是人的基本需求，是较高层次的需求。随着物质生产与消费水平的不断提高，日益增长的精神文化需求是今后我国人民群众越来越重要的需求，而当前落后精神文化生产能力与人民群众日益增长和提升的精神文化需求之间的矛盾，也将成为今后一段时期内我国社会的重要矛盾之一。节事（民俗）作为表现文化的一种重要载体形态，能从社会文化交往、休闲娱乐身心等方面满足人们的精神文化需求。

一是社会文化交往需求的满足。因为人类是群居性动物，社会交往（即社交）是人类的基本精神文化需求，这是人们对爱与归属的向往的具体表现。参加节事（文化）活动是人们进行社会交往活动的一种重要方式，通过节事活动的参与，既可以维持、深化与旧识的情感与关系，也可以结识新的人群，拓展人际交往的范围，不仅能够满足传递信息、情感交流及获得认同及尊重的需求，有时还能为个人的事业发展获得新的力量。

二是娱乐休闲需求的满足。人类社会的最终目标是要达到全人类所有成员的共同幸福，可以说"幸福"是每个人的人生追求的终极目标。由于我们生存的外部环境的各种资源的有限性，导致人们为了追求幸福的生活而必须努力工作，并作间隔性的休闲调整，以期让往后的工作与生活能更好地持续下去。因而，现实中的每一个人，都必须在"幸福生活"的目标指引下，协调工作与休闲（及娱乐）的关系。一般而言，随着社会科技与经济发展水平的提升，为了能更好地享受到有品质的"幸福生活"，人们都会倾向于缩短工作的时间，以增加休闲娱乐的时间。其中，除了日常性的休闲（如看影视剧、打网络游戏等），利用节假日参加具有特色的节事文化及旅游活动来娱乐身心、调节生活，已成为现代社会人们休闲娱乐的重要方式。

（2）调节民众的社会行为。

人的存在与发展是以其所处的社会的存在与秩序的正常运行为前提的，因此，人们的行为从某种意义上说，是受社会群体的规范制约的行为，并不是绝对自由和无拘无束的。节事就是在明确的身份认同的基础上，调节民众适应群体性社会行为的一种有效方式，主要表现在对作为节俗文化观念的信仰者——俗民之间的身份认同，及其行为的规范和社会凝聚等方面的功能。

一是身份认同。身份认同是节俗的基础功能。作为习俗的节事文化，俗民们总是以一些共同的文化观念的认同及信仰为前提，并以参加共同的文化活动以及遵循共同的行为规范来调节自身的行为举止，以形成身份认同的机制。因此，对现代社会中的个体而言，承认共同的节日或事件，并参与共同认可的节庆活动，是文化身份认同的载体，已成为不可替代的（文化）身份的表达符号。例如，春节是传统节庆，它已成为全球华人文化身份认同的符号标志，不管是否在中国国土，只要到了一定的时间，俗民们都会按照春节的习俗行事并参与各项活动。还有各种现代节事现象，如年轻人喜欢的明星演唱会，很多人不远千里来到演唱会现场，不仅是为了看表演，可能更多是为了找到有共同信仰目标的群体，融入以"粉丝"为表现形式的文化共同体（或可称为"文化族群"）中，以表达自己对心目中的明星的仰慕之情。如此一来，对共同的认同目标的认知及其行为表达，就成了不可忽视的（文化）身份标识。只要是具有这种身份标识的人，一般会潜意识地认为是群内人（或圈内人），容易被认同和接受，反之，则容易被排挤在群体之外。

二是行为规范。节事中所涉及的各种活动中，参与的人群只有遵循一定的规范制度，才可有序进行，从中各取其需。因此，从这个角度看，节事具有规范人们行为的功能，并且还是很多美好的传统行为规范得以保留与传承的途径之一，如通过中秋节、春节等传统节日，把注重家人团聚、尊敬先祖等传统的行为理念及行为规范得以保留与传承。

三是社会凝聚。社会的主体是由大量的人(口)构成的,从某种角度上看,社会的凝聚就是人口的凝聚。通过民俗活动尤其是节事活动,就可以将那些平时看起来散乱的,但是有共同的文化观念信仰,并遵循共同行为规范的"乌合之众"凝聚起来,这是文化的力量,或者可称为文化软实力。从中不难看出节事的(社会)凝聚功能,特别在全球化的今天,在文化日渐夷平,文化身份日渐模糊的趋势下,"地方—区域—全球""个体—群体—族群"要形成文化自觉①,形成社会凝聚力,对共同的节事系统的认知和行为实践就是不可忽略的纽带与桥梁。因此,某一民族、地域或社会团体,往往经常通过形成一些周期性的节事(民俗文化)活动,来维系与巩固成员之间的关系,并进一步增强同一民族、地域或群体成员之间的凝聚力。

2. 对于节事的运行主体

(1)促进各种节事活动的运行机构(组织)的发展与完善。

现代社会背景下的节事活动区别于传统社会的主要特征之一,就是节事活动运行的主体更主要依靠政府部门、商家、媒体及各类社会组织机构,从策划、筹办、营销、组织运作到现场管理及后续评估等都是由这些机构来完成,而非依靠(分散的)普通民众。因此,就出现了专门的节事运行的机构主体,同时通过组织运作各类节事活动,这些机构可获得进一步的发展和完善。

(2)提升节事运作机构的经营运作水平。

一是创新文化产品。通过节事资源的开发与产业化运作,可激发当地的文化创新发展,促进当地文化产业对文化产品的创新,将更多的文化资源整合到节事文化产品中来,如今,各地如火如荼的节事旅游的发展就是生动的例证。

二是丰富文化市场。将节事资源开发成各种文化产品,可丰富文化市场的供给,满足民众丰富多元的文化需求,如节事(文化)旅

---

① 吴芙蓉. 节日旅游语境下民间表演艺术的再利用——以南京传统节俗表演艺术为例 [J]. 艺术百家,2010,8(6):60.

游产品业已成为文化市场上的新宠。

三是满足多元利益诉求。相关运作机构围绕着某一次节事，从各自利益诉求出发构成利益相关者集群，可从运行中获得各方利益，企业主要看中经济效益，政府主要针对社会及政治效益，民众要的则主要是文化效益，活动举办的当地社区追求的是综合性的效益。

3. 对于节事依托的当地社会

（1）促进地方文化的传承与交流。

通过让人们参与节事活动，尤其是传统节事活动来进行文化的传承与传播是现实的路径之一。在节事活动中，人们既可以通过静态的展示，也可以通过动态的表演来促进各地的文化（遗产）保护与传承。同时，节事不仅可促进各地的文化传承，甚至通过对异地文化的借鉴，还可激发当地的文化交流与创新发展，与世界进行很好的跨文化交流，促进当地文化产品的创新，甚至促进各地文化的大发展大繁荣。

（2）促进当地资源的整合与开发。

在当今我国大力推进文化大发展大繁荣的背景下，节事活动的举办还能促进资源的开发与利用，这主要表现在两方面：一是利用节事这一平台整合各种资源的开发与利用，即发挥节事对其他资源的整合功能；二是节事本身作为一种（文化）资源被开发与利用。

① 节事对其他资源的整合。具体是指相关利益主体利用节事这一统一的平台载体，来整合各种内容资源（尤其是文化资源），使得资源的功能发挥效益最大化。如今，很多地方政府就是利用举办节事的注意力集聚效应，来整合当地的各种资源，以举办旅游节、文化节、展览会等形式，促进当地的目的地形象的塑造以及（特色）产品的营销推广。

② 节事本身作为资源的开发。具体是指丰富多彩的活动内容本身往往是吸引人们参加节事（消费）的核心要素。从这个角度来讲，节事（活动）已成为一种休闲和旅游的资源，甚至有很多具有独特

性、规模性的节事活动已经被各地进行开发利用,如传统的云南傣族的泼水节,现代的明星演唱会等都在吸引外来游客的观光旅游消费上起到很大的促进作用。

(3) 提升目的地综合竞争力。

第一可以提升目的地形象。节事作为举办地树立良好旅游目的地形象的活力源泉,它可以改善城市基础设施,为投资者和旅游者创造良好的投资与旅游环境;还可以创造和提升举办地在国际旅游市场中的地位,建立在地区特色风格之上并定期举办的节事旅游,随着发展规模和影响力的不断扩大,节事活动很可能成为该地区的标志和象征。同时,举办节事活动也是目的地形象的塑造过程,成功的地方标志性节事活动的主题能够成为目的地形象的代名词[①],例如,在中国一提到啤酒节,就会想到青岛。

第二可以促进地方经济的综合发展。节事活动的举办客观上会刺激各地区的交通、通讯、环保等基础设施建设,以保障节事活动顺利举办[②]。此外,节事产业涉及面广、综合性强,它的发展会带动餐饮、住宿、交通运输、旅游观光及其他商业服务业等一系列相关产业发展,辐射作用很强。

三、当今我国(文化)节事资源的保护与开发的特点

(一) 当今我国(文化)节事资源的保护与开发的特点

当今我国文化节事资源的保护与开发的特点主要表现如下:

1. 强行政性,弱民间性

我国的节事资源的保护,主要靠政府的行政手段进行培育、扶持及强化,如靠国家的立法、非遗保护、节假制度的配合才能很好地生存,甚至很多节事活动直接由政府主持甚至操办。这主要是因为强势政府、弱势民间的中国现状背景下传统集权制的延伸。

[①] 张培茵,张珂. 节事旅游研究 [J]. 黑龙江对外经贸,2010,(7):120—122.
[②] 王刚. 节事旅游营销策略研究 [D]. 青岛:中国海洋大学硕士论文,2009:5.

2. 重商业性，轻文化性

当前阶段，我国很多地方对节事及其他文化资源的开发还是唯利益导向，一直高呼"文化搭台，经济唱戏"，出现只注重被利用的节事（活动的）商业性，而不关注其内在的文化性，把包括节事在内的文化事象作为商业及整个地方经济发展的平台、媒介。殊不知，文化才是节事的本质与根源，离开了文化底蕴与内涵的支撑，节事活动本身对顾客就会缺少吸引力，进而导致光顾和消费节事的人群不够，最终会影响经济效应，甚至社会效益等。可见，一切以"文化搭台，经济唱戏"的节事开发理念都是本末倒置，不可持续的。这是因为主办者们没有认识到文化才是节事的本质和灵魂，缺乏文化内涵与丢失文化表达的节事活动是没有立足之基的，其商业经济目标最终也就难以实现。更何况（节事）文化本身也可以直接经济化和商业化，可以直接被开发成经济产品、商业形态，而不必一定要通过为他人做嫁衣来发挥其经济和商业价值。

3. 重短期性，轻长远性

由以上几点所致，企业老板重业绩（这是无可厚非的），政府领导重政绩，机构员工重效益，自然导致大家都重视短期能给自己带来的利益，而忽视长期给社会带来的隐患。对大多数人来说，谁都清楚这样做的弊端在哪里，但谁都不敢从自己开始改变，整个社会中的每个人都被这个恶性循环捆绑。总之，因为工业化进程，使得"工具理性"思维战胜了有深厚文化底蕴的中华民族"理想家园"精神，捆绑了当代中国的运行机制，主宰了当代中国人的思维方式，弄得人人都不得不活在当下，个个都变得急功近利、肤浅浮躁。殊不知很多发达的国家早就从"工具理性"的魔爪中挣脱，向注重精神追求的理想家园迈进，从工业化走向后工业化，从只注重短期的经济效益变得更注重长久的人文精神追求。

（二）根源剖析

上述节事资源保护与开发的主要特点，其实就是缺点和不足。

究其根源与原因，主要是因为当今中国社会在全面转型期的"政府依赖综合症"在文化上的生动体现；是当今中国社会主义市场经济发展初级阶段"粗放式发展，规模性扩张"逻辑在行动上的原生态表达；是悠久的中国文化体系在当今"工具理性"时代背景下的"全面失守，整体沦丧"的见证。这就需要突破传统旧体制下的旧模式旧思维，需要以创新性的思维和创意化的手段来重新整合与开发节事（文化）资源。

四、节事资源产业化开发的意义

传统节庆活动和节庆资源并不能自发地形成节庆产业①。以创新和创意为核心，通过产业化的方式，尤其是旅游产业化的方式进行创意开发利用，能深入挖掘节事资源的价值功能，不仅可以促进节事资源开发的经济价值达到最大化，更能有效地促进文化效益和社会综合效益的最大化。

（一）深入挖掘节事的价值功能——形成节事资源的价值功能体系

通过产业化开发，节事资源的价值功能可以得到充分挖掘。其中，文化价值是基础，经济价值反映了当今的时代特征，政治价值是文化的意识形态性在政治上的表现，生态价值是未来的发展趋势与方向。

1. 文化价值

因为节事现象的本质是文化，文化的主体则是人类（及其社会）的组织形式，因此，节事资源的文化价值是其最基础、最根本的价值点，并具体表现在符号的象征性及行为的规范性上。某一人群一旦认可了某种文化观念，就会通过外在行为及其附属的物质载体来表现——文化的符号象征价值。经过时间的积淀，某种文化观

---

① 范建华. 论节庆文化与节庆产业 [J]. 学术探索，2011，(2)：103.

念甚至会成为一种集体无意识，支配人的行为（方式），甚至形成一种比较稳定的行为模式——文化的行为规范价值。以对民族节日为依托的旅游活动的开展为例，其本身就是一次对当地民俗文化的收集、整合的过程，通过挖掘节日文化的符号象征价值与行为规范价值，会大大激发当地人的民族自信心和保护本民族文化的意识，抢救、获得并持续提高区域的文化价值①。

2. 经济价值

文化发展有一个趋势，即从意识形态性、公益性、事业化走向经济性、营利性、产业化，文化节事也从平日的纯文化性，走向经济性与文化性并重，节事的经济价值越来越明显。作为一种文化资源的节事资源，其经济价值是不以人的意志为转移的价值点，是文化在当今商品经济社会中最鲜明也是最具挖掘性的价值表现，反映了节事资源价值在当今的时代特征。节事资源的经济价值的实现路径，具体表现在节事资源的产业化发展和事业化发展两方面。

首先，节事资源的产业化发展，就是要在遵循市场经济的基本规律及文化经济的特色规律的基础上，使节事资源的价值得以最大化实现。这也是本书探讨的核心问题，特别是本书将从旅游产业化的角度来探讨节事资源的产业化的具体路径、策略。这是因为，进行旅游业的利用与开发，是文化资源产业化与商业化的有效途径之一，依托旅游这一路径的文化旅游更是当今及今后的文化大繁荣大发展的重要载体。

与产业化发展相比，节事资源的事业化发展最大的特点就是突出公益性、非营利性，这是以前我国对文化发展政策的主要内容，可以沿袭以前好的思路与政策，但一定要注意与产业化的关系问题，切实弄清楚其与产业化的界限及相关分工合作问题，使之各负其责、各尽所用。

---

① 杨香花.民族传统节日旅游资源特征、旅游开发价值与原则的探索［J］.长春师范学院学报，2005,6(2)：68—72.

3. 政治价值

文化对人类（及其所形成的社会）的日常行为的影响，不仅体现在经济活动中，也会渗透到政治活动中。因此，作为一种文化资源类型的节事资源的价值体系当然也离不开政治价值的体现，是文化的意识形态性在政治上的表现，并且从直接与间接两个方面表现出来。首先，从直接方面看，某些节事活动本身就是以政治性为主题的活动，政治功能自然是其首要功能，如各国的国庆庆典，就是具有重要政治意义的纪念活动。其次，从间接方面看，有些节事已经成了政治思想或政治形象的传播展示途径，在很多以文化、旅游、体育等为主题的节事活动中，往往深含着主办者及相关利益者群体的政治意图，如上海世博会或北京奥运会等，表面上看是文化科技或体育性质的节事活动，但从作为申办和主办者的政府的层面来看，往往在很大意义上是基于政治意图来推动和组织实施的，其中有一个很大的目的就是国家形象的展示与传播。

4. 生态价值

文化对人类社会的价值影响，不仅体现在经济及政治方面，还体现在生态方面，即节事资源也具有生态价值，反映了节事资源的未来发展趋势与价值方向。当然，对这里的"生态价值"的理解，要突破对传统的自然文化生态价值的理解的局限性，还应该包括文化生态价值在内。因为某一区域范围内的社会环境是一个庞杂的由自然和人文（社会）两大系统构成的综合体，作为人类的文化现象的节事现象的产生及其生存发展环境是基于这两大系统的，除了自然生态，文化生态在其中显得更为重要。因此，节事资源的生态价值体现应在自然与文化两方面，通过节事资源的保护及利用开发，能够更好地促进一地自然与文化两种生态环境的保护和可持续发展。其中，文化生态环境的建设和保持需要以倡导人类的普世价值观，发扬国家、民族及地方的优良文化精神、先进的时代精神为主旋律，稳步展开，有序推进。

（二）拓展节事资源的经济价值——形成节事资源开发的内部结构圈层

节事资源的经济价值突出地表现在两方面：提升相关产品的文化附加值以及节事文化资源本身的经济化。

1. 提升相关产品的文化附加值

（1）在产品的研发生产中的附加值——产品附加值（直接附加值）。

在一般产品的产业化经营管理中，若在产品的研发设计阶段就注重通过与特定的文化载体相结合，特别是与各类节事文化相关联，通过关联后的某种产品（尤其是物质产品）的背后所蕴含的节事文化内涵的充分挖掘和形式多样的创意表达，就能使原本一件件没有任何情感流露与内涵表达的、让人感到没有什么特别附加值的普通"物品"，变为一个个充满故事内容（内容价值）和符号象征意义（象征价值）的，让人觉得具有较高附加值的"精品"。这样就能将通过与节事文化相结合所带来的附加值——内容价值和符号（象征）价值巧妙地融入产品的价格结构中去，将价值附加转化为价格附加，且很多时候这一附加值的值域本身会大大超过物品本身的正常成本价格。这种附加值是直接体现在产品中的，本书将其称为产品附加值或直接附加值。这种附加值适宜在产品的研发生产中得以呈现。例如，在中国，月饼一定要和中秋节相联系，其文化（附加）价值才能得以形象生动地表现——象征亲人团聚，圆缘美满，才会卖出好价钱。因此，现实中商家都是在临近中秋节的月份大力包装推广，都想在节日到来之前以高价把它卖出去。一旦快到过节或过了节日那天，就不得不以低价甩卖掉。因为这时的月饼和中秋节相关的任何文化的内涵及符号象征意义都化为乌有，对于大家来说，月饼就是一种普通的面点（或糕点），甚至还不是大家普遍喜欢的面点种类，其销量还被日常的面包、蛋糕等辅食远远地甩在后头。若是在西方国家就更不用说了，因为压根就没有中秋节的文化，当然就没有月饼这种食品的研发、生产和销售了,就更别谈它的附加值了,若要西方人来看待月饼的价值,就只能从基本面点的角度来估价衡量了,因而月饼不太可能面向他们出售,更不要说卖出好价钱了。

(2) 在产品的营销推广中的附加值——营销附加值(间接附加值)。

节事文化对于一般产品的附加值,不仅体现在产品自身附加值的价格表现上,还能通过节事文化及其相关活动所形成的营销推广机制,以促进产品销量和品牌形象的提升,最终增加某一产品的销售额和利润额。也就是说,这种以节事为媒介平台的营销推广方式,在总销量和总利润额上间接为某种产品创造了新的附加值。因为这种附加值是通过间接的营销推广来最终促进产品销量和利润额的增长,因此,本书将其称为营销附加值或间接附加值。这种附加值适宜在产品的节事营销中的各个方面(包含广告设计、活动策划、媒介推广等)得以表现。例如,无论是以传统节庆(如中国的中秋节、春节)为主题,还是以现代节事(如奥运会、世界杯等体育赛事,世博会、园博会等展会展览,旅游节、文化节等现代节庆)为媒介,任何想扩大市场销售份额的产品以及其相关的企业、地方政府等,都可以借助这样的平台,向目标受众直接或间接地将其良好的品牌形象完美地展示出来,实现相关产品及企业,甚至目的地品牌形象的塑造与传播,并无形中推动产品销售总量的提升,实现被隐含在节事(文化)中的附加值的利润化表达与转换。

2. 节事文化资源本身的经济化

节事文化资源本身的经济化,属于文化资源的经济化的一种方式,主要体现在节事物品的商品化和节事活动的商业化两方面。

(1) 节事物品的商品化。

① 产销分离化。对于当地的民众来说,原本某某特殊节事的相关用品是由当地民众自己生产自己享用的,现在变为由专门化的部门机构进行标准化、批量化、规模化的生产和经营销售,本地的

普通民众(也包括外来游客)只有通过购买后才能享用。这就进入了一个商品化的市场经济循环,生产者(供给者)与享用者相互脱离,享用者往往要付出一定的经济代价,以消费者的身份来完成对特色风物产品的体验与享用。如春节用品、圣诞节用品等节事(节日)用品的产销分离就创造出很多的经济价值和商业利润空间。

② 旅游商品化。为了迎合外来游客猎奇及文化体验的需求,如今很多地方的节事物品(如各种节事食品、服饰、用品、建筑等)已经被大规模地开发成标准化、批量化的旅游商品,以旅游纪念品的形式向外来游客销售,外来游客购买这些具有当地独特的民俗风情的纪念性的商品,以资现时享用,或将其带回自己的常住地,以纪念品的形式慢慢对其进行品鉴。这样一来,节事物品的商业化范围又实现了无形的扩张,产业化的触角越来越宽广。

(2) 节事活动(本身)的商业化。

为了加强节事资源经济化的深度,很多别具特色的节事活动资源——节事的一些风俗仪式及典礼等,也常常被开发成"民俗表演""旅游演艺"等项目,以风俗仪式的表演化的形式,满足本地社区居民的文化认同与凝聚需求,以及外来游客的文化体验与审美鉴赏的需求,最终实现节事资源整合与开发的经济诉求目标。这就形成了节事活动的商业化过程。在节事活动的商业化运作过程中,各相关利益者通过环环相扣的利益链从中各取所需:节事活动的组织管理者及相关机构组织可从顾客的节事活动消费和赞助商的赞助中获得经济上的利益回报;节事活动的参与者可从节事活动的文化体验和鉴赏审美中获得(文化)心理上的满足;节事活动的赞助者可以从中获得企业品牌形象传播及产品营销推广的机会;各类媒介机构则可以通过参加活动获得最新资讯和新闻题材,以吸引大众的注意力;节事活动的举办地(社区或政府)则可从中获得本地文化整合与民众凝聚的力量,甚至向外展示作为旅游目的地的良好形象。可见,节事活动的商业化使节事资源产业化的利益触角越来越广,也越来越深。

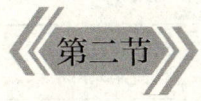 节事资源的分类：开发利用导向下的节事资源谱系的构建

节事资源的分类视角很多，从产生的时间上可以分为现代节事资源和传统节事资源，从地域上可以分为都市（城市）节事资源与乡村节事资源，从所依托的社会背景的性质可以分为传统农业（社会）节事资源、现代工业（社会）节事资源和后工业社会节事资源等。既然谈到节事是资源，就应该突出其现实的功用性——即节事的开发利用价值，以上分类思路都不能很好地体现节事作为一种文化资源在当今社会开发利用的价值点。本书将以文化形态的物质与非物质性为分析前提，根据节事资源的不同属性，以发挥节事资源的开发利用价值为出发点，突破传统的节事分类方法，尝试建构节事（文化）资源的要素谱系。

本书将节事（文化）资源从总体上分为物质（文化）资源与非物质（文化）资源两大基本类型。同时，因为人是节事的主体，任何民俗事象都是以人为中心的，任何节事的产生、发展和演变，甚至消亡都离不开人这一主体，否则没有任何意义，特别是对某一节事有关键作用的相关名人的影响更是举足轻重。所以，本书在民俗文化的视角下，以传统节日文化为例，将节事文化资源分为物质文化与非物质文化两大基本类型的基础上，又创新性地加入人物这一视点，将名人文化资源作为节事文化资源的一类（其具体细化分类及内容请参见下文及表5-2），即本书根据能被开发利用的节事资源的本质属性角度，将节事资源分为物质文化资源、非物质文化资源和名人文化资源。其中，名人文化资源既包含物质文化要素，也有非物质文化要素，是一个综合型的文化资源类别。要补充说明的是，节事文化的这三种资源类型并非互相割裂与分离的，只是为了研究和表

述的方便，本书将其分为三方面来阐释，其本质上是不可分割的。

表 5-2 节事文化资源（要素类型）谱系表：以传统节庆为例

大类	亚类	子项目：内容项目	举例：以春节为例	产品开发生产（策略）导向
物质文化资源（名物资源）	物质生活资源	衣：特色服饰及相关妆容习俗	新年服饰	以各种核心理念为主题（如春节的"团圆"或"吉祥"等），开发各种系列（如团圆系列或吉祥系列）的服饰、饮食、居室、车驾、爆竹等风物产品
		食：名茶、名酒、名菜、名小吃等地方风味美食特产	（除夕）团圆饭、（元宵）汤圆等	
		住：特色建筑风格	贴春联、挂灯笼等装饰	
		用：特色日常生活用品	年货等	
		行：特色交通工具及方式	年节用车	
	物质生产资源	劳：与工、农、商等各种产业生产劳动相关的物质器具	各行各业新年初次营业时在营业场所燃放的鞭炮等	
非物质文化资源(非遗资源)	语言文化资源	名说：民间故事与传说、成语典故等	熬年守岁等关于过年的典故、传说等	以相关事件及人物为线索，整合并开发相关的游戏动漫、影视戏剧、网络文学、歌舞及口头表演等文化休闲产品
		名著：小说、（戏剧）剧本、史书、方志、家谱等	有关过年的记载	
		名言：诗歌、谚语、名人名句等语言资源	春联及拜年的祝福语、吉祥话等	
	游艺文化资源	民间艺术：民间歌谣、绘画、书法、舞蹈等艺术作品及技艺	写春联、贴春联、挂灯笼等	
		民间游艺娱乐：民间游艺游戏、娱乐及其他休闲活动	闹元宵、看春晚等	
		名技艺：民间手工艺、医药、杂技与竞技等技艺	饺子、汤圆制作技艺等	

(续表)

大类	亚类	子项目：内容项目	举例：以春节为例	产品开发生产（策略）导向
非物质文化资源（非遗资源）	历史事件文化资源	事件时间	当地的著名事件（及相关人物）	
		事件地点		
		事件人物（有时与名人重叠）		
	习俗及礼仪资源	民间习俗及仪礼：特色习俗活动及其特定仪式（程式）、礼仪、仪表等（与其他几个方面紧密结合）	岁末除尘、祭祖、贴春联、挂灯笼、除夕团圆饭与守岁；新年拜年、压岁钱等	策划并组织成相关的仪典、习俗旅游体验产品
	民间信仰资源	宗教信仰：儒释道等宗教信仰	岁首烧头香、拜财神等	宗教朝觐旅游产品开发
		宗教信仰之外的其他信仰	祭祖拜神，祈福纳祥	祖神祭祀旅游产品开发
名人文化资源	现实人物资源	名人经历与传奇故事；名人精神思想；名人成果与贡献；名人名言名篇名章等；名人社会关系；名人故居、名人生活史话；名人纪念（遗迹）物件等	当地的历史名人及其相关的事与物方面的资源；某种特殊技艺的非遗传承人及其所承载的非物质文化技术技能等方面的资源	名人遗迹展览与交流，名人传记及影视文艺作品发行，名人专题研讨会，名人故居与纪念馆、博物馆及故乡的旅游开发；名人事迹图书、音像、纪念币和纪念像章、邮票、明信片、图画、雕塑、标牌等旅游纪念品的开发
	虚拟人物资源	神话传说、小说戏剧、影视动画等文艺作品中的人物及其相关的事与物等方面的资源。其中，虚拟人物又可具体为完全虚构的形象象征性的人物以及以现实人物为蓝本的艺术化人物	神话人物（如孙悟空）及其所承载的相关的事与物等方面的文化资源；世博会的标志性人物海宝等承载的相关的事与物等方面的文化资源	

一、节事的物质文化资源

从民俗文化的视角来看，根据对俗民（大众）群体的作用领域主要是生活还是生产,节事的物质文化资源又可以分为生活性物质资源和生产性物质资源两个亚类。

(一) 生活性物质文化资源

生活性物质文化资源指与当地居民节事及日常生活相关的风物及器具资源,主要包括服饰(如特色服饰及相关妆容习俗)、饮食(如名茶、名酒、名菜、名小吃等地方风味美食特产)、居住(如当地建筑的特点与风格)、日用及出行等方面的风物或器具。

(二) 生产性物质文化资源

生产性物质文化资源指与当地节事及居民的工、农、商等各种产业生产劳动相关的物质资源,现代社会中的生产性物质资源主要包括农业、工业及服务业(第三产业)方面的相关风物、器具及设施。以过春节为例,如果说过年时每家每户在家居场所燃放的鞭炮属于生活性物质资源,各行各业的经营者在新年初次营业时在营业场所燃放的鞭炮便成了节日的物质生产性资源。

二、节事的非物质文化资源

节事的非物质文化资源是节事文化资源的核心,本书参考了目前非物质文化的分类体系,但又有所不同地将节事的非物质文化资源分为语言文化资源、游艺文化资源、习俗及仪式文化资源、历史事件资源、信仰文化资源等亚类。

(一) 语言文化资源

语言文化资源主要是指与当地节庆及居民日常生活相关的口头及书面语言,如各类民间故事与传说、谚语、成语典故、小说、诗歌等项目。

(二) 游艺文化资源

游艺文化资源主要指与当地居民节庆及日常生活相关的艺术、

技艺与娱乐等文化资源,各类民间艺术(民间歌谣、绘画、书法、舞蹈等艺术作品及其技艺)、民间游艺娱乐(民间游艺游戏、娱乐及其他文化休闲活动),及名技艺(民间手工艺、医药、杂技与竞技等技艺)等项目。

(三)习俗及仪礼资源

习俗及仪礼资源主要指与当地居民节庆及日常生活相关的习俗及仪礼资源,如民间习俗及仪礼(特色习俗活动及其特定仪式、礼仪、仪表等)。

(四)历史事件文化资源

历史事件文化资源主要指与当地居民节庆及日常生活相关的历史事件文化资源,包括事件的时间、地点及人物等。

(五)(精神)信仰文化资源

(精神)信仰文化资源主要指与节庆相关的当地居民的各类信仰所形成的文化资源,主要包括宗教信仰及其他信仰。

三、节事的名人文化资源

名人文化资源是指在特定时代、特定地域内,以名人及其附加的文化现象为主体的、持续的、动态的、多元的社会文化资源[1]。根据名人文化资源遗存的状态,可分为物质资源和文化资源。前者包括名人故居、名人建筑物、名人名胜、名人的手迹和足迹等,后者包括历史名人的思想言论、文学巨著、书画杰作、雕刻珍品、科技发明等[2]。对一个地方来说,地方名人不能只限于当地籍的名人,还应当

---

　　① 江凌. 名人文化资源的级差分类及其开发价值评估指标体系——以湖北黄冈市为例 [A]. 胡惠林,陈昕:中国文化产业评论(第 17 卷)[C]. 上海:上海人民出版社,2013,5:385.
　　② 冯小叶. 山东省历史名人资源的旅游开发研究 [D]. 山东大学硕士学位论文,2005:12.

包括从古到今那些在当地各方面有重要贡献或影响的人。

以上对名人及其（文化）资源的分类上的认识，还没有突破传统的物质/非物质、当地人/外地人的思维的限制，对资源的开发利用的范围还没有新的拓展。本书认为，名人作为一个物质与非物质属性兼具的、综合型的节事文化资源大类，根据名人的现实存在的属性（本质）来看，名人除了自古至今现实存在的（即存在于人们的现实生活空间中的）有重大影响的现实人物之外（如历史名人与现世名人），还包括自古以来虚拟存在的（即在人们的想象的精神空间中的），但对现实却产生重大影响的虚拟人物（如孙悟空、哪吒等神话传说中的名人）。这从民俗文化的分类角度来看，也是有学理依据的（很多神话人物及其故事传说属于民俗文化中的民间文学中的重要类型）。因此，本书认为，基于民俗文化的分类视角，名人可以分为现实名人和虚拟名人，名人文化资源则主要包括现实人物与虚拟人物两方面的（文化）资源。

（一）现实人物及其文化资源

现实人物是指与某一节事的产生、发展变化以及当地各方面发展紧密相关的各类历史人物及现今的人物。现实人物中首先要注意的是与某一节事及当地发展紧密相关的政治、经济、文化等方面的历史名人及现世名人，以及某些著名节事活动及对当地非物质文化保护与传承作出重大贡献的相关表演技艺、手工艺等非遗项目的非遗传承人及保护人等。这些名人的经历与传奇故事、精神思想、成果与贡献、名言名篇名章、社会关系、故居建筑及地方文化底蕴、生活史话、遗迹（纪念）物件等都可以成为重要的资源要素被开发利用，进行产业化的运作与管理，可对当地（但不限于当地）的文化产业及旅游经济的发展、产业结构调整与优化升级等发挥重要作用。

（二）虚拟人物及其文化资源

虚拟人物主要是指与某一特定节事紧密相关及在当地有名的各

种虚拟人物，如神话故事与传说、小说、歌曲（歌谣）、戏剧、散文、诗歌、影视、游戏、说书、书画等各类文学艺术类作品中出现的著名人物，这些人物都有一个共同的特征，就是他们一般都具有符号标签的意义，并且与当地及某一节事活动紧密相关，可供开发利用的空间很大。具体而言，包括神话传说、小说戏剧、影视动画等文艺作品中的人物及其相关的事与物等方面的资源。其中，虚拟人物又可具体分为完全虚构的形象象征性的人物以及以现实人物为蓝本的艺术化人物。

 节事资源的创意开发：用旅游产业化的方式整合节事资源

一、节事资源与旅游产业创意融合的必要性

用旅游产业化的方式来整合与开发节事资源，就是要对节事资源进行旅游产业化开发，这是很有必要的，根据目前的状况，旅游产业化开发是节事资源开发利用的有效方式。

（一）当前地方节事资源开发中的主要不足及关键原因分析

当前，各地的节事活动数目繁多，内容丰富多彩，内涵也很丰富，但很多节事活动也存在着人气不足、惨淡运行的困境。究其原因当然很多，客源定位及挖掘方面的不足是一个重要原因——有很多（尤其是政府主导的）节事项目，由于主要依靠传统的行政命令手段来（强行）拉客，内容与创意却乏味无趣——开幕式大多是领导致辞与明星表演为主导，项目内容大多是静态的被动展示以及传统的参观与讲解模式，缺乏扣人心弦的体验环节的设计和动态的参与式

场景的融入，这样办下去，就会导致客源渐失，甚至只办几届就无法持续。

（二）节事资源的旅游（产业化）开发的好处

这就需要市场化的思维来进行市场定位与客源挖掘，真正从目标顾客的心理需求出发，结合各自节事项目的特色，从而吸引目标顾客的眼球并激发他们前来体验消费的欲望，旅游（产业化）就是对节事文化资源进行市场化开发与运作的可行方式。这是因为：（1）旅游是文化资源产业化与商业化的有效途径之一，依托旅游这一平台路径的文化旅游更是当今及今后的文化大繁荣大发展的重要载体。（2）文化节事也从平日的纯文化性，走向经济性与文化性并重，利用传统节日和现代节事发展（文化）旅游也是旅游发展的一个契机，节事旅游已成为备受市场欢迎的一种新兴的旅游方式。具体而言，从资源开发的产业化过程来看，节事资源通过旅游产业化的运作具有以下功能效果。

1. 丰富节事客源的结构与范围

在节事资源开发的客源市场的定位阶段，以旅游客源来丰富节事客源的结构与范围。这样就能在客源性质构成上，突破传统行政指令型的主要依靠公务消费客源（某种意义上就是公款消费的客源）的局限，充分拓展旅游休闲、文化体验等方面的客源；在客源地域结构上，不断拓展除本地客源之外的外地客源，真正形成客源挖掘的持续性发展机制。

2. 完善节事资源的创意整合

在节事资源的开发整合阶段，以旅游资源开发的思路与方法直接完善节事资源的创意整合。这样就能通过统一的主题提炼与主线设计，将各地以往分散凌乱的节事文化要素整合起来，形成时间安排有序、空间布局协同、主题特色鲜明、内容丰富具体的节事文化旅游产品及系列，并不断完善。

3. 指导节事产品的设计与生产

在节事产品的设计阶段,以旅游文化产品的思维来有效指导节事产品的设计与生产。通过节事旅游的创意策划与设计,丰富节事产品的体验性与参与性、休闲性与娱乐性,以满足节事产品消费人群对本真性的精神文化(消费)诉求,并吸引他们进行重复消费。

4. 提升节事营销的品牌效应

在节事产品的营销宣传阶段,从旅游传播的视角切实提升节事产品(企业层面)及地域目的地(地方政府层面)营销的品牌效应。这应该以"旅游"作为节事营销传播的新主题及具体手段,在"节事旅游营销"大概念的指导下,从节事旅游产品和节事旅游地两个层面来构建一地节事旅游的品牌形象塑造与传播体系,真正以节事旅游目的地形象为先导与底色,以节事旅游产品形象为核心与内容,让二者互相依存和促进,实现一地节事旅游形象塑造与传播的品牌效应。

综上所述,用旅游产业化的方式整合多元的节事(文化)资源,其结果就是让节事产业与旅游产业融合发展。

二、节事资源与旅游产业创意融合的可行性:节事与旅游的融合发展

节事资源与旅游产业的创意融合开发不仅是必要的,也是可行的。这是因为节事(产业)与旅游(产业)具有很好的融合效应(具体可参见第三章"节事与旅游的融合效应"),用旅游产业化的方式整合多元的节事(文化)资源本质上就是让节事产业与旅游产业融合发展,可基于此发展节事旅游产业,这为节事资源与旅游产业的创意融合开发提供基础条件。

产业融合作为一种经济现象,是指为了适应产业增长而发生的产业边界的收缩或消失①,也是不同产业或同一产业内的不同业态

---

① 李洋洋. 我国文化创意产业与旅游业融合模式研究 [D]. 北京第二外国语学院硕士论文,2010: 7.

相互渗透，相互交叉，最终融为一体，逐步形成新的产业的动态发展过程。按"人口—产业"的视角来分析，节事产业与旅游产业的融合具体体现在客源融合、资源融合、生产（服务）融合、营销（品牌）融合以及产业支撑（要素）的融合等方面。其中，客源融合属于人口的融合，资源、生产（及服务）、营销（品牌）以及产业支撑（要素）的融合等则属于产业（要素）的融合，这从人口与产业两方面为节事与旅游的融合发展提供了坚实基础，其融合的具体情况见下文分析。

（一）（消费）客源的融合：两种产业的人口融合——节事资源与旅游产业创意融合的客源市场条件

总体的融合表现：将节事产业与旅游产业的（消费）人口紧密融合为节事旅游人口——节事旅游者，以节事（消费）人口来扩大旅游（消费）人口的基数，以旅游（消费）人口来提升节事（消费）人口的质量，互动融合，进而实现节事与旅游两种产业的（消费）人口的综合效应，促进（消费）客源的人口数量和质量的提升。

1. 客源需求的融合

客源需求融合，即将旅游产业与节事产业的客源需求融为一体。这有利于整合节事与旅游双重需求诉求，推进节事活动与旅游活动的互动融合，能提升传统节事和旅游产品的水平。客源的需求融合能为节事资源的旅游开发与利用、节事旅游产品的策划与生产设计提供指导。

具体的融合表现：将节事客源与旅游客源紧密融合为节事旅游者，以节事客源来扩大旅游客源的数量，以旅游客源来提升节事客源（消费）的质量，互动促进、融合发展，最终促进节事与旅游两种产业的经营运作一体化，达到综合效用最大化。

2. 客源注意力的融合

客源注意力的融合，即将节事产业与旅游产业的客源注意力融为一体，就是要基于对产品自身信息的注意和对产品营销信息的注意这两种(消费)客源的基本注意力类型,在客观表达产品自身信息的基础上突出产品的营销信息,通过统一的产品信息表达及传播体系——节事旅游产品营销信息系统,同时满足两种客源对产品信息共同的注意点,捕捉两种客源的注意力聚焦点,实现客源注意力的融合。这有利于整合双重注意力资源,通过节事旅游(产品与目的地两个层面)整合营销的方式,促进节事营销与旅游营销的互动融合。客源的注意力融合能为节事旅游营销中的产品信息设计与传播推广提供指导。

具体的融合表现:以产品自身信息为基础,以产品营销信息为突破点,将节事与旅游的客源注意力资源加以整合,促使双方的注意力对接融合,从而增加各自对信息关注点的有效认同与对消费行为的有效促进,最终形成"节事+旅游"的信息融合与整合营销的传播推广机制。

3. 客源行为的融合

客源行为的融合,即将节事产业与旅游产业的客源行为融为一体,基本体现在从决策—购买行为、使用—体验及用后评价行为几个环节上融合。这有利于融合节事与旅游双重行为的特色,实现双重行为的和谐统一,并能有效指导节事旅游活动产品的流程设计和内容创意。客源的行为融合能同时为节事旅游的资源开发、产品的生产及整体运营管理等提供指导。

具体的融合表现:基于决策、购买、使用、评价等系列消费行为的特征,在影响决策、促进购买、丰富体验、提升使用满意度、巩固忠诚度的指导思想下,发挥旅游与节事各自行为特色的作用,以节事行为的文化性丰富旅游行为的内涵,以旅游行为的休闲性提升节事活动的参与性,提升各自活动的行为者的总量规模与质量层次,从而引导节事参与者与旅游者的消费行为,使节事消费者与旅游消费者的行为实现和谐融合、增效统一。

(二) 产业（要素）的融合：两种产业的要素融合——节事资源与旅游产业创意融合的产业经济条件

总体的融合表现：将节事产业与旅游产业紧密融合为节事旅游产业，以节事产业来扩大旅游产业的边界领域，以旅游产业来提升节事产业的质量层次，互动融合，进而实现节事与旅游两种产业的经营管理的综合效应，促进产业的融合发展，最终促进整个经济及社会系统的全面、健康、可持续发展。这有利于促进两种产业各种要素的互动融合，实现由于产业要素融合效应带来的产业经营管理的效用最大化。其中，产业的资源融合能直接为节事资源与旅游产业的创意融合规模化利用与创意性开发提供指导；产业的生产融合能直接为节事旅游产品的专业化生产提供指导；产业的营销融合能直接为节事旅游产品的营销及节事旅游目的地形象塑造提供指导；产业的支撑（要素）的综合融合则能直接为节事资源与旅游产业创意融合发展提供一个良好的发展环境，形成一地节事和旅游及相关产业甚至整个地域的综合竞争优势。具体分析如下：

1. 产业资源融合

产业资源融合，即将旅游资源与节事资源融为一体，为两种产业的全面融合提供资源基础，通过资源的创意性的规模化开发利用，以实现规模经济和范围经济两个目的。这有利于整合两种产业资源，实现规模化利用，指导节事资源与旅游产业创意融合的创意利用。

具体的融合表现：将节事资源开发成旅游资源，促进地域综合吸引力和形象的提升，增强节事文化的资源化、资本化的能力，并促进区域间的文化传承保护与传播交流；将旅游资源开发向节事方面拓展延伸，丰富旅游业产品的资源谱系、业态类型和内涵深度以及体验性、互动性、娱乐性、审美性等。

2. 产业生产（及运营）融合

产业生产融合，即将旅游产业与节事产业的生产及运营体系融为一体。这有利于指导节事旅游产品的专业化生产，实现节事产业与旅游产业的一体化产业组织运行机制和全链式产业生产格局。

具体的融合表现：通过产业组织及产业链两方面的融合实现节事旅游产业的专业化生产；通过节事旅游产业集群这一空间载体方式，融合节事与旅游的产业组织及产业链的各要素，实现节事旅游产业的集约化生产，同时实现规模经济效应和范围经济效应。其中，产品生产融合的专业化，有利于实现节事产业与旅游产业的一体化产业组织运行机制和全链式产业生产格局；产业运营融合的集约化，有利于指导节事资源与旅游产业创意融合的集约化生产，形成节事产业与旅游产业的宽领域、多环节的集群化运行体系。

3. 产业营销融合

产业营销融合，即指将旅游产业与节事产业的营销体系融为一体。这有利于整合双重营销力量，实现节事资源与旅游产业创意融合在产品及目的地形象上的综合营销优势——品牌营销的综合效应。

具体的融合表现：在品牌融合的框架下，通过媒介融合、渠道融合、信息融合、促销融合等路径，从产品营销和目的地形象塑造两个层面上实现节事产业营销与旅游产业营销的全方位融合，以达到整合营销传播的效果。

4. 产业支撑（要素）融合

产业支撑（要素）融合，指将旅游产业与节事产业的发展地域背景要素体系融为一体，通过人才、政策、资本及科技等要素体系的融合，形成一地节事和旅游及相关产业甚至整个地域的综合竞争优势。这有利于整合两种产业的其他主要支撑要素，构建节事资源与旅游产业创意融合发展的综合支撑体系。

具体的融合表现：通过人才的融合，实现两种产业人才的共享双赢，并催生更高层次的新型人才类型——节事旅游业人才；通过政策的融合，促进分散的政策作用的多元统一与高效利用；通过资本及科技等要素更好地融合到节事及旅游产业中去，形成以技术和资本的融入，促节事与旅游产业的升级——催生节事旅游产业，以产业进步促资本的利用率和科技创新。

三、节事资源与旅游产业创意融合的创意性开发路径——科学发展节事旅游

当前，我国经济发展节奏和产业结构调整已进入新的阶段，国家层面的战略发展思路对现实的产业经济发展和资源的开发利用具有鲜明的指导意义，如讲究环保低碳、注重内需消费、走新型城镇化发展道路等都是正在进行的发展之路。在这一背景下，也迎来了文化的大发展大繁荣时代，因此，文化产业的发展也迎来了无限的良好机遇。节事产业和旅游产业都属于文化产业的范畴，符合低碳环保、刺激内需、新型城镇化道路等发展理念，并有利于我国产业结构的调整和优化升级，因此，无论是旅游产业还是节事文化产业近年来都获得了前所未有的发展。同时，正如前文（本书的第三章）节事（产业）与旅游（产业）的"融合效应"理论所述，现实中节事产业和旅游产业的发展经常是彼此促进，相互融合的，都为对方的发展提供了新的发展方向。因此，可以根据节事产业和旅游产业互动融合的规律（原理）对节事资源与旅游产业的创意融合进行创意性整合。具体而言，节事资源与旅游产业的创意融合的基本路径，就是要根据产业融合的基本原理，科学发展节事旅游产业，走节事产业与旅游产业的融合之路，让节事产业与旅游产业实现无缝链接，全面融合。可见，科学发展节事旅游（产业）必定是节事（文化）资源创意开发路径策略的不二选择。

（一）基于旅游资源开发利用视角的节事类型及特征

节事活动已然成为一种优质旅游资源[①]。从资源开发利用的角

---

① Getz D. Planning for Tourism Business Districts [J]. Annals of Tourism Research, 1993,(20): 583-600.

度来看，某一节事可供进行旅游（产业）开发和利用的潜质越大，说明其对当地旅游（产业）发展的促进作用越大，就越能成为当地的旅游资源，且资源的价值就越大。因此，基于旅游资源开发利用的视角，从节事活动（对当地）的旅游促进作用来看，根据节事活动与当地旅游业的融合程度及效应的大小，可分为四类：旅游型节事、强旅游型节事、半旅游型节事、弱旅游型节事（详见表5-3）。科学发展节事旅游（产业）则是节事活动（产业）与旅游业发展融合理想的现实途径，能充分整合节事活动与旅游业双重优势。

表5-3 节事产业与旅游业的融合效应特征及融合发展策略

节事活动的类型		融合效应的特征	融合发展策略
旅游型	节庆活动	客源融合（强）、资源融合（强）、生产与服务融合（强）、营销及品牌融合（强）	充分发挥并保持各种强融合效应
	演艺活动		
强旅游型	会议活动	客源融合（强）、资源融合（中）、生产与服务融合（中）、营销及品牌融合（强）	保持强融合效应方面（营销及品牌、客源），提升中等融合效应方面（资源、生产与服务）
	休闲型博览会	客源融合（强）、资源融合（强）、生产与服务融合（中）、营销及品牌融合（强）	保持融合效应程度强的方面（营销及品牌、资源、客源），加强融合效应程度中等的方面（生产与服务）
半旅游型	赛事活动	客源融合（中）、资源融合（中）、生产与服务融合（弱）、营销及品牌融合（强）	保持强融合效应方面（营销及品牌），提升中等融合效应方面（资源、客源），改进弱融合效应方面（生产与服务）
	文娱活动	客源融合（强）、资源融合（中）、生产与服务融合（中）、营销及品牌融合（中）	保持强融合效应方面（客源），提升中等融合效应方面（营销及品牌、生产与服务、资源）
弱旅游型	展览活动	客源融合（弱）、资源融合（中）、生产与服务融合（中）、营销及品牌融合（中）	提升中等融合效应方面（营销及品牌、资源、生产与服务），改进弱融合效应方面（客源）

注：基于大型活动与旅游业互动效应的特征表现，可进行大型活动的分类，根据不同的大型活动类型可采用不同的策略，它们之间相互对应，故本书将其绘制成这个简表。

1. 旅游型节事

旅游型节事主要指各地对旅游业发展促进作用最明显的各种类型的节事活动，不管其主题名称或最终的综合作用如何，但因其旅游属性很浓，属于最强的，甚至有时是专为发展旅游业而创设及策划实施的，故称之为旅游型节事。这类节事活动除了常见的新创设的各种旅游类现代节庆活动，或是对传统节庆活动的旅游再开发（如傣族泼水节的旅游开发利用），还有各种户外实景演艺（如张艺谋的"印象系列"）和室内旅游演艺活动（如上海马戏城的"时空之旅"）。从节事活动与当地旅游业发展的互动融合效果来看，主要特征为：客源融合、资源融合、生产与服务融合，以及营销与品牌融合的程度都很强（详见表5-3）。

2. 强旅游型节事

虽然强旅游型节事对旅游业发展促进作用不如旅游型节事那样明显，但这类节事活动的举办与当地的旅游业发展水平也很密切，并且对当地旅游业的作用在前期效应、直接效应、后期效应三个阶段也非常强大。这类节事活动主要包括休闲性博览会（如花博会、休博会、综合性世博会等）、会议类节事活动（如博鳌亚洲论坛）等，如瑞士达沃斯与世界经济论坛、博鳌与亚洲论坛的关系便是如此。其中的会议活动常常会给举办地带来一股会议旅游之风，并促使其进一步成为会议旅游目的地，"会议是旅游之花"这句话就是例证。从节事活动与当地旅游业发展的互动融合效应程度来看，主要特征为：会议活动——客源融合（强）、资源融合（中）、生产（及服务）融合（中）、品牌（及营销）融合（强）；休闲型博览会——客源融合（强）、资源融合（强）、生产（及服务）服务融合（中）、品牌（及营销）融合（强）（详见表5-3）。

3. 半旅游型节事

半旅游型节事活动的前期效应、直接效应、后期效应对旅游业的作用比较明显，能对旅游业发挥较大的作用，但与前二者相比，它的旅游属性没那么明显，对举办地的旅游业发展促进效应也不如它们强,主要包括赛事(尤其是体育赛事)、文化娱乐等方面的节事活动。如主办2008奥运会的主要目的是为了提升城市的竞争力和影响力,吸引更多的人关注北京及中国,其主要是针对观赛者及体育爱好者,那些奥运期间的北京外来访客主要是以参赛者、观赛者或与奥运赛事务相关者的角色出现的,而非"旅游者"角色。相比而言,属于强旅游型活动的世博会,则直接以旅游吸引物的角色定位在吸引着人们的眼球,所以,从身份角色上看,世博会的参观者基本是"旅游者"与"观展者"双重角色的重叠。可见,以世博会为代表的强旅游型节事与以奥运会为代表的半旅游型节事对目的地的旅游业发展的作用是不同的,甚至还出现了本地市民因为奥运会的举办而逃离本地的"挤出效应"。从二者融合互动效应的角度看,半旅游型节事的主要特征为:赛事活动——客源融合(中)、资源融合(中)、生产与服务融合(弱)、营销及品牌融合(强);文化娱乐活动——客源融合(强)、资源融合(中)、生产及服务融合(中)、营销及品牌融合(中)(详见表5-3)。

4. 弱旅游型节事

弱旅游型节事主要是指一些专门的展览展示活动,其中的三个效应对当地旅游业的作用不够明显,节事活动对旅游的促进功能不是主要的。因为这类节事活动的举办承载着特殊的经济或社会文化交往目的,有严格而特别的运作规则,它能够创造目的地形象效应,但旅游业的介入是被动和有限的。一般而言,这类节事的前期筹备工作及各类媒体的宣传、活动进行时期的现场参观及媒体新闻报道等的影响主要是针对某项活动的爱好者,而不是针对旅游者的,其与旅游发展的融合互动效应的主要特征为:客源融合(弱)、资源融合(中)、生产及服务融合(中)、营销与品牌融合(中)(见表5-3)。

(二)节事产业与旅游产业融合发展的路径策略:科学发展节事旅游产业

如表5-3所示,科学发展节事旅游产业的路径实施,就应该基于节事活动与旅游业互动效应的特征表现，遵循"通过节事活动引爆旅游业，用旅游的观念来运作节事活动"的原则，促进二者的融合发展（具体策略内容参见表5-3）。

 类型探讨：生产性保护视野下传统节事资源的创意开发

"生产性保护"是基于当前我国（及全球）的文化遗产（包括物质文化遗产与非物质文化遗产）面临生存危机甚至是消亡困境的背景下，相关人士针对文化遗产的保护，特别是非物质文化遗产（以后简称为非遗）的保护提出的一种新的思维与方法。传统节事（节日）文化是节事文化的重要类型，也是非遗的重要内容，通过对传统节事（日）文化资源开发的类型探讨，除了能揭示其本身的内在特征，还可管窥节事资源开发的一些基本规律。

一、我国传统节事文化的生存境遇及其根源分析

基于泛民俗视野的节日民俗系统框架，根据前文所建构的节日民俗系统的逻辑，现对我国传统节日尴尬生存境遇的根源分析如下。

（一）依存载体——背景：文化生态发生改变，农耕文明转向工业文明

文化生态环境作为传统节日的载体，是传统节日赖以生存的基础，其改变必将导致传统节日的主体（俗民）、客体（节俗）、介体（各社会组织）的连锁改变。我国传统节日是农耕文明的产物，重视协调天人关系与家庭关系，而如今的中国是工业文明主导的，人们的消费方式、生存观念和生活态度也发生了根本性变化，传统节日

已不再是人们生产与生活的时间坐标,人们对传统节日更多的是精神留恋与文化欣赏,享受传统节日是对生活的调节与丰富,而不是生活之必需①。同时,新型社会政治节日、外来节日也在不断地分散国人特别是年轻人的注意力。

(二)行为主体——俗民:近百年的人为割裂和漠视,导致文化记忆的缺失

我国传统节日习俗因为近百年的人为阻断而损毁严重。解放初期,在"革命"的旗帜下,人们对传统节日的有意漠视,对传统节俗所进行的禁止、改造、抛弃,导致传统节日的空洞化、表层化②。到了改革开放以后,由于记忆的缺失,在市场经济的影响下,传统节日更失去了创意性开发的基础,许多城里人、绝大部分的青少年严重缺乏传统中国文化的知识素养,他们根本不知道应怎样过传统节日,也没有了过传统节日的热情,却热衷于过"洋节"、迷陷于"人造节庆",被"商业"牵着鼻子走。这样下去,我国传统节日中优秀的文化基因将有失传的危险,民族文化将面临"断层"的困境。

(三)运作介体——社会机构:强势机构弱势民众,养成习惯性的机构依赖症

当前,我国的市场经济体系还不成熟,政府的调控干预仍在经济发展中起着主导作用,政府在解决当前很多问题时仍扮演"主体""直接责任者"等重大角色,于是,"强势政府"的认识惯性深入民众脑海,进而导致长期存在一种"政府依赖症",习惯于"等、靠、要",很多本来完全可由市场或民间自行解决的事情都依赖政府亲力亲为。另一方面,由于如今讲求以经济建设为中心,广大人民促进经济发展的主观能动性得以巨大释放,但也助长了很多人"急功

---

① 萧放. 全球化语境下的民族节日走向——以当代中国节日为例 [J]. 民俗研究, 2007,(4): 50—61.
② 萧放. 传统节日的复兴与重建之路 [J]. 河南社会科学,2010,(2): 44—46.

近利"的思想，反映在传统民俗及节日文化创意性开发上就是——很多民间非遗传承人，因不能靠自身的传统技艺来直接谋生并积累财富，所以不得不改谋他就。加上年轻人也不愿学传统技艺和知识，导致师徒相承（或父子相传）式的非遗创意性开发模式难以为继，原本政府基本不用操心就能顺利传承的文化遗产濒临失传的边缘。如今政府不得不花很多经费，通过创意性开发人保护、专门培训等方式进行非遗保护与传承，原先的主动传承变为被动传承，免费传承变为经费传承，自愿传承变成任务传承，民间传承变为政府传承，有时还成了当地政府的沉重经济负担。

此外，与工业化、城市化紧密相连的商业化，也使得包括各种商家、媒体等多种组织机构在现代泛民俗文化生态背景下的传统节日的传承与发展演变中发挥着越来越重要的作用与影响，它们与政府一起合流，稀释了民众在传统节日民俗创意性开发中的作用，共同绘就了当代传统节日文化创意性开发的"强势机构，弱势民众"的现状图，使传统节日文化的创意性开发养成了习惯性的"机构依赖症"。

（四）表现客体——节俗：外来洋节狂飙突进，传统民俗节日日渐式微

在全球化背景下，西方文化也在先进科学技术与现代管理思想的挟裹下席卷全球，侵蚀中国土壤。一时"崇洋媚外"之势一发而不可收拾，传统中国文化的创意性开发面临困境，传统节日的日渐衰落便是其中缩影，情人节、圣诞节、万圣节等外来洋节以迅雷不及掩耳之狂飙挺进中国，传统节日却日渐式微，甚至不经意中遗弃了许多传统节俗，如现在很少有人知道诸如二月二（龙抬头）、三月三（女儿节）等节日的含义，以及人们应该做些什么。

综上所述，作为民俗文化的传统节日文化系统的各个方面都发生了本质的变化：传统节日原先赖以生存的农业社会已变为工业社会，农村环境正在演变为城市环境，节日文化的实施主体由互联互助的农民群体为主体逐步演变为分散独立的市民群体，还必须依靠以政府、商家、媒体等多种机构来组织运行,现代社会背景下的传统节日(的内涵与形式)正被各种现代民俗节庆及洋节("泛节庆")所侵蚀,日渐式微,面临巨大的生存危机。

二、"生产性保护"是传统节日文化创意性开发的根本出路

在整体文化生态发生巨变的环境下,我国传统节日的各方实体都发生了实质性的变化,传统文化的日渐衰落也就在所难免,因此,对于传统节日及其优秀文化的创意性开发,要基于现实,根据时代特征的变化来出谋划策是根本前提。作为我国非遗重要类型的传统节日,我们要重视创意性开发,但不能为了保护而保护,为了传承而传承。一样有价值的东西被保存下来了,若它始终是被严封禁锢、不见天日,也就没多少人知道它的价值,也失去了保护它的价值。因此,对非物质文化遗产的保护应该要在保护的同时进行创意性的开发,即应该充分发挥被保护对象的价值,甚至要创造新的价值——也就是说对非遗进行保护应该是动态的"生产式保护",而非静态的馆藏式保护、关闭式存放。那种为了传承而传承,为了保护而保护的被动性保护,因没有自身的造血功能,长期靠财政拨款,早晚会走向举步维艰之境,最终会沦为社会的沉重负担。所以,作为非遗重要类型的传统节日(文化)的保护及开发,不能一味地"坐、等、靠、要",而要主动融入实际生活和生产,从其文化价值出发,通过经济及社会价值的合理发掘——生产性保护。

非物质文化遗产的"生产性保护"是指在具有生产性质的实践过程中,以保持非物质文化遗产的真实性、整体性和创意性、开发性为核心,以有效创意性开发非物质文化遗产技艺为前提,借助生产、流通、销售等手段,将非物质文化遗产及其资源转化为文化产品的保护方式[①]。这对传统节日(节庆)文化资源的创意性开发同样

---

① 参见:2012年2月2日文化部出台的《文化部关于加强非物质文化遗产生产性保护的指导意见》。

适合。因此，现代市场经济背景下对传统节日文化应该要以传统节日文化为资源对象，对其进行创意性地开发利用。这样，就可以克服"为了保护而保护"的弊端，又能带来新的价值，具有进步意义：

其一，在"为了保护而保护"的传统思维模式之下，保护费用主要依靠政府拨款或社会捐赠，往往经费难以保证，作为非遗的传统节日文化的保护很难持续下去。而生产性保护理念指导下的，符合市场发展规律的，对节事资源的创意性开发利用，由于其具备了强大的自身造血功能，能为传统文化的保护与传承提供源源不断的经费来源，不但能使传统文化得以保护与传承，还能通过旅游传播等方式促进其扩散与传播。

其二，传统思维往往将这些遗产看成是缺乏生机与活力的"死的东西"，保护方法只重"对死的东西的保护"，加上经费的困难，保护主体往往将"保护"工作当成一个负担，难以激发其保护的积极性。然而，若以"遗产"的思维对待之，则容易使人觉得这是一笔可供挖掘的（精神）财富，以满足民众的精神需求为导向，通过对"遗产"进行适度的开发利用，不但有经费可以使"遗产"得到保护，还可从中得到一定的"实惠"，保护的主体们自然就会乐此不疲，热情高涨地将"遗产保护"进行到底。同时，也满足了一般社会民众及专业人士（如考古学家、历史专家、相关部门及个人）了解甚至研究的需要，真正实现"遗产保护"的目的。这是因为，"为了保护而保护"的思维没有真正弄清遗产保护的目的，保护的最终目的是为了后代人认知和深入研究，是要为后续社会的健康发展作贡献的。总之，保护是为了当期利用和后续发展，利用和发展当然也就离不开保护这一前提。那种仅仅是为了保护而保护，不能满足人们的现实需求，不能为人类社会的发展进步提供帮助的"保护"，不能称之为真正的"遗产保护"，充其量只能说是"遗物留存"，我们需要的是面向人类社会未来的遗产保护观和与之适应的遗产保护思维和方法。

三、传统节日文化创意性开发的体系

非遗的"生产性保护"的内涵的核心就是要"以生产促保护",进行"保护性的创意性生产",即要将非遗作为一种资源,对其进行生产开发与产业化利用,只有这样,才能从根本上走出一条对非遗的创意性开发的可持续发展之路。因此,传统节日文化的创意性开发,就应该在"生产性保护"这一基本前提下,以系统论为指导思想,遵循尊重性、创新性、整体性、规模化四大基本原则,从形象(识别)系统和实体(运行)系统两方面来构建节事文化创意性开发体系,从空间和时间两条具体路径展开节日文化资源开发工作(见图5-3)。

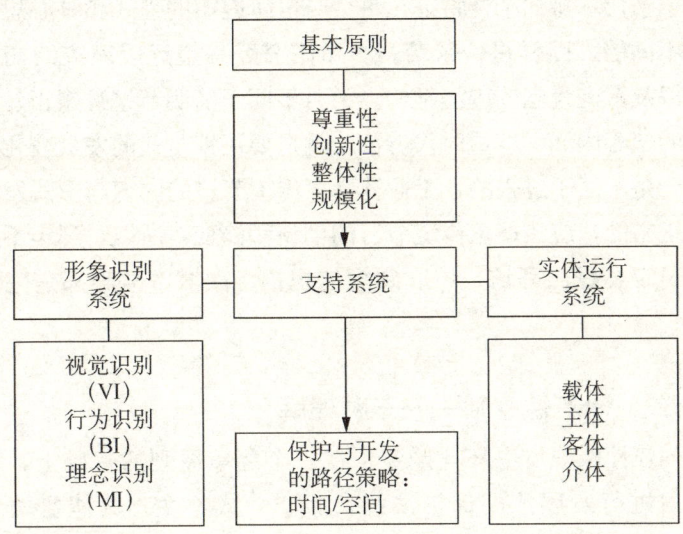

图 5-3　生产性保护视角下传统节日文化的创意性开发系统

四、传统节日文化创意性开发的原则

对传统节日文化的创意性开发,要注意处理好保护与开发(生产)的关系。保护应该是发展性的保护,就是要根据现实情况进行灵活的、选择性的保护,而非全盘吸收;传统节日文化的开发(生产)应该保护性地开发(生产),就是要有根有据地进行沿袭性地开发(生产),而非无视文化传统的全盘西化或全面新奇,具体要遵循如下原则。

(一)尊重性原则——三个尊重

对于传统节日的保护与开发,不能搞一刀切,而应该尊重文化生态,节日个性,时代特征。尊重文化生态,就是要尊重和保护具有地方特色的文化生态环境,不同的地方特色孕育不同的节日文化,这是底色,这是根源。不能强求全球人都过春节,即使是华人圈的春节,也不需要每个地方都过得一模一样。尊重节日个性就是要尊重节日本身的个性特征,每个节日所遵循的程式和核心思想肯定是不同的,同样是传统节日,重阳节登高望远以避灾的初始内涵,以及敬老爱老的内涵延伸,绝对不同于清明节祭拜崇祖、思念先贤的核心内涵。尊重时代特征,就是要正视时代的发展变化,当代社会是不同于过去的,工业社会下传统节日的内容与形式发生变迁是正常的,应该尊重传统节日的创新和演变,所以,拜年不再局限于一定要登门拜访,扩展到短信祝福、微博寄语等都是完全顺势的。

(二)创新性原则——三种理解

创新性保护与生产就是要求在三个尊重原则的基础上,对传统节日进行发展式的保护演绎,而非一成不变。具体要做到三点:(1)紧密联系现实生活,实现传统节日与现代生活的有效对接;(2)加强文化创新,在保留原有优秀传统的基础上,不断赋予传统节日新的形式与内涵;(3)进行开发性保护,也即主动性开发。这种创新,除了为传统节日文化输入时代的新鲜血液,赋予传统节日文化以新的内涵外,还应该注重培育现代节日文化。具体而言,首先要加强适应城市化进程的创新,其次应加强适应现代化发展的创新①。

(三) 整体性原则——两层含义

传统节日文化保护与生产的整体性原则可从两个层面理解：首先，对于传统节日，要从各节日赖以依存的整个文化生态空间进行保护，实行整体的生态性保护②，不能仅仅孤立地保护节日民俗资源本身，而是尽量把相关的民众(俗民)、社会机构、区域环境等整个文化生态系统都予以尊重与保留。其次，从作为节日价值内涵的系统来看，不仅要关注传统节日的民俗文化价值，还要将经济价值、社会价值、生态价值作为一个整体综合进去，这样的保护与生产才是立体全面的，且更具现实意义。

(四) 规模化原则——双重规模

在对节事资源进行创意性开发利用时，要注意资源开发利用的规模化效应。这是节事资源创意开发的保障，具体应该注意以下两方面：一是资源种类的规模化，要善于整合与利用各类核心节事资源与周边节事资源，利于构筑与形成产业链，这是节事资源产业化业务领域的拓展与延伸。二是资源数量的规模化，要善于充分挖掘任何一种节事资源的顾客需求满足点及商业化潜质，可以进行批量化、重复性生产，便于形成能满足不同类型市场需求(点)的各种产品，形成产品群，这是节事资源产业化的基础。

五、传统节日文化保护与开发的支撑系统

传统节日文化保护与开发的支撑系统，要做到两个基本的方面——识别保护与开发的要素，以及明确保护与开发的实体，即包括两个子系统：节日的形象识别系统和节日的运行实体系统。

---

① 于凤贵. 传统节日文化的传承与保护与创新——以"好客山东贺年会"为个案[J]. 山东社会科学，2012,(7)：73—75.

② 蔡丰明. 城市文化遗产保护模式与上海城市文化遗产保护策略[A]. 田兆元、扎格尔编. 民族民间文化论坛(第四辑)[C]. 上海：上海社会科学院出版社，2012；87—98.

（一）识别保护与开发的要素——节日的形象识别系统

事实证明，要保护与开发好传统节日文化，就要让民众对传统节日有深刻印象，形象鲜明的识别系统是首要的①。节日形象识别系统(Festival Identity System, FIS)②可基于文化的结构层次（物质—行为—精神），借鉴企业形象识别系统的理念进行构建。物质识别和行为识别是精神内涵的外在体现，二者和谐统一于精神层面，即物质识别和行为识别是理念识别的表现要素（见表 5-4）：（1）物质层面，视觉识别（感官识别）系统是一个节物体系（节日标志物）子系统；（2）行为层面，行为识别系统是一个节庆活动（仪式、庆典）子系统；（3）精神层面，理念识别系统体现的是一个节庆理念子系统，实现从家庭小情怀（注重家庭伦理、祖先崇拜、神灵敬仰）到公民大情怀（家庭伦理与尊重他人并重）的转变。

表 5-4　节日（文化）形象识别系统（FIS）

子系统	要素细分		举例（以春节为例）
视觉识别(VI)——物质层	节日标志物(节物)	节日食品	春节的年肉、年酒、饺子、年糕、枣糕、馒头、糍粑、全鱼、丸子、安乐菜、五辛盘、春饼、春卷、糖瓜、欢喜团、团圆饭等
		节日风物	春节的压岁钱、桃符、春联、窗花、门神画(年画)、彩笺、花炮、焰火、大红灯笼等
	节日形象标志(节标)		可从现有节日风物中精选并进行艺术升华，也可向社会征集
	节日服装(节服)		可对传统汉服进行创意设计与开发，也可向社会征集

---

① 如中国元旦和国外圣诞节，两节在时间上前后相续，但由于圣诞节有圣诞老人、圣诞树等形象鲜明的主题标识，能强烈刺激人的视觉和感觉，形成强大的吸引力，而元旦除了表示新的一年开始和放假外，难以在人们心中激起涟漪。

② FIS(Festival Identity System)是受企业形象识别系统(Corporate Identity System, CIS)的启发而创新构建的，既体现了系统论思想，又融合了形象塑造与传播的现代运作理念。FIS 系统由三方面组成：MI(Mind Identity, 理念识别)、BI(Behavior Identity, 行为识别)和 VI(Visual Identity, 视觉识别)，其核心是 MI，给整个系统奠定了理论基础和行为准则，并通过 BI 与 VI 表达出来，成功的 BI 与 VI 就是将节日的独特精神准确表达出来。

(续表)

子系统	要素细分		举例(以春节为例)
行为识别(BI)——行为层	节日仪式	家庭仪式	岁末送旧(祭祀)仪式：腊月二十三送灶神；岁末迎新仪式；岁末(二十四)扫房子——除尘(除陈)仪式；送旧与迎新的过渡仪式：除夕夜的团圆饭与守岁，祭祖、给小孩压岁钱；新旧年时间交替时的仪式：燃放烟花爆竹
		社会仪式	政府或党派的公祭；领导向民众或属下贺岁拜年；民间公众祭祀等
	节日庆典	家庭庆典	民间社交(拜年、走亲访友)；民间休闲(旅游、度假、娱乐)
		社会庆典	除夕春晚、闹元宵(舞龙舞狮)
理念识别(MI)——精神层	传统精神	内核：神灵信仰与家族伦理	祖先祭祀与家族伦理：(团圆饭)团圆、(迎新)喜庆、(祭祖祭灶)感恩及崇敬祖灵、(拜年)祈福求祥及联络社会关系、(闹元宵)娱乐身心
	现代理念	内核：和平/民主/关爱/和谐	公民情怀：以亲近自然、敬重先贤、关爱他人、和睦家庭、团结社会为传统节日新的精神内涵，获得新的神圣感与责任感以及情感的愉悦

(二) 明确保护与开发的实体——节日的运行实体系统

节日的保护与开发首先必须以系统论为指导思想来构建承载民俗节日的实体结构，可以与节日民俗系统对应(见图5-4)，从中分化出各种功能，以促进节日的创意性开发，对应地这个系统也由四个要素构成(见图5-5)。

1. 节日创意性开发的载体——当地的文化生态环境

节日创意性开发的载体包括地脉、文脉及其文化精髓，它是节日孕育、产生、发展、演变及消亡的土壤，是节日创意性开发的主阵地。

2. 节日创意性开发的客体——民间节日(遗存)资源

节日创意性开发的客体是基础，没有了它，节日创意性开发将成为无源之水、无本之木，是节日创意性开发的主源头。

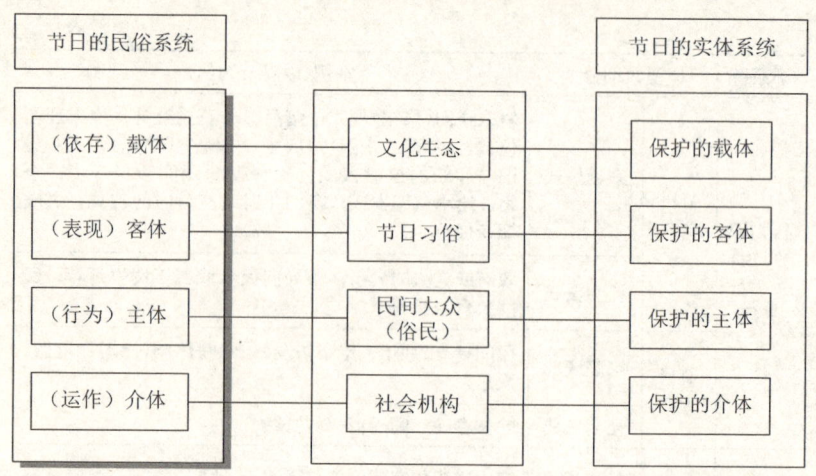

图 5-4　节日保护与开发的实体系统与节日民俗系统的对应关系

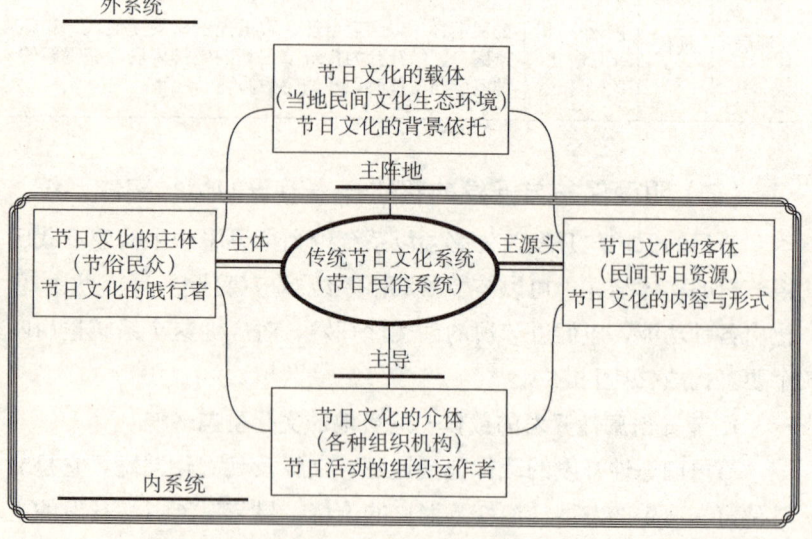

图 5-5　节日文化创意性开发的实体系统图

3. 节日创意性开发的主体——节俗民众

节俗民众由社会民众构成,是节日创意性开发的起点与归宿,一切节日都因他们而存在,也因他们而灭亡,是节日创意性开发最终依靠的主体力量。从民众的角度看，节日本来就代表他们生活方式的一部分，是民间文化的盛会。从某种意义上来说，节日文化的平台就是为不同阶层、不同年龄和不同职业的人们搭建的，在丰富多彩、文明健康的节日活动中，民众是主体，是主人①。要设法让他们主动加强素养与融入遗产保护实践中去，其中，作为节日习俗创意性开发人的民众（特别是非遗创意性开发人）的培养与教育非常重要，因为他们是非遗创意性开发的关键环节与"活态载体"，要有专门的措施。

4. 节日创意性开发的介体——节日运作的各种机构

政府、企业、民间团体等各种机构是制度化社会的重要事件的运作者，在节日文化创意性开发与创新的平台上，官、产、学、研、媒与民众之间，是一种主体间性的关系，当代各种社会机构的参与能使节日的创意性开发得以保障与实施，它们是节日创意性开发的主导者。因此，对于传统节日的创意性开发机制，应遵循立体合作，多元统一的指导思想，形成政府主导、各界促进、全民参与的联动机制。如"好客山东贺年会"把"办节"作为政府行为，以政府强有力的组织力量，调动全社会参与，形成了政府推动、企业跟进、媒体宣传、民众参与、各方面配合的推动机制，获得成功②。

（1）政府。从政府角度看，重视传统节日文化的地位，把发展传统节日作为凝聚民族力量、提升民族素质和增强软实力的重要途径和内容，是其关注民生、推动社会发展的本位所在，理应在节日文化创意性开发创新的引导和推广上下功夫，如提前规划、加强立法、制定标准、提供扶持等。立法、司法、执法与行政部门，都要以《非物质遗产保护法》等目前及今后的相关法律法规及行政制度为准绳，加强节日创意性开发的宏观监管及具体实施。

---

① 于凤贵. 传统节日文化的传承与保护与创新——以"好客山东贺年会"为个案[J]. 山东社会科学，2012,(7)：73—75.
② 同上书，87—98.

(2) 企业。从企业角度看,应以开发促进保护,以保护引导开发,在不影响节日遗产保护的前提下以产业化运作的思维进行适度开发利用。通过市场化运作,开发具有传统文化内涵的节令商品,在积极参与节日活动的同时获得经济效益,而且可以成功地塑造富有社会责任感的良好形象。当前,多地通过旅游业开发,使得很多传统节日得以继承与保留,甚至发展创新。但许多旅游业主导的节日民俗项目的开发,如一些节庆民俗表演过于商业化、舞台化,我们还需继续努力,让传统节日的文化内涵得到本真性还原。

(3) 媒体。各级传媒应该系统地宣传和普及节日文化,对即将消失的传统节日,抓紧抢救记录其内涵、理念与方式等,通过多种形式广泛地加以宣传,特别是在节日期间更要努力营造热烈的节日气氛,发挥主流媒体的社会舆论功能和文化引导作用。

(4) 学界。学校要通过参与节日文化的保护与创新,加强传统文化教育,营造弘扬民族文化的校园环境,鼓励师生走出校门参与节日活动等方式,充分发挥其在节日创意性开发中的宣传教育与研究功能,引导他们理性地对传统节日文化进行思考。同时,包括学校在内的学界要加强节日创意性开发的研究,促进理论与实践的融合,以科学的理论思想指导节日保护的实践活动。

针对以上系统中不同的实体对象,应采取不同的对待原则(见表 5-5)。

表 5-5 节日创意性开发实体系统的关系表

节日民俗系统	节日创意性开发(实体)系统	处理原则
当地文化生态环境	载体	尊重历史底色+反映时代特色
节日遗存资源	客体	保护老的+开发新的
各种机构组织	介体	指导+调控+运作
节俗民众	主体	宣传+教育+巩固与发展

六、传统节日文化创意性开发的路径模式——空间路径与时间路径

世界的存在是由时间和空间二维结构组成的,传统节日文化的创意性开发是个时间序列问题,也会涉及空间组合的问题,因此,在探讨时间延续性事象时不应该把注意力仅停留在时间维度上,还应从空间上寻求破解之道。

(一) 传统节日文化创意性开发的时间路径

1. 进行资源普查

对节日的资源普查是节日文化创意性开发工作的基础工作,通过资料查阅、实地调查、细致盘点、分门别类等步骤有序推进,形成各地的节日资源谱系,并弄清哪些已濒临消亡需要保护,哪些仍有生命力可直接开发利用。根据我国传统节日在历法中的特殊位置,主要有三种类型:一是重数节日,比如新年正月初一、龙抬头二月初二、上巳三月初三、端午五月初五、七夕七月初七、重阳九月初九等;二是与太阳运动有关的节气日,如立春、清明、冬至等;三是与月亮运动有关的月朔、月望、月晦日,如寒衣节在十月初一、中元节在七月十五、除夕在腊月三十等。所有这些节日时间在历法中的位置都十分特殊,往往是阴阳消长变化的关键点。在习惯"时间地看世界"的中国先民那里,这些时间本身就带有神秘、神圣的性质[①],但很多都只是散落在各种古籍中,未能书写进非遗目录里。

2. 甄选重点节日

首先是选择,依据国家节日体系,各地盘查当地的所有节日(既包括传统节日,也包括现代节日),形成名录清单和档案材料;

---

① 张勃. 当前语境下传统节日的困境与出路——兼及建构新兴节庆活动的一点思考 [J]. 山东社会科学,2011,(3):49—53.

其次，根据初始节日清单，对那些最能体现本地特色，且确实有价值的节日遗产资源进行名录甄选；然后进行深入调研、分析和整理；最后申报各级非遗，予以深度保护。

3. 将重点节日纳入假日休闲体系

将重点节日纳入国家的假日休闲体系，并与国民带薪年休假制度相结合①，给予假日化的制度性强化，奠定当代人对传统节日的时间记忆基础。这样有利于从时间上引起国民的注意和识别，与现代节日（劳动节、国庆节、元旦等）共同构筑当代中国的节日谱系。如由于被纳入假日体系，一直以来都放假的春节和 2008 年开始纳入法定假日的清明节、端午节、中秋节所蕴涵的价值观已经深深融入中华民族的血液之中。从某种意义上说，三大传统节日被纳入法定假日是一大进步，但还不够，应该把正月十五元宵节、三月初三女儿节、七月初七七夕节、九月初九重阳节等也列入假日体系。

4. 建设创意性开发基地——传统节日示范基地建设

因为各个节日生存与发展所依托的环境是不同的，而现实中各地的文化生态也是各异的，有的地方较为适合把传统节日保留和创意性开发下来，有的地方则不合适（如城市与乡村就不一样），有的地方能原汁原味地保留，有的地方则只能沿袭形式而改变了内涵，有的地方适合保留这个节日，有的地方则利于另一个节日的存活。因此，对于传统节日的创意性开发，不能搞一刀切，而应该尊重时代特征、尊重地方特色，尊重节日本身的个性特征，针对不同的节日特征建设各具特色的节日创意性开发示范基地，可以结合当地历史风貌保护区，甚至是历史文化名城（或古镇、古村落）的建设整体推进。建设创意性开发示范基地一定要基于节日创意性开发的实体系统，做到以下几点：基地整体风貌和氛围的保护、俗民生活场景

---

① 经国务院批准，国务院办公厅 2013 年 2 月 2 日印发了《国民旅游休闲纲要（2013—2020 年）》（国办发〔2013〕10 号）。为满足人民群众日益增长的旅游休闲需求，纲要提出要在 2020 年基本落实职工带薪年休假制度。

的保留、节日习俗展演设施的保证、传统技艺传承人的保护与培养、传统节日知识及技艺的传授传播系统的构建,以及各地主管机构(如文化局、非遗办)的设置及制度法规的配套。唯有这样,才能将传统节日文化很好地保护下来,并进行创意性开发。

5. 加强宣传与立法

对于传统节日的宣传,可以借助学校教育、家庭传承、媒体传播、商业促销、实践体验等方式进行,形成一个全方位的传统节日宣传体系。至于立法,目前我国虽然有一些相关的法规、制度,但还没有一部与节日文化的保护与开发直接相关的法规或制度,应加强加速推进。

6. 对传统节日文化资源进行创意性开发与专业化生产

对传统节日资源进行创意性开发与专业化生产,具体可以借助节日民俗系统思想和文化产业的运行规律,进行节日资源开发的系统构建与模式创新,在各级政府部门的宏观指导调控下,调动社会各界的积极行动和全民参与,通过企业的市场化运作有序进行。

(二)传统节日文化创意性开发的空间路径

传统节日属于非物质文化遗产,其创意性开发的空间路径是一个多维系统,要遵循非物质文化遗产保护性开发的空间结构规律:不仅要依托实体的直接空间(第一空间,是客观的物理空间,或称为物质空间,如下文提到的传统节日示范基地),还得延伸到虚拟的间接空间(第二空间,是拟态空间,如媒介空间),最终以形成并强化传统节日在俗民(大众)脑海中的意象空间(第三空间,是主观空间,或可称为精神空间)中的印象,并最后反过来作用于现实空间(第一空间)中的节日文化遗产的传承保护与创意性开发,具体参见表5-6。因此,对于传统节日文化的创意性开发,不应只把眼光盯在现实的物理空间上,而应多利用媒介空间等拟态空间的宣传与教育,作用于人的主观空间(心理空间),直接强化民众对传统节日的认知与情感,进而激发作为社会主体的人群(包括人与机构)对非遗创意性开发的自觉性意识和持久热忱。这样,才真正抓住了节日文化创意性开发的"牛鼻子"。

表 5-6　多维空间视角下的非物质文化遗产保护性开发表

	本质	分类	释义	开发导向
第一空间（直接空间）	客观空间；物理空间	属地空间	非物质文化遗产直接赖以生存的空间,是作为非遗的文化生态环境存在的整体性区域范畴,是非遗文化的直接体验场。该空间并非越多越好,关键要选取有代表性的空间	通过示范基地、生态博物馆等方式,将具有代表性的空间区域就地建成非遗文化的原生态体验地
		飞地空间	展现非物质文化遗产的展现演示空间,是非遗的间接体验场;非遗宣传教化途径。通过脱离非遗属地的剧院舞台、博物馆美术馆、临时的会展场所、培训学习场地（如教室）等空间形式表现非遗项目的文化内涵。该空间越多越好,同时注重选取代表性的空间	策划主题剧场（如桂林漓江的"印象·刘三姐"实景演出剧场）、异地重建的民俗文化村等
第二空间（间接空间）	拟态空间；媒体空间	广播电视、网络、手机等电子空间	通过间接的媒介途径,以声音、图画、文字、动画、影视等符号形式展现非物质文化遗产的空间,主要包括电子空间和文本空间,是非遗的宣传教化途径。该空间范围并非越大越利于非遗创意性开发,而要重点关注精准性	策划并推动各种媒体关于传统节日文化的新闻报道、专题访谈、纪录片、剧目等栏目,或频道等
		书报刊等文本空间		
第三空间（意象空间）	主观空间；心理空间	认知空间	该空间最重要,是非遗创意性保护与开发最终要占领的空间阵地,是通过认知、情感、想象、理解等心理过程（要素）,以形成并强化非遗在个体心理的印象的空间,是一种直接关系到个体对非遗项目的态度、意向及行为的主观性空间,对应地可分为认知、情感、想象、理解等几种空间。该空间越大、程度越深,越有利于非遗的创意性开发与利用	通过第一、第二空间的各种运作,延伸目标群体的认知广度与深度
		情感空间		通过第一、第二空间的各种运作,延伸目标群体的喜好广度与深度
		想象空间		通过第一、第二空间的各种运作,延伸目标群体的想象广度与深度

(续表)

	本质	分类	释义	开发导向
第三空间（意象空间）	主观空间；心理空间	理解空间		通过第一、第二空间的各种运作，延伸目标群体的理解广度与深度

路径目标：通过非遗文化创意性开发的空间体系——由第一空间向第二空间的延伸，达到非遗文化（传统节日文化）的创意性开发空间向第三空间的拓展，最终形成并强化非遗在民众心理空间（第三空间，主观空间）中的印象，深化社会机构及民众（目标群体）对非物质文化遗产的认知，激发对非遗创意性开发的情感与想象。最终促进现实空间（物理空间）中的非遗（传统节日）的创意性开发。

第六章
节事旅游产品的专业化生产

节事旅游资源开发利用后,即进入节事旅游产品的生产以及整个产业体系的综合运营阶段。依托具有优势的特色(文化)资源发展文化产业是我国文化产业发展的主要方式之一,这是毋庸置疑的。但有些地区在发展文化产业时,却一味地强调自身的文化资源如何具有优势,并且把文化资源优势在产业发展中的作用过分拔高,以为具备了资源优势就一定能把文化产业做强做大[①]。虽说丰富的文化资源是一地文化产业发展的重要基础,但并不一定就能发展好产业,还需要巨大的市场容量为前提,通过产品的专业化生产和产业的集聚化运营来实现。其中,产品的专业化生产有利于节事旅游的产业链上各个环节的精细化分工,是从其所依托的产业链生态的过程角度来讲的,属于时间维度的路径;产业的集聚化运营有利于节事旅游产业链上各相关资源的协作化整合,是从其所依托的产业链生态的空间载体角度来讲的,属于空间维度的路径。下面两章将从节事旅游产品的专业化生产与节事旅游产业的集聚化运营两个方面,探讨节事资源与旅游产业创意融合发展的问题。

具体而言,专业化是节事旅游产品生产的具体路径,只有做到节事旅游产品的专业化生产,才能形成标准化、批量化的生产产能;才能进一步提高产业的发展质量,增进要素组合;才能促进形成最优化的生产成本控制机制,并达到整个产业体系运行的集约化效果,最终带来效益的最大化。

基于产业链视角,本章将主要对节事旅游的产品生产环节作深入探讨。节事旅游产业链上各环节的专业化分工与生产是紧密相连的。其中,专业化分工是基础,没有专业化的分工,(各种)产品的专业化生产就无从谈起;专业化生产是关键,没有专业化的生产,专业化分工就没有任何实际意义和承载实体。总之,专业化分工是专业化生产的基础与前提,专业化生产是专业化分工的目标与归宿,因此,要真正做到节事旅游产品的专业化生产,应遵循产业链

---

① 范建华. 以特色文化产业园区推动产业发展 [N]. 经济日报, 2013 年 1 月 10 日.

的逻辑，先厘清专业化分工，再来探讨产品的专业化生产，按照步骤有序展开。

第一节 节事旅游产业的专业化分工：核心产业链与延伸产业链

节事旅游产业的专业化分工是节事旅游产品专业化生产的基础，下面将从产业链视角对节事旅游产业的专业化分工进行分析。

一、节事旅游产业链

要对节事旅游产业进行专业化分工，首先必须对节事旅游产业链进行解构，对其产业链生态有个清晰深入的了解。

(一) 产业 (生态) 链

生态链是生态系统中不同生物种群之间在营养关系上形成的一环套一环的链式关系，生态链中的生产者、消费者、分解者共同形成自然界的生态系统，它维系着自然界的生态平衡和生物界的繁衍生存①。产业链是对产业部门间基于技术经济联系而表现出的环环相扣的关联关系的形象描述②。借用生态学的概念，与自然界的生态系统一样，产业链中大量存在着上下游关系和相互价值的交换，上游环节向下游环节输送产品或服务，下游环节向上游环节反馈信息，由此形成一种类似于食物链的产业生态链。产业生态链中处于上、下游层次的企业，根据投入产出关系开展分工和合作③。

---

① 王瑜. 基于产业生态链的旅游集群可持续发展探索 [J]. 江西科技师范学院学报, 2011.6, (3)：93—96.
② 龚勤林. 区域产业链研究 [D]. 四川大学博士学位论文.2004,3：1.
③ 王瑜. 基于产业生态链的旅游集群可持续发展探索 [J]. 江西科技师范学院学报, 2011.6, (3)：93—96.

(二)节事旅游产业链

作为一种产业经济现象,节事旅游也具有一个完整的产业链体系。其中,供给、生产和流通三大环节属于产业链的核心环节,加上辅助环节上的各种要素(科技、制度、资本、人才等),共同构成一个完整的节事旅游产业端的综合体系;消费环节则属于市场端,其内部体系主要由各类节事旅游消费(如游、行、食、宿、娱、购等)要素构成(参见图6-1)。

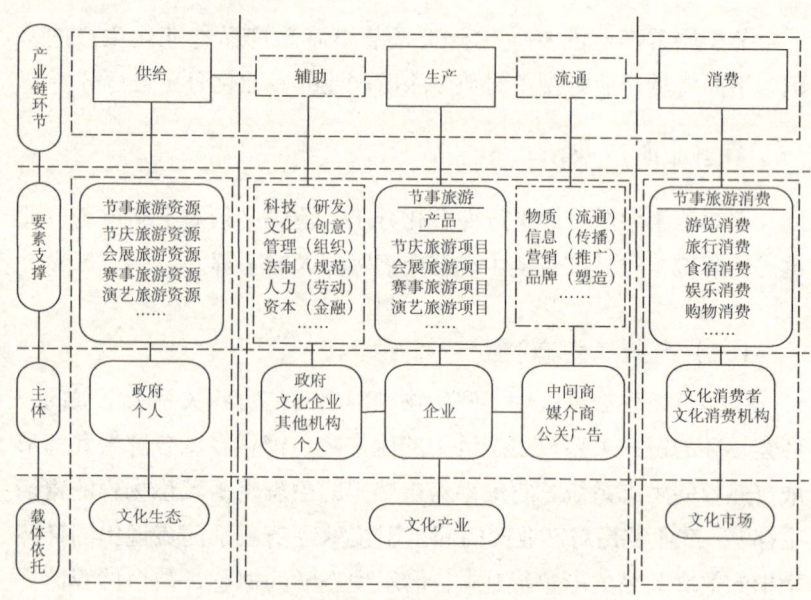

图 6-1 节事旅游产业链结构与要素体系

节事旅游产业(生态)链上的"供(应)—(生)产—(营)销"等各个环节紧密相连,环环相扣,其内部的过程机制如图6-2:节事(旅游)资源是节事旅游产业链的供应端,是节事旅游产业发展的基础;节事旅游产品(包含节事旅游核心产品系列和节事旅游延伸产品系列,具体详见下文分析)是产业链的具体生产环节,是节事旅游产业发展的核心;节事旅游的相关营销服务领域则为营销环节(也是节事旅游延伸产品系列的一部分),是节事旅游产业发展的关键。节事旅游产业的专业化分工应该根据这一内在逻辑展开。

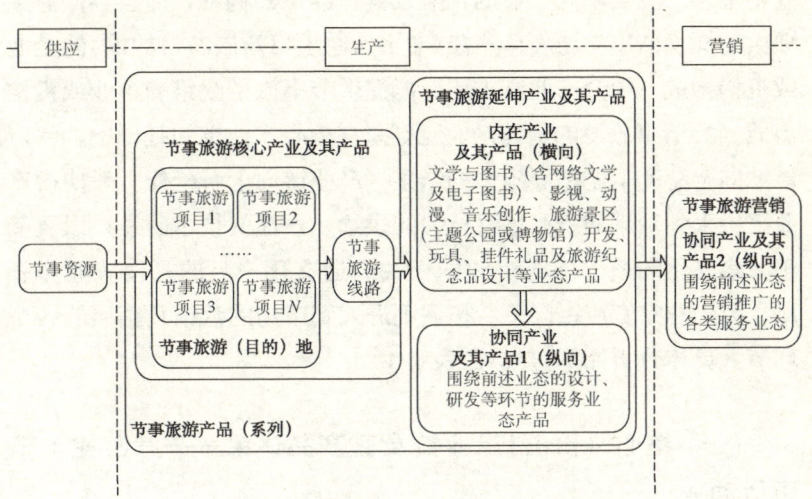

图 6-2　节事旅游产业链内部过程机制图

二、节事旅游产业的专业化分工

节事旅游产业作为文化产业的一种业态,专业化发展是今后的必然趋势。这就要求进一步提高节事旅游产品的核心竞争力,并突出节事旅游产品(尤其是节事旅游核心产品)的特色,以放大节事(文化资源)的优势,凸显节事文化的品牌个性[①]。产业链思维是人们分析经济现象的一种观念与方法,反映的是具有产业关联的企业之间的联系,这种产业关联的实质则是各企业之间的供给与需求的关系。因为用产业链的思维,可以描述一个具有某种内在联系的企业群及其产品系列群的逻辑关系,并反映各自的内部价值,即以此反映出产业链各环节上的企业及其产品之间的结构属性和价值属

---

　①　范建华. 以特色文化产业园区推动产业发展 [N]. 经济日报,2013 年 1 月 10 日.

性，因此，结合节事旅游产业链的结构属性与价值属性，本书认为其内部的专业化分工可作如下布局：(1)节事旅游的核心产业链，主要由主导产业及中介产业的企业及其产品系列构成，而主导产业主要由能提供节事旅游实体产品(节事旅游项目及旅游目的地)的企业或机构构成，中介产业则主要由能提供节事旅游线路的企业或机构组成。(2)节事旅游的延伸产业链则是在核心产业链的基础上，尽可能地向上游和下游拓展延伸的结果。产业链向上游延伸一般使得产业链进入到基础的资源(原材料)的供给、产品的技术研发，以及基于节事文化的核心内容资源的相关周边文化产品的开发等业务领域，范围非常宽广；向下游拓展则进入到市场的营销及拓展的各个环节，具体分析如下(并结合表6-1)。

(一) 核心（价值）产业链及其产品体系——旅游业＋节事活动业

节事旅游的核心(价值)产业链，是节事旅游产业链上的核心环节，主要包括各种基于旅游业和节事活动业，而又将这两种产业进行充分融合而产生的各种业态，根据各种业态在产业发展中的地位与作用的不同，可以分为主导产业和中间产业两大类型。

属于节事旅游核心产业各种业态的产品，本书统称为节事旅游核心产品，它们构成一个庞大的产品体系，是节事旅游产业发展的核心依托。节事旅游核心产品作为节事旅游产业专业化分工在生产阶段的具体表现，本书基于节事旅游的核心产业的产品的本质(即是实质内容还是实现形式)的不同，以及所对应的产业是主导产业还是中间产业，将节事旅游产品分为内容产品与形式产品两种类型。

1. 主导产业（链）及其产品——节事旅游内容（实体）产品

从产品形态的角度来看，节事旅游内容产品指的是体现节事旅游产品的实质内容的产品类型，又可称为节事旅游实体产品。节事旅游的内容产品蕴含了产品内在的真正内涵，它是节事旅游产品系

表 6-1　节事旅游产业链结构及其专业化分工一览表

产业链环节		产品分类	产品系列结构（结构属性）产品分类及项目例举	主体分工	价值阐释（价值属性）
节事旅游资源开发	延伸产业链1 协同产业	物质资源	物质生活资源、物质生产资源	资源拥有者	节事旅游产品的供给源头
		非物质资源	语言、游艺、历史文化、习俗仪礼、民间信仰等文化资源		
		名人资源	现实人物资源、虚拟人物资源		
节事旅游产品生产	核心产业链 主导产业	节事旅游内容产品	节事旅游项目	项目开发者	节事旅游实体产品
			节事旅游（目的）地	当地政府	
	中介产业	节事旅游线路产品	纯节事型旅游线路	线路开发与经营者	节事旅游形式产品
			节事混合型旅游线路		
	内在产业	外围产品	主题景区、演艺及明星经纪、影视文学及图书出版、动漫、音乐与艺术、以及玩具、饰品、礼品等周边产品	文化产业的内容生产相关机构	围绕节事（及其相关）内容资源，可以开发各种文化产品
	延伸产业链2 协同产业	相关产品1	节事活动的策划、设计与组织、节事（品牌的）版权及交易、讲座及教育培训等服务	设计、研发、营销等相关机构	围绕上述产品的设计、研发、营销等环节，可提供各种相关服务
节事旅游营销		相关产品2	节事旅游产品分销营销服务，如票务代理商	分销（渠道）商	围绕上述产品提供的各类营销服务
			节事旅游产品牌营销服务，如各类媒体	媒介（渠道）经营商	

列的内容与实质,没有了它,节事旅游产品系列就会成为无本之木、无魂之体。从微观与宏观两个不同的层面,又可以具体分为两个层次的产品:节事旅游项目和节事旅游(目的)地。因为节事旅游内容产品基本上是以节事旅游核心产业中的主导产业部门(节事旅游项目开发者及节事旅游地政府)为主体的,所以基本上与节事旅游核心产业中的主导产业部门相对应,是他们的业务范畴。

(1)节事旅游项目。

从微观层面上看,节事旅游项目作为节事旅游内容产品的一种形态,是节事旅游产品的最小单元,具体指的是各地的各个单体节事旅游项目,是以节事旅游项目的开发及运营者为运营主体和表现载体的节事旅游产品形态。其注重的是微观层面上的具体节事旅游项目的策划设计与运作管理,主要属于各种节事旅游项目的开发及运营者(既可以是企业,也可以是政府部门,或其他组织机构或个人)层面上的操作范畴。

(2)节事旅游(目的)地。

一地各种节事旅游项目按照一定的时间和空间结构进行组合,作为一个整体以节事旅游(目的)地的形式对顾客产生旅游吸引力。从宏观上看,节事旅游(目的)地本身作为节事旅游内容产品的一种形态,是节事旅游产品的扩大单元,具体指的是一地多个节事旅游项目形成的组合,是以整个旅游(目的)地(的相关政府部门)为运营主体和表现载体的节事旅游产品形态。其注重的是宏观层面上的作为节事旅游目的地的总体规划及其实际过程实施与监管、推广营销等,主要属于各级地方政府层面上的操作范畴。

2. 中介产业(链)及其产品——节事旅游形式(线路)产品

从产品形态的角度来看,节事旅游形式产品指的是体现节事旅游产品的组织形式的产品类型。节事旅游的形式产品体现了产品外在的组织实现方式,它是节事旅游产品系列的形式与躯壳,没有了它,节事旅游产品系列就会成为无附之体、无形之物。从目前面向终端消费市场的各地的旅游产品的组织形式来看,主要是以旅游线路的方式为多,因此,如今节事旅游的形式产品主要以旅游线路的形式表现出来,又可称为节事旅游线路产品。我们可以各种节事旅游项目(节事旅游实体产品)为核心,通过完整的节事旅游线路将(节事旅游)目的地的游、行、食、宿、娱、购等各要素整合在一起,供游客选择。根据构成节事旅游线路的各个旅游项目(节点)的属性——是否为节事项目,又可将其具体分为两种产品类型:纯节事型旅游线路和节事混合型旅游线路。因为节事旅游形式产品基本上是以节事旅游核心产业中的中介产业部门(主要是旅行社、旅游网站、旅游服务公司等提供节事旅游的单向委托及综合旅游服务的机构)为主体的,所以基本上与节事旅游核心产业中的中介产业部门相对应,是他们的业务范畴。

(1)纯节事型旅游线路。

作为节事旅游的形式产品,纯节事型旅游线路指的是整个节事旅游以节事项目为核心(主题),且线路的各个部分(节点)全部都是由纯粹的节事(旅游)项目构成的旅游线路。其最大的特点就是,节事旅游线路的各节点的构成的纯粹性,即都是节事类的旅游(资源)项目。

(2)节事混合型旅游线路。

作为节事旅游的形式产品,节事混合型旅游线路指的是整个节事旅游以节事项目为核心(主题),但会整合其他非节事项目的旅游景观类型(如自然旅游景观和其他非节事类的人文景观)而构成的旅游线路。其最大的特点就是,节事旅游线路的各节点的构成的非纯粹性,即由节事类的旅游项目和其他类型的旅游(景观)项目共同构成。

3. 节事旅游核心产业链的内部结构与分工

从节事旅游的核心产业链的内部来看,若说节事旅游内容产品(包含两个层次的产品形态)是(产品原料的)供应商,节事旅游形式产品——节事旅游线路则是直接面向节事旅游消费市场的终端产品，是根据客户群的消费特征及行为习惯等进行各种创意性的组合，研发和设计的供消费者选择的各种旅游线路，主要属于各种旅行社类经营机构层面上的操作范畴。

（二）延伸（业务）产业链及其产品体系——节事文化产业综合

以节事旅游核心价值链为中心，以文化产业全产业链思想进行产业拓展布局，将是节事旅游产业链上日后的主要业务增长点。横向上，利用现有的节事旅游产业的内容资源，可以拓展以节事文化的综合体验为增长点的内在产业链业务；纵向上，用节事旅游文化产业经营管理所涉及的各个环节（供—产—销），可以拓展以节事（旅游）产业综合服务为增长点的协同产业链业务。

1. 横向：内在产业（链）及其产品体系——节事旅游外围产品

围绕节事旅游核心产业链上的核心内容资源——节事文化相关要素的内容资源（如节事文化资源的各种要素，可参见前文中的表 5-2），综合开发各种周边文化产品，形成一个体系完备的节事文化内容产业的产品体系。因为这些业态都是基于节事旅游产业的核心依托——节事文化的内容资源，与节事旅游的核心产业链一起对整个节事旅游产业链的发展起着内在的支撑作用，本书称之为节事旅游的内在产业（链）。其产品（业务）相对于作为节事旅游产品系列的核心层（即节事旅游核心产业链的产品）来说，属于外围层，本书将其称作节事旅游外围产品。从外延上来看，节事旅游外围产品的范围很广，包括与节事（文化）的内容资源紧密相关的主题景区（主题公园或博物馆）、演艺及明星经纪、影视文学及图书出版、动漫、音乐与艺术以及玩具、饰品、礼品、旅游纪念品等周边产品。

2. 纵向：协同产业（链）及其产品体系——节事旅游相关产品

围绕前述各种业态（包括核心产业链及延伸产业链中的内在

产业链的各种业态），从资源的整合与开发，到产品的研发、设计、营销推广等环节，向节事旅游产业链的上游和下游不断延伸，综合开发形成一个体系完备的节事文化延伸发展的产品及服务体系。因为这些业态都是以节事旅游产业的核心产业链以及延伸产业链中的内在产业链为基础，再向产业链的上下游两端分别延伸的，对整个节事旅游产业链的发展起着协同辅助的作用，本书称之为节事旅游的协同产业（链）。其产品（业务）与作为节事旅游产品系列的核心层（即节事旅游核心产业链的产品）与外围层（即节事旅游延伸产业链的内在产业链的产品）密切相关，属于节事旅游产品系列结构的相关层，本书将其称作节事旅游的相关产品。从外延上看，节事旅游相关产品范围主要有：节事活动（节庆、会展、体育赛事、娱乐等各类活动）的策划、设计与组织；节事（活动品牌的）版权及交易（如知识产权交易中心）、讲座及教育培训（如节事会展学院）；节事媒介经营、节事演艺明星经纪、节事艺术经纪（如画廊业）、广告；商务办公、会所接待、居住体验服务等。节事旅游协同产业链及其产品体系虽然是核心产业链及（延伸产业链中的）内在产业链的辅助协作者，但其内部可以形成巨大的产业规模，不可小觑。

　　这里特别说明一下，节事资源的创意开发，以及节事旅游（主要是指包括节事产业核心产业链上的各类产品）的营销与传播环节上的各种服务，本质上属于协同产业链的产品体系，但由于我们习惯按照产业链的"供-产-销"的逻辑框架来对节事旅游产业链进行分析，故本章主要探讨节事资源与旅游产业创意融合的产品的专业化生产环节，而对节事资源的创意开发（已在上一章中做了深入分析）以及节事旅游营销的分析（放到下一章进行专门探讨）不做探讨。

第二节 节事旅游产品专业化生产：类型、模式及保障机制

一、节事旅游产品专业化生产的关键点：文化与创意

在节事旅游产品的生产过程中，产品是节事资源与旅游产业创意融合的结果，只有转化为被消费者接受与认可的有实体性内容和适众性形式的产品，资源开发和整合才有具体的平台依托。在这其中，文化是节事资源与旅游产业创意融合的点睛之笔，只有紧紧抓住文化内涵与特色，由资源转化成的节事旅游产品才会有血有肉、形神兼备，并对消费者具有吸引力；创意则是节事旅游产品的具体生产手段，只有通过创意设计，节事资源才能以产品的形式生动具体地展现在消费者的面前。因此，对于节事旅游产品的专业化生产，文化是核心内容，创意是基本手段，这是进行节事旅游产品专业化生产的关键点，也是基本点。

二、节事旅游产品专业化生产的类型

根据各类节事资源的不同特点，我们可以对其产品进行专业化的生产（同时请参见表5-2）。

（一）节事物质文化资源的生产

对于节事物质文化资源的生产开发，可以中国及当今世界的各种核心理念为主题（如春节的"团圆"或"吉祥"等），开发各种系列（如团圆系列或吉祥系列）的服饰、饮食、居室、车驾、爆竹等风物产品，成为节事文化消费者，尤其是节事旅游消费者们必吃、必住、必用、必看、必买的"五必"产品。

(二)节事非物质文化资源的生产

对于种类繁多的节事非物质文化资源的生产开发,我们可以结合各类资源的特点,开发成节事文化消费者,尤其是节事旅游消费者们"必玩""必乐"的"二必"产品。如结合语言、游艺类文化资源类别的各自特点,以相关事件及人物为线索,整合并开发相关的游戏动漫、影视戏剧、网络文学、歌舞及口头表演等文化休闲产品;结合当地的特色民间习俗及仪礼,可以策划并组织成相关的仪典、习俗旅游体验产品;依托民间信仰文化资源,可针对宗教信徒推出宗教朝觐旅游活动项目,针对一般民众综合开发祖神祭祀的体验旅游活动项目等。

(三)节事名人文化资源的生产

名人文化必须依托具体的事件和器物及其蕴含的(非物质的)文化思想观念等,因此,对于节事名人文化资源的生产开发,首先要遵循"物质资源与非物质资源相融合"的基本原则,再结合各自资源要素的文化价值及其特点,开发与生产多种形式的产品,如名人遗迹展览与交流、名人传记及影视文艺作品发行、名人专题研讨会、名人故居与纪念馆、博物馆及故乡的旅游项目;名人事迹图书、音像、纪念币和纪念像章、邮票、明信片、图画、雕塑、标牌等旅游纪念品等。

三、节事旅游产品专业化生产的(空间)模式

我国文化资源丰富,文化形态富集,但在文化资源的产品化和市场化过程中,却难以实现规模化[①]。究其原因,是因为文化资源与其他资源,尤其是物质资源相比,其本身并不具独占性,也不具备属地原则,即拥有资源并不代表能够占有资源。尤其是如节事资源这种无形而又活态的文化资源类型,尽管孕育形成于某一地区,

---

① 范建华. 以特色文化产业园区推动产业发展 [N]. 经济日报,2013 年 1 月 10 日。

并带有这个地区浓烈的色彩，但在经济全球化和文化一体化日益明显的今天，能对其进行开发与生产的主体已经不局限于当地(的机构或个人)，只要在开发生产后的产品能满足市场的需求，任何地方的人(或组织)都可以参与进来。所以，各地只过分强调自己的文化资源优势，而不能基于人们的共同需求，用全球战略眼光来对丰富且精致的当地文化资源进行专业化的生产与商业化的运作，这对文化产业发展来说是于事无补的①，作为文化产品重要类型的节事旅游产品的专业化生产无疑也理应如此。本书基于空间的视角，根据节事资源所依附的空间的不同(属地空间与飞地空间)，认为对节事旅游产品的(专业化)生产可以有两种不同的(空间)模式：属地化模式与飞地化模式(参见表 6-2)。

(一) 属地化模式

节事旅游生产的属地化模式，是指在尽量维持节事资源原生属地的文化生态环境的基础上，对节事资源(包括节事事象本身及其相关事象的资源)的原生属地进行就地式的开发和生产的模式。这种模式一般适合于传统节事文化遗产的保护与开发生产，其特点就是，不脱离节事资源的原生属地，并常常通过结合示范基地、生态博物馆等方式，将具有代表性的空间区域就地建成节事文化的原生态体验地。

这种生产模式可以节事为主题与手段，对原生地的各类文化遗产(物质文化遗产和非物质文化遗产)资源进行旅游综合开发与生产。由于许多传统节日及其活动本身的内容丰富多彩，如那达慕大会就荟萃了蒙古族的衣食住行习俗、礼俗、传统游艺活动，以此为依托进行节事旅游创意利用与生产开发，可综合向旅游者展示与营销作为旅游(目的)地的原生属地的各种文化遗产，扩大其知名度和

---

① 范建华. 以特色文化产业园区推动产业发展. 经济日报，东方文创网 http://shcci.eastday.com/r/20130111/u1a7123164.html‑2013 年 1 月 11 日 15:31。

表 6-2 基于属地空间与飞地空间的节事旅游产品专业化生产对比表

空间类别	释义	功能	专业化生产的策略	举例	适用范围
属地空间	是节事文化资源直接赖以生存的原生态空间,一般在原生地空间范围内直接、完整地保留节事文化的文化生态。该空间并非越多越好,关键是要选取具有代表性的空间	节事文化的直接体验场	可以节事为主题与手段,通过示范基地、生态博物馆等空间组织形式,利用原生地的各类文化资源,开发与生产出具有鲜明的当地特色的节事旅游产品	各种示范基地、生态博物馆等代表性属地空间区域内的节事旅游产品,如韩国江陵端午祭、云南西双版纳傣族泼水节、我国蒙古族区域的那达慕大会的原生地	传统节事文化遗产的保护与生产开发
飞地空间	是节事文化资源的间接再现与展演空间,一般会脱离节事资源的原生空间,在其他空间范围间接表现节事文化的内涵。该空间越多越好,同时要注重选取代表性的空间	节事文化的间接体验场及营销传播途径	可以节事为主题与手段,通过剧院舞台、主题园(街)区、传统博物馆、会展场所、教育学习场地等空间组织形式,利用任何其他地方(非原生地)的各类文化资源开发与生产出各类节事旅游产品	各种剧院、主题园(街)区、传统博物馆、会展场所等代表性飞地空间区域的节事旅游产品,如上海马戏城"时空之旅"剧目、广州天河区七夕文化广场的七夕主题活动的所在地	传统节事文化遗产的保护与生产开发;现代节事文化的展示与生产开发

影响力,也可为相关产品打开销路①。

(二)飞地化模式

节事旅游生产的飞地化模式,是指在脱离节事资源的原生属地的生态环境的基础上,对节事资源(包括节事事象本身及其相关事象的资源)在异地进行飞地式的开发与生产的模式。这种模式既适合于传统节事文化遗产的保护与专业化生产,也可用于现代流行文化的展示与利用开发,其特点是脱离节事资源的原生属

---

① 贾鸿雁.论我国非物质文化遗产的保护性旅游开发[J].改革与战略.2007,11(11):119—122.

地,并常常通过嵌入剧院舞台、主题园(街)区、传统博物馆、会展场馆、教育学习场地(如教室)等方式,在异地进行表现与展演。

这种生产模式可以节事为主题与手段,对任何地方的各类文化资源(既可以是物质文化资源,也可以是非物质文化资源;既可以是传统的文化遗产资源,也可以是现代的流行文化资源)进行旅游综合利用与开发。如本书前面理论基础部分的观点所述,无论是传统节庆还是现代节事活动,都能通过节事主题的注意力集聚效应,整合各地区多种类的特色文化事象,荟萃于一炉,引发节事旅游人口的集聚效应,并进一步推动节事旅游产业的发展。如深圳的民俗文化园和世界之窗,以旅游演艺的方式来组织和展示各地的民俗文化节事活动,以吸引游客,促进旅游与文化的融合,并带动华侨城及深圳的旅游与文化产业的融合发展。

四、节事旅游产品专业化生产的机制保障

为了更好地促进节事旅游产品专业化生产,应基于当前我国旅游业和节事活动产业的现状,形成可靠的保障机制,并注意有效实施。具体而言,应该理顺管理体制和明晰运行机制。

(一)理顺管理体制——创新行业组织体系

随着大旅游时代旅游业和节事活动产业的边界逐渐融合,"节、会、展、演、赛"与"游"的融合发展已成了一种综合性的新业态。这就要突破传统目的地管理只局限于旅游目的地管理的狭隘视角,而应从大目的地管理(把某地同时看作是旅游和节事活动的共同目的地,并进行协同综合管理)的视野来进行管理体制的创新,即创新行业组织体系,以促进二者的互动。

创新行业组织体系要注意如下几点:(1)政府监管——成立新的专管机构。可以考虑设置新的政府专管机构,实施节事产业与旅游产业的综合管理功能,并形成"国—省—市(地)"三级行政管理层

次,对行业进行统一规划,提供服务,监督管理,主要任务是协助各级政府制定节事产业与旅游产业发展的规划、政策和行业法规,指导当地节事产业与旅游产业健康发展,并开展必要的市场研究。(2)行业自律——整合行业协会组织。在现有节事产业分散的行业协会组织的基础上,成立全国性的节事产业协会(并分设各级各类分会),协助政府对节事产业进行管理,并将主要职能放在行业信息咨询、教育培训及业务指导上,尤其是要开展行业统计、展会评估和认证、赛事节庆的运营与管理等方面的培训,收集和出版行业的经营数据与营销资源等方面的信息。(3)组织完善——完善行业组织体系。此外,还应该有完善的行业组织体系支撑方可将行业管理的作用落到实处。我国香港地区的主要旅游组织除了政府专管部门旅游事务署及行业自律组织香港展览会议业协会外,还有旅游业策略小组、旅游发展局(营销推广机构)、香港旅游业议会等机构①。

(二)明晰运行机制——切实推动旅游企业和节事会展类企业合作

明晰运行机制的关键就是要切实推动旅游企业和节事会展类企业的合作。节事产业与旅游产业实现融合互动,归根结底取决于二者的合作程度,从旅游业全面介入节事产业方面而言,可作如下尝试。(1)促进传统旅游企业转型。特别是旅行社,要将自身定位成会展、奖励旅游和节事活动的组织者,向会展公司或奖励旅游公司全面转型,不要仅停留在为展会人员安排接送、代订客房、餐饮、票务、提供导游等服务上,更应使自己的服务融入大型活动中去,甚至细微到参展商的临时需求。(2)在经营中引入新的业态。如旅行社从事奖励旅游业务,酒店兴建专业的会议设施,用于承接各类会

---

① 王春雷. 从目的地管理的视角看会展节事活动与旅游业的融合(上)[N]. 中国旅游报,2010年6月11日,第11版。

议或展览会等。(3)梳理与扩充服务内容。如酒店设立专门的会议部等单独的部门,主要承接会议或展览的会务工作等。大中小旅行社也可以结合各自的特长,根据会展的市场定位和目标群体提供相应个性化优势服务内容。(4)推进旅游景区与会议业的融合。会议展览举办地的选择一般都考虑与会人员的旅游需求,这为旅游业的介入提供了很好的机遇,尤其是旅游景区(点)。景区应通过营销使自己从节事活动及会展业中受益。(5)产业部门整合。这是构建新型节事旅游业的关键所在,要鼓励现有企业通过兼并、联合、重组等方式,构建以节事会展旅游企业集团或经济联合体为核心的产业形态。

第三节 类型探讨:节事旅游核心产品的专业化生产

节事旅游的核心产品是节事旅游产品体系中的核心内容,最能反映节事旅游产品的本质与特征,颇具代表性,本书将对节事旅游核心产品的专业化生产作深入的类型探讨,以便为整体节事旅游产品的专业化生产提供借鉴与参考。因为节事旅游的核心产品是由节事旅游内容产品和节事旅游线路(产品)共同构成的,下文将从这两方面探讨节事旅游产品中的核心部分——节事旅游核心产业链上的产品类型(内容产品与形式产品)的专业化生产问题。

(一)内容产品(项目实体产品)的专业化生产

节事旅游内容产品的专业化生产可按以下路径模式进行:深挖文化内涵—强化创意体验—丰富产品形态—进行多元化的产品组合。

1. 深挖文化内涵

文化是节事的根本，深挖节事的文化内涵是进行节事旅游产品专业化生产的基础。这可以依据节事系统中的物质、行为(与制度)以及精神文化各层面的构成要素，根据一定主题对其文化因子进行深入挖掘，设计能完美体验某一节事的鲜明的文化特征与文化内涵的旅游产品。以传统节庆的旅游产品的创意生产为例，如对端午节进行文化旅游产品的创意策划与设计，就可以根据"物质—行为(活动)—精神"的内部结构来设计完整的端午节旅游产品系列，挖掘蕴藏在产品背后的传统文化理念：(1)物质层元素——如用菰叶包裹的粽子(古称角黍①)表达人们祈求端午之后阴阳调和、风调雨顺的愿望；艾蒿、符图、雄黄酒等节日物品，利用其驱邪避瘟功效，表达古人对健康的追求，对生命的热爱。(2)行为层元素——如通过吃粽子、划龙舟等来纪念爱国主义诗人屈原，增强对爱国主义这一国家、民族永恒主题的体验。(3)精神层元素——通过上述各种物质及行为元素的组合所蕴含的精神观念的折射，表达古代人们崇尚自然，提倡人与自然和谐相处的价值观念和生存智慧。

2. 强化创意体验

如今是体验经济时代，体验丰富与参与性强的节事旅游产品往往深受游客欢迎。在节事旅游产品生产过程中，强化创意体验可以从文化元素的组合和科技手段的融入两方面着手。

(1)要注重文化元素的创意组合。这可以按照上述"物质-行为与制度-精神"这一内涵挖掘的逻辑结构，设计能使游客完美体验某一节事鲜明文化特征与文化内涵的旅游产品：如通过让游客亲自制作并品尝用菰叶包裹的粽子，体验渴望丰收的愿望；现场购买并

---

① 粽子，古称角黍。黍是中国古代五谷(稻、黍、稷、麦、菽)之一。古人认为黍具阳火之性，又称火谷。角黍之所以要用菰叶包裹，是因为菰叶生于水中而属阴。菰叶包于黍外，象征阴外阳内、阴阳相合之状。表达古代中国人祈求端午之后阴阳调和、风调雨顺的愿望。

使用艾蒿、符图、雄黄酒等多种节日物品，进行驱邪避瘟，体验热爱生命、关爱健康的精神价值；通过观赏或参与纪念爱国诗人屈原的划龙舟活动等来增强爱国情怀。

（2）要注重现代化科技手段的创意运用。这可根据文化与科技融合的策略，推出既具有科技含量又不乏文化内涵的特色节日旅游产品。如运用数字化技术，推出端午"超越时空"虚拟旅游项目，让旅游者能够身临其境般地了解端午文化演变的历史，体会其生动别样的传统文化特色①。

3. 丰富产品形态

旅游业产品的形态丰富多彩，涉及景观（点、区）游览、交通、餐饮、住宿、娱乐、购物、导游（及翻译）等方面，只要是旅游者的旅游旅行过程涉及的方方面面，都可以被旅游业所包含。同时，节事与旅游的相关性极高，融合基础好，因此，节事旅游产品的专业化生产可以形成一个庞大的产品谱系序列。下面将从节事文化系统的内部结构，具体分析节事旅游产品专业化生产的谱系序列结构（见表6-3）。

4. 进行多元化的产品组合

为了增强节事旅游产品的吸引力，可以从多方面对节事旅游产品进行巧妙组合，实现效果最优化。

（1）节事旅游产品的同类组合。是指将同属于节事类的旅游产品的不同类别之间进行组合。这可以将传统节庆活动与现代节事活动相结合，这是顺应时代发展和游客心理变化的必然选择，是成功的节事旅游产品设计所必须做到的基本原则。此外，还可以通过将节事游戏娱乐与节事旅游演艺相结合等方式实现节事旅游产品的同类组合。

（2）节事旅游产品的异类组合。是指将节事类的旅游产品与非

---

① 丰婷，康媛媛. 从文化象征角度谈中国传统节日旅游的发展——以端午节为例 [J]. 北方经济. 2009，12(12)：13.

表 6-3　节事文化系统视角下的节事旅游（内容）产品谱系表

节事文 化系统	节事旅游(内容)产品谱系		
	产品类型	产品举例(以春节为例)	产品的商业形态
节事文 化物 质层	节事物品（节物）	节事食品	春节的年肉、年酒、饺子、年糕、枣糕、馒头、糍粑、全鱼、丸子、安乐菜、五辛盘、春饼、春卷、糖瓜、欢喜团、团圆饭等	节事旅游饮食、土特产销售
		节事风物	春节的桃符、春联、窗花、门神画（年画）、彩笺、花炮、焰火、大红灯笼、中国结等	节事风物鉴赏、工艺品销售
		节事建筑	过春节的房屋布置	节事旅游住宿体验、建筑景观鉴赏
		节事服装	春节节服（如建议以汉服作为春节的节服）	节事服饰民俗体验、民俗服饰销售
	节事形象标志(节标)		春节节标的创意设计（和版权保护）及其形象授权、周边产品开发（如雕塑景观鉴赏、工艺装饰品开发）等	节标形象设计、节标形象授权、节标景观鉴赏、节标工艺品销售
节事文 化行 为层	节事仪式及庆典(节庆)		送旧迎新仪式（如祭祀送灶神、除尘(陈)、除夕年夜饭与守岁、迎新鸣炮等）；拜年；各类公众祭祀；闹元宵(舞龙舞狮)等	节事民俗风情体验与娱乐、仪式表演及相关演艺欣赏
节事文 化精 神层	节观价值观念(节观)		传统观念——神灵信仰与家族伦理：团圆、喜庆、感恩及崇敬祖灵、祈福求祥、社交、娱乐 现代精神——和平、民主、关爱、和谐	寻根问祖旅行、宗教朝觐旅行、祈祷祈福活动等
	节观语言表达(节语)		吉祥语、谜语、谚语、成语及典故、语言禁忌、神话故事及影视文学	语言文字游戏、故事欣赏等

节事类旅游产品进行异类组合。这可以将节事旅游产品与传统观光旅游产品进行组合开发（如将节事民俗体验与传统的风景欣赏相结合），也可以与商务旅游产品相结合（如将节事民俗体验与商务考察、会议旅行相结合），还可以与生态休闲旅游产品相组合（如将节

事民俗体验与自然风景观光、生态休闲度假相结合)①。

(二) 形式产品 (线路产品) 的专业化生产

从过程顺序来看,必须先有节事旅游(目的)地的内容产品——实体产品,才能为节事旅游的线路产品提供基础原料,进而形成面向最终消费客源——节事旅游者的专业的特色节事旅游线路(产品),具体可以从节事旅游的实体产品的整合和构成要素的创意两方面展开。

1. 对节事旅游项目 (节事旅游实体产品) 的实体整合

关于节事旅游项目(节事旅游实体产品)的实体整合,可按时间和空间两种路径模式去展开。

(1) 时间路径——节事时间安排的序列化。

基于当地的节事资源,在对节事旅游内容产品进行专业化生产(创意策划)时,应在一定主题的统帅下,从节事旅游地的整体框架布局出发,注意对当地甚至多地的各个节事旅游项目在时间上进行统合与协调,具体可从以下两方面展开:

从节事旅游项目的时间模式选择上看,要注意每次旅游节事流程中内容项目安排在时段上的合理性和衔接性,借鉴文学叙事的手法,按照"开始—发展—高潮—结尾"的顺序精心策划与安排节事项目的内容情节与具体流程。如各类现代体育赛事及节庆活动都有完整的环节流程设计与实施:一般是以万众瞩目的开幕式开启一项节事的美好篇章;开幕之后是各项子活动的平行开展,接着就由有代表性的重点节目的推波助澜,使得节事发展进入高潮;不久之后就是闭幕式的举办,以结束所有的节事内容流程,留下完美的结局让人回味无穷。同时,要注意考虑一日内的线路安排,要将白天的旅游项目(如白天观光体验地方节庆民俗风情)与夜间的旅游项目

---

① 贾鸿雁,徐红. 苏州非物质文化遗产资源的旅游开发研究——基于 RMP 的分析 [J]. 资源开发与市场. 2013,1(1): 102—105.

(如夜间欣赏节事表演节目)相结合。

从节事旅游(目的)地的整体规划布局的时间模式选择上看,要注意一地的节事旅游项目系列在时间上的连贯性和均衡性,将节事项目均匀分布在一年四季的各个时段,以营造持续的节事气氛,创造休闲旅游的浓烈氛围。如上海,除了传统的节庆活动,一年四季的每个月份都有各种现代节事活动的安排,做到季季有节庆、月月有活动。从自然景观为特色的节事旅游项目的总体分布上来看,依据资源载体的强烈的时段性特征,春季有樱花节(宝山顾村)、桃花节(浦东南汇地区)等,夏季有荷花节(松江新浜),秋季有秋季花展(浦东滨江森林公园),冬季有梅花节(青浦淀山湖东方绿舟,奉贤海湾旅游区)等,均衡地分布在一年的四季之中,形成一个连续完整的节事旅游(项目)产品的系列组合。

(2)空间路径——节事空间布局的协同化。

基于当地的节事资源,对节事旅游内容产品进行专业化生产时,还应从节事旅游地的整体框架布局出发,注意当地及多地的节事产品(项目)系列在空间上的协同发展,可从以下两方面开展:

从同一区域内节事资源及产品的空间模式选择上看,要注意对同一区域内的离散的节事旅游资源开展创意性的聚合盘整以及产品的专业化加工生产。这要注意两点:首先,要挖掘和提炼作为节事旅游地的本区域内的共同文化特征,整合离散的节事资源为现实的节事旅游产品,形成同一主题下的节事旅游(产品)集聚地(带)。如可借用"点—轴"开发模式来形成相对集中的节事旅游集群地(带)。所谓的"点",包括一到几个节事旅游(目的)地,"轴"则是联结各节事旅游(目的)地的路线(大多是以交通路线的方式实现的)。其次,要分清资源整合后的节事旅游产品系列的主次关系,优选出产品系列中的主角与配角。例如,浙江海宁的国际钱江观潮节具有重要影响力,而萧山、杭州的观潮节相对影响较小,可以海宁为龙头核心,全面整合海宁、萧山及杭州三地的观潮资源,形成更具规模及影响力的国际观潮节①。

要注意对不同区域间的共同文化资源的联动开发、共同利用,形成大旅游概念下的节事旅游目的地的联动组合体。因为节事旅游(目的)地不是单独存在的个体,对于两个或两个以上具有相同或相近文化属性特征的目的地,可对共同的文化资源进行整合利用,开发成一个统一主题的节事旅游联动组合体。如对于洛阳,其唐文化可以与西安的大唐文化结合,联合开发大唐文化旅游节,形成以大唐文化为主题的旅游联动组合体;其牡丹文化可以与菏泽的牡丹文化结合,联合开发(区际联动的)牡丹赏花会,形成以牡丹文化为主题的旅游联动组合体。其他的,如商丘的孔子文化旅游可以与山东的"圣人游"结合,进行联动开发,联合生产。

2. 对节事旅游的旅游要素的创意整合——游行食宿娱购等的线路安排

(1) 节事旅游线路设计的原则。

① 适众性原则②。适众性讲的是节事旅游产品设计时要有针对性,即并非产品是适合所有大众的,也可以针对小众市场。节事旅游线路产品的适众性的核心,是面向一个特定的、有清晰特征的人群,而这个人群恰恰是某些产品的购买主力或重度消费群。这是产品创意策划时就应该考虑的问题,而不应该在产品推向市场后,再去找适宜的消费客人。

② 畅通性原则。畅通性原则在节事旅游线路产品中表现为如下几个方面:节事旅游线路各项目所涉及的城市间以及各旅游景点之间的组合要紧凑,重点突出,并适合线路的主题要求;路线线条要清楚、简约,不走回头路。这些很多都要落实在交通的安排以及服务设施的保障上。

---

① 董观志,杨凤影. 区域节庆旅游资源的整合模式研究 [J]. 商场现代化,2005,5(13): 129—130.
② 国家旅游局人事劳动教育司. 旅行社经营管理(第2版)[M]. 北京: 旅游教育出版社,2006: 55—56.

③ 时效性原则。即节事旅游产品设计时对客观的外在环境的变化要及时了解和分析。对社会类主题的节事旅游线路的设计，要注意灵敏捕捉社会信息，适时推出或调整线路产品；对以自然生物为主题的节事旅游线路的设计，要注意游览与最美的季节和气候环境达到协调一致。

④ 新颖性原则。要求在节事旅游产品的设计时，寻找并制造出产品的亮点。具体而言，除了产品线路外，无论是线路产品的名称、广告语、宣传单，还是产品的销售地、销售手段、氛围营造等，许多方面均能营造引人入胜、美不胜收的感觉。

⑤ 差异性原则。差异性原则具体体现在以下几方面：一要注意，与谁的差异，与竞争对手产品的差异；与自己前期产品的差异；与同类线路产品的差异。二要注意，差异化的手段，价格差异；线路先后顺序的差异；在一地停留时间及包含的内容项的差异。

（2）节事旅游线路设计要整合的要素。

节事旅游线路的设计需要对一次完整旅行程中所需要涉及的景观鉴赏、交通、饮食、住宿、娱乐以及购物等一次完整的旅游行程中的各种要素进行整合。与一般的旅游线路相比，节事旅游线路要突出自己的特色，以区别于其他类型的旅游线路，这就需要从旅游基本要素（游行食宿娱购等）中得以表现。

首先，节事旅游线路中的核心要素是节事旅游吸引物。这是以节事活动及其文化特色为核心的。也就是说，作为一种旅游吸引物，节事及相关文化活动是某地对大量旅游人群具备吸引力的核心，节事旅游者正是冲着某节事及相关文化活动而前往某地旅游的。

其次，节事旅游线路中的辅助要素是旅游相关服务。要使节事旅游线路对游客们具备独特的吸引力，还需要在交通、饮食、住宿、娱乐、旅游购物等方面，结合（某一）节事的文化特色，在鲜明主题的统帅下，为游客营造全方位的节事旅游体验氛围。如针对欧美游客的春节文化旅游的线路专业化设计,就应在突出中国春节的主题文化特色(如辞旧迎春、团聚欢庆、祈福纳祥等)的基础上,通过休闲文化(如贴春联、放鞭炮、守岁、拜年、闹元宵等),居住文化(如挂满灯笼,贴满春联、"福"字和"春"字的居住装饰等)让游客综合体验春节的节日风情,通过节日风物(如中国结、春联、大红灯笼等)、饮食文化(如除夕吃团圆饭,元宵吃汤圆)等物质文化及与之密切相关的行为文化(如年前置办年货、除夕祭拜先灵、辞旧守岁、迎新放炮、新春走亲访友、闹元宵等)让游客切身品鉴春节的文化风味——年味。

第七章

节事旅游产业的集聚化运营

一些著名的文化产业集聚区,诸如美国好莱坞、百老汇,印度的班加罗尔、宝莱坞,伦敦西区、纽约苏荷区以及上海的田子坊,北京的798等,以其强大的吸纳力和辐射力备受世人瞩目。它们共同的特点就是,通过产业集聚的机制作用形成(特色)产业集群,通过(特色)产业集聚区的空间组织形式促进相关产业要素的充分集聚①,促进对当地特色的文化资源的规模化开发和专业化生产,使之达到产业运营的集约化效果,实现规模经济与范围经济的双重效应。由此可见,节事旅游产业的集聚化运营是节事资源的旅游开发利用和节事旅游产品专业化生产的基础,对节事资源与旅游产业创意融合发展具有重要意义。

产业集聚的结果必须通过空间这一载体才能有具体的依托,只有经过营销与推广才能将资源转变为资本,将产品转换为效益,因此,本章探讨的节事旅游产业的集聚化运营问题,将分别从空间的集聚化和营销的集聚化两方面展开。

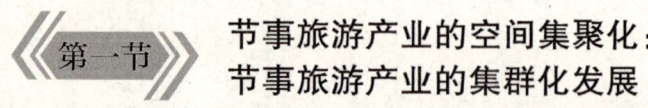

第一节　节事旅游产业的空间集聚化：节事旅游产业的集群化发展

本节内容将重点讨论节事旅游产业的空间集聚化发展问题,以促进节事旅游产业在整体上获得集约化效应。节事旅游产业(各种要素及部门的)集聚化的结果是节事旅游产业集群,节事旅游产业集聚区是节事旅游产业集群的空间表现,因此,节事旅游产业集聚区本质上是节事旅游产业集聚化运营(及发展)的空间组织形式,下面将重点讨论。

---

① 范建华.以特色文化产业园区推动产业发展［N］.经济日报,2013年1月10日第14版.

一、节事旅游产业集聚化发展的作用机制

对于节事旅游产业而言,通过相关的产业要素及部门的集聚,可以形成与之对应的节事旅游产业集群,并不断发展。本质上看,这是节事旅游产业集聚化发展的具体表现形式。节事旅游产业集聚区则是节事旅游产业集聚化发展的空间组织形式,更是节事旅游产业集群的空间依托。同时,无论是作为具体表现形态的节事旅游产业集群,还是作为空间组织形式的节事旅游产业集聚区,它们的形成与发展都离不开可靠的节事旅游产业链生态的均衡作为基础,以此形成一种保障机制,为节事旅游产业集聚化发展提供背景支持(具体内容请结合表7-1,并详尽参见下文分析)。

表7-1 节事旅游产业集聚化发展的内部机制表

	具体内容	理论支撑	结果呈现	本质
节事旅游产业集群的共生机制	节事旅游的资源集聚效应、分工协作效应、信息与资源共享	产业集群共生理论	节事旅游产业集群(共生体)	节事旅游产业集聚化发展的具体表现形式
节事旅游产业集聚区(ETD)①的成长机制	节事旅游产业集聚区的形成与发展——两种导向	旅游综合体理论,文化创意产业园区理论	节事旅游产业集聚区(节事旅游共生综合体)	节事旅游产业集聚化发展的空间组织形式;节事旅游产业集群的空间依托
节事旅游产业链的(生态)均衡机制	节事旅游产业链生态的均衡与优化:双向均衡	产业链分工与协作整合理论	节事旅游产业链的生态均衡	节事旅游产业集聚化发展的背景依托、基础保障

---

① ETD是"Event Tourism District"的简称,即"节事旅游产业集聚区"的意思。具体指以具有比较优势的节事旅游资源与区位条件为发展基础,以节事旅游产品为核心吸引物,依托相应的特色区域,将酒店、景区、餐饮、购物、娱乐等旅游休闲服务部门与会展、节庆、演艺或体育运动等节事内容资源有机结合,从而形成节事内容与旅游部门融合共生的一种新型的旅游综合发展区域,也可以简称为节事旅游综合体。

二、节事旅游产业的集群化：节事旅游产业集聚化发展的表现

旅游业是集群效应最明显、最适合集群化发展的行业之一[①]，产业集群在培育经济增长和旅游发展中是最有效的工具[②]，因此，节事旅游产业的发展适合采用产业集群的发展模式。而节事旅游产业集群是节事旅游产业集聚化发展结果的具体表现，能推进节事旅游产业的集约化发展。

（一）节事旅游产业集群是节事旅游产业集聚化发展的具体表现形式

旅游业是一种分散型的行业，独立经营对大部分旅游企业来说，难以获得规模经济效益[③]，一条节事旅游线路或一个节事旅游项目的开发经营，单靠一家旅游企业既难以实现也不经济。因此，节事旅游产业集群作为节事旅游产业集聚化发展的具体表现形式，表现了节事旅游产业集约化发展的具体内涵，其背后既体现了对节事旅游产业专业化生产的基础保障作用，也折射了节事旅游产业集聚化运营的综合优势。

从产业集聚的角度看，旅游产业集群是旅游企业及相关企业和部门为了提高竞争力和竞争优势而形成的服务体系[④]或有机系统[⑤]。由此，作为旅游产业集群的一种类型，本书认为，节事旅游产业集

---

① Michael E, Porter. Clusters and the New Economics of Competition [J]. Harvard Business Review, 1998, (11): 77-90.
② Marina Novelli, Birte Schmitz, Trisha Spence. Networks, clusters and innovation in tourism: A U. K. experience [J]. Tourism Management, 2006, 27(6): 1141-1152.
③ 颜醒华, 俞舒君. 旅游企业产业集群的形成发展机制与管理对策 [J]. 北京第二外国语学院学报, 2006, (1): 61—66.
④ 鲁明勇. 关于旅游产业集群研究基本问题的思考 [EB/OL]. www.cotsa.com, 2006年7月28日.
⑤ 陶文杰. 我国旅游企业集群化发展路径研究 [D]. 武汉大学硕士学位论文, 2005: 4—5.

群是指与节事旅游(产业)发展密切相关的节事旅游核心吸引物(即各类节事旅游活动项目),以及游览观光、旅行交通、餐饮住宿、购物娱乐等旅游相关企业和部门,为了形成并提高强劲、持续的集体竞争力和竞争优势,在一定地域空间内形成的具有紧密协作关系的群体集合。这对促进节事旅游产业集聚化发展,形成强劲、持续的群体竞争优势,进而促进当地节事旅游产业的持续健康发展具有重要意义。

(二) 节事旅游产业集群的形成与发展机制

旅游产品的综合性与旅游行业的关联性是旅游(企业)产业集群产生与发展的催化剂[①]。具体到节事旅游产业的集聚发展来看,从事与节事旅游相关的企业在追求规模经济、游客差异性偏好和要素集聚等的积极推动下[②],必然努力探寻适合自身经济活动的最优区位,进而促进特定主题的节事旅游集群的形成与发展。这种向最优区位集聚(即循优推移)的产业集聚过程,就是节事旅游产业集群形成与发展的机制过程。

具体而言,节事旅游产业集群的形成与发展的过程有两种具体的路径方式,它们从相同的起点出发(依托地域的节事资源特色及产业基础),经过不同的中间环节,最终达成一致的目标(促进节事旅游产业集群的有序发展),详析如下(结合参见图 7-1):

1. 路径一:(市场)自发集聚式

自发集聚式属于市场诱发型,其动力源为市场。具体机制过程表现为:首先,一些企业自发在某一区域经营、集聚;然后,在某一主题的节事文化方面形成一定的资源特色及产业发展基础,且影

---

① 颜醒华,俞舒君. 旅游企业产业集群的形成发展机制与管理对策 [J]. 北京第二外国语学院学报,2006,(1):61—66.
② 聂献忠,张捷,刘泽华,章锦河. 我国主题旅游集群的成长及其空间特征研究 [J]. 人文地理,2005,20(4):65—68.

| 节事资源与旅游产业的创意融合 |

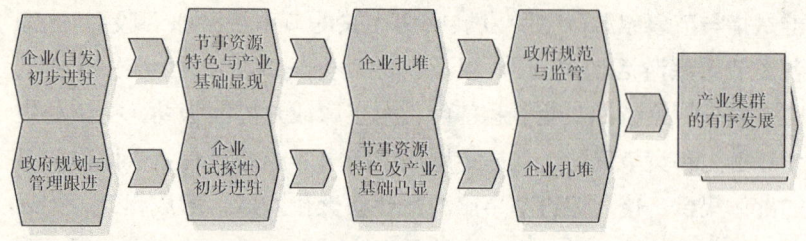

图 7-1 节事旅游产业集群的形成与发展机制（路径）图

响力不断扩大；接着，由于市场的力量，吸引更多的相关企业进驻该集群区域，促进更多的产业要素与相关企业自发地向产业集群内集聚，即出现"企业扎堆"现象；之后，随着产业集聚的规模及综合效应的提升，政府逐步介入，进行规范与监管；最终，促进产业集群的有序发展。上海泰康路的田子坊就是（市场）自发集聚式的典型。

2. 路径二：（政府）规划引导式

规划引导式属于政府主导型，其动力源为政府。具体机制过程表现为：首先，在地方政府的规划引导下，某一区域在某一主题的节事文化方面形成一定的产业发展基础，甚至初步的资源特色；接着，一些相关企业（针对性）试探性地进驻集群，进行经营；然后，该区域的特色及影响力进一步提升；之后，随着政府对该区域指导与管理的加强，集聚效应的进一步扩散，吸引更多的产业要素与相关企业的集聚，即出现"企业扎堆"现象；最终，促进产业集群的有序发展。上海世博会的遗址——一轴四馆地区就是（政府）规划引导式的典型。

3. 两种路径的对比分析

从对比的角度来看，节事旅游产业集群形成机制的这两种具体路径模式是有异同点的（参见表 7-2）。其中，在节事旅游产业集群的形成机制过程中，无论哪种路径模式，有最关键的两点都是一样的，即必须依托节事资源特色和产业发展基础，而这些节事资源特色和产业发展基础的形成，必须要依托一定的环境载体，那就是节事旅游产业集群。而节事旅游产业集群又往往是以一定的空间(组织)形式出现的——专门的节事旅游产业集聚区(如节事旅游综合体),这是节事旅游产业集群良好发展的关键条件,是实现其集约化发展的空间组织形式,需要深入研究(后文将专门分析节事旅游集聚区的发展问题)。

表 7-2 节事旅游产业集群形成机制的具体路径对比

路径类型	不同点			相同点		
	本质	主体力量	具体路径过程	依托的资源基础	依托的空间载体	客体
自发形成式	市场诱发型	市场	企业初步进驻—节事资源特色及产业基础显现—"企业扎堆"—政府规范与监管—产业集群的有序发展	区域节事资源特色及产业发展基础	节事旅游产业集聚区	节事资源及产品系列
规划形成式	政府主导型	政府	政府规划与跟进管理—企业初步进驻—节事资源特色及产业基础凸显—"企业扎堆"—产业集群的有序发展			

(三) 节事旅游产业集群发展的模式

按照促进节事旅游产业集群的形成与发展的动力源泉是客源(市场)还是资源(基础),节事旅游产业集群的发展模式可以分为客源驱动型、资源依托型以及混合动力型三种模式。

1. 客源驱动型发展模式

文化产业要获得良好发展,有一个重要规律就是要依靠可靠的客源基础。集群成功与否最终取决于市场,因此,客源是旅游集群形成和发展的首要动力[①]。从节事旅游产业发展的角度来看,现实中很多地方由于拥有优质的客源腹地,能为该地区提供持续不断、数量众多的节事旅游客源的支撑,从而带动该地节事旅游产业的发展,并促进节事旅游产业集群的形成和发展。这样的节事旅游产

---

① 景秀艳. 关于旅游产业集聚的思考 [J]. 闽江学院学报,2005,(8):62.

集群即为客源驱动型节事旅游产业集群,其发展模式即为客源驱动型节事旅游产业集群发展模式。

该模式最大的特点是,由于需要持续不断、数量众多的客源支撑,所以,该类节事旅游产业集群基本上都分布在大型城市、城市群内及其周边地区,它们以近距离的游客为主要客源。因此,该类模式适宜于大城市或城市圈及其周边区域采用。2010年世博会选择在上海举办,如果从产业的经济效应上来考虑,其中最主要的原因就是,上海这座常住人口达到2 400万[①]的城市再加上其周边的长三角城市群,拥有巨大的人口基数,能够为节事活动的成功举办提供数量庞大的稳定客源,并为世博会结束后作为产业集聚空间形态的世博园提供会展节事产业集群的形成与发展奠定基础。又如,在珠三角四千多万较高收入的本地常住人口和六百万以上的港澳台地区游客以及六百万以上的国内游客的市场吸引下,在客源优势的基础上,深圳华侨城创建了以"锦绣中华"为首的四座主题公园,以各类主题游乐活动及园区表演等节事活动为特色,形成了独具特色的旅游产业的集群[②]。

客源驱动型的节事旅游产业集群发展模式的内部机制是:由于客源对节事旅游消费的需求自发形成的集聚力量,通过市场刺激了生产要素的集聚,并最终促进节事旅游(产业)集群的形成和发展。这可以简单地概括为一个良性循环的链圈模型,即"客源需求集聚——产业要素集聚——产业集群形成与发展——更好地满足目标顾客的需求——更多更高质量的客源需求的集聚"(参见图7-2)。因为这个良性循环圈链模型的形成是以客源集聚为驱动力的,本书称之为节事旅游产业集群发展的客源驱动型机制模型。

[①] 至2013年年末(上海)全市常住人口总数为2 415.15万人。其中,户籍常住人口1 425.14万人;外来常住人口990.01万人。数据来源:《2013年上海市国民经济和社会发展统计公报》(上海市统计局、国家统计局上海调查总队),引自:http://www.stats-sh.gov.cn/sjfb/201402/267416.html(上海统计网,2014-02-26)。

[②] 王瑜. 基于产业生态链的旅游集群可持续发展探索[J]. 江西科技师范学院学报,2011,6(3):95.

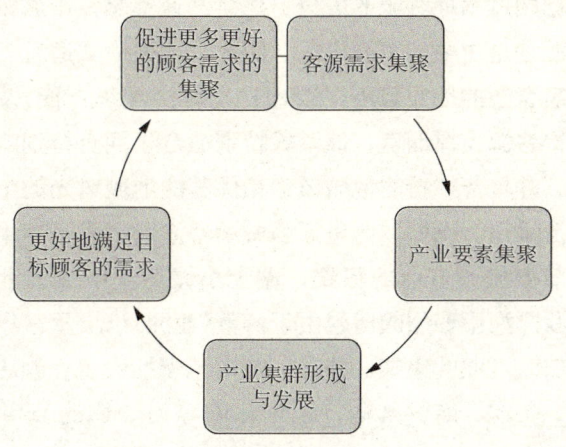

图 7-2 节事旅游产业集群发展的客源驱动型机制模型图

2. 资源依托型发展模式

各种类型的节事旅游资源是形成节事旅游集群的最初诱因。节事旅游产业集群的另一种常见发展模式是资源依托型模式。与客源驱动型模式不同,该种模型作用下的地方由于拥有非常著名的节事(及其活动)品牌,能为该地区发展节事旅游业提供绝对优质的节事(文化)资源的支撑,进而吸引大量外来游客慕名前来体验消费,从而带动该地节事旅游产业的发展,并促进节事旅游产业集群的形成和发展。这样的节事旅游产业集群即为资源依托型节事旅游产业集群,其发展模式即为资源依托型的节事旅游产业集群发展模式。

该模式最大的特点就是,由于这种模式的发展需要以具有绝对优质的节事(文化)资源为基础,所以,该类节事旅游产业集群就不一定集中在大型城市或城市群地区,还可以分布在广大中小城市及农村地区。因此,具有各类优质节事文化资源(如节庆、体育赛事、会展等),或是那些还有着美丽风光,以及独特的地域风情或深厚的人文底蕴的地方比较适宜于该类模式的发展。故其客源构成不像客源驱动型那样,不仅有众多近程游客,也会有很多远程游客,有时甚至远远超过本地客源的数量。如果产业集聚在小城镇的话,可能远程客源才是主要的客源市场。因此,这类模式适宜于拥有绝对优质的节事资源的地方采用,相对于大城市(或城市圈)及其周边区域容易获得客源支撑而言,该模式特别适合于拥有特别响亮的节事文化品牌,并具备独特的地域风情和优美的地域风光的小城镇或农村地区广泛采用。例如,西班牙小城潘普洛纳市由于奔牛节而形成了奔牛及节事旅游产业的集聚,瑞士小城达沃斯由于世界经济论坛,以及我国海南琼州的博鳌由于博鳌(亚洲)论坛及常年的会议而形成会议旅游产业的集聚,并进一步形成囊括会议、酒店、观光游览、交通、餐饮、商贸购物、娱乐休闲等为一体的节事旅游产业集群。

根据被依托利用的节事资源的形成时间的早晚,这些节事资源又可分为传统节事资源和现代节事资源两大类。其中,传统节事资源主要以节事文化遗产为主要资源对象,故又可称为节事遗产资源;现代节事资源主要是在现代社会背景下为了符合市场经济的发展而人为创意策划的以"人造节事"为主要节事资源对象的节事资源,故又可称为节事创意资源。

资源依托型的节事旅游产业集群发展模式的内部机制是:由于节事资源的独特性和优质性吸引了大量游客前来体验消费,因而刺激了生产要素的集聚,并促进当地节事旅游(产业)的形成和发展,并通过节事产业集群的形式优化整合各种产业要素。这可以简单地概括为一个良性循环的链圈模型,即"核心节事资源的集聚—客源(需求)集聚—产业要素集聚—产业集群形成与发展—更好地满足目标顾客的需求—更多更优质的节事旅游资源的集聚"(参见图7-3)。因为这个良性循环圈链模型的形成是以资源集聚为依托基础的,本书称之为节事旅游产业集群发展的资源集聚依托型机制模型。

3. 混合动力型发展模式

节事旅游产业集群发展的混合动力型模式,是综合节事旅游的

第七章 节事旅游产业的集聚化运营

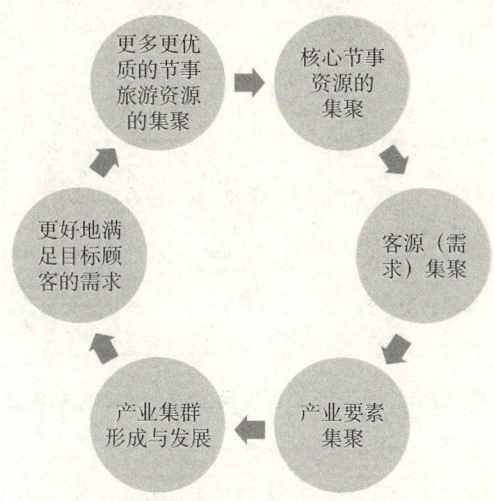

图 7-3　节事旅游产业集群发展的资源依托型机制模型图

客源和资源两种优势，促进一地节事旅游产业集群发展的模式。由于这种模式综合了节事旅游的客源基础和资源特色双重优势，因而是节事旅游产业集群发展最理想的一种模式，最适合在以北京、上海、广州、深圳为代表的这些既有客源优势又有特色区域节事旅游资源的区域发展。

混合动力型的节事旅游产业集群发展模式的内部机制：在客源和资源双重优势的作用下，节事旅游的资源开发利用与客源挖掘拓展融合互动，形成良性循环，促进当地节事旅游（产业）快速发展，并形成节事产业集群，促进客源与资源的优化、升级，最终促使节事旅游产业的持续发展，并进一步促进资源与客源的优势集聚。这可以简单地概括为一个双轨并行的良性节事旅游产业生态链逻辑，即"客源和资源的双重优势—节事旅游的资源的开发与客源挖掘融合互动—（形成良性循环）—产业集群形成与发展—促进客源与资源的优化、升级—促使节事旅游产业的持续发展—进一步促进资源与客源的优势集聚"（参见图 7-4）。因为这个良性循环圈链模型的形成是以资源和客源的双重优势为基础的，本书称之为节事旅游产业集群发展的混合动力型机制模型。

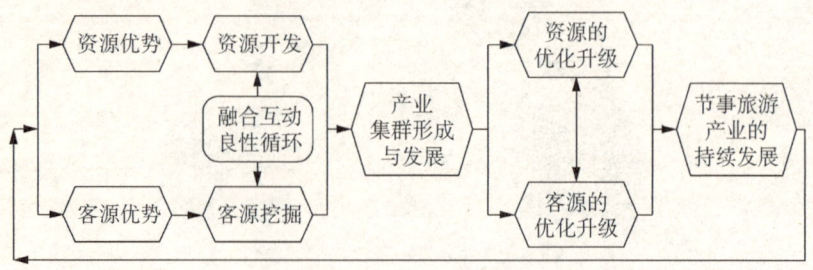

图 7-4　节事旅游产业集群发展的混合驱动型机制模型图

三、节事旅游产业集聚区的发展：节事旅游产业集聚化的空间组织形式

节事旅游产业集聚区是节事旅游产业集群的空间依托，更是节事旅游产业集聚化发展的空间组织形式，下面将仔细分析。

（一）节事旅游产业集聚区（节事旅游综合体）及其属性

产业集群的基础是本地产业文化和创业氛围，产业集群的基本特征是产业集聚和产业联系[1]，因此，无论是实践中作为区域旅游发展的战略或振兴手段，还是理论研究中对于旅游产业集群研究的有效性和科学性，旅游产业集群（Tourism Cluster）都应该是作为在地理上的集聚理解的[2]。节事旅游产业集群在地域空间形态上会形成各种具有不同空间结构特征的节事旅游产业集聚区。

本书认为，节事旅游产业集聚区是指以具有比较优势的节事旅游资源与区位条件为发展基础，以节事旅游产品为核心吸引物，依

---

[1] 王缉慈. 解读产业集群 [A]. 顾强. 中国产业集群 [C]. 北京：机械工业出版社，2005：2—4.
[2] 冯卫红，苗长虹. 国内外关于旅游产业集群的研究综述 [J]. 人文地理. 2009，(1)：16—21.

托相应的特色区域，将酒店、景区、餐饮、购物、娱乐等旅游休闲服务部门与会展、节庆、演艺或体育运动等节事内容资源有机结合，从而形成节事内容与旅游部门融合共生的一种新型的旅游综合发展区域。本书将其简称为 FSETD（Festival & Special Event Tourism District）。由于节事旅游产业集聚区通过集聚效应集聚了大量与节事产业、旅游产业相关的企业（和部门），把它们综合在一起，通过共生效应使这些企业和部门融合发展，并成为一个共生的综合体，相当于现实中的旅游综合体（卞显红，2011）①的一种新的类型，故本书又将其称为节事旅游共生综合体。

从产业融合与共生的角度来看，节事旅游产业集聚区就是节事产业和文化旅游产业发展到一定阶段后，原本各自独立的产业系统的多重要素相互融合与共生，并以一定的集聚空间为中心，以节事文化为核心，以旅游休闲为导向，以商业营利为方向，以节事旅游产业链生态为逻辑，以土地的综合开发为目标，综合各种功能与特征，整合节事产业与旅游产业要素而形成的旅游休闲的综合聚集区。从功能属性的角度来看，节事旅游产业集聚区具有以下功能属性。

1. 节事旅游产业集聚区是节事旅游产业集群的空间依托（载体）

作为低污染、低耗能、高附加值的节事旅游产业，要想获得集约化发展和持续稳定的效益，就得突破传统粗放型的经济发展方式，进行转型升级。节事旅游产业集聚区从地理空间上为节事旅游产业的转型升级提供了可供依托的载体，在一定区域空间范围内实现各种文化要素的优势整合，并广泛地吸引人才、资本、技术等其他产业发展要素的集聚，形成节事旅游产业集群，产生节事旅游产

---

① 旅游综合体是以具有比较优势的旅游资源与区位条件为发展基础，依托相应资源，将酒店、景区、餐饮、休闲、会展、美食、演艺、运动等有机结合，从而形成旅游要素高效复合的旅游综合发展区域。（引自：卞显红. 基于自组织理论的旅游产业集群演化阶段与机制研究 [J]. 经济地理，2011，(2)：327-332.）

业的空间集聚效应，最终实现集约化发展的目标。可见，节事旅游产业集聚区(节事旅游综合体)是节事旅游产业集群的重要空间依托载体，通过培育与发展节事旅游产业集聚区，可获得规模化和集约化的双重效益。

2. 节事旅游产业集聚区是节事旅游产业集聚化发展的空间组织形式

任何产业集群，最终只有落实到具体的地域空间载体上才能得以实现其功能与价值。换句话说，即产业发展需要有具体的空间组织形式，只有在这种空间组织形式下，相关产业的发展才能更好地发挥集聚效应，能够促进产品的专业化生产和产业的协作化整合，产生更大的集约化发展效果。可见，节事旅游产业集聚区(节事旅游综合体)是节事旅游产业集聚化发展的一种有效空间组织形式。

3. 节事旅游产业集聚区是节事旅游产业集约化发展的空间路径

集约是相对粗放而言的，它以效益(社会效益和经济效益)为根本对产业经济发展的诸要素进行重组，以最小的成本获得最大的投资回报。集约化经营具有集团规模经营的特征，因此就要求生产要素的相对集中，以形成集团化、规模化的产业(经营)发展优势。通过节事旅游产业集聚区，不仅可以带来节事旅游产业集聚化发展所带来的集团化、规模化的优势与效益，并可进一步与产品的专业化生产一起促进当地的节事旅游产业的发展，以达到收益最大化与成本最小化的平衡。由此可见，节事旅游产业集聚区(节事旅游综合体)是节事旅游产业集约化发展的空间(实施)路径。

4. 节事旅游产业集聚区是区域经济发展新的增长极

随着工业化后期甚至后工业化步伐的逼近，传统工业品消费与制造业经济(或物质经济)的比重将日渐减弱，文化消费及文化经济的比重将日益增强，其中，节事与旅游经济的发展也是近年来我国发展最快的新兴产业，而承载节事与旅游两重产业融合共生发展的节事旅游综合体今后将成为区域经济发展新的增长点和增长板块。首先，在节事旅游产业集聚区主体部分逐步成型的过程中，通过大量吸收当地的节事与旅游资源要素和相关企业及部门的集聚，积累自身的能量，逐渐形成"节事＋旅游"的双重产业集聚区，促进一种新的旅游细分市场——节事旅游市场的形成，并会逐渐成为当地的一个新经济增长点。其次，在节事旅游产业集聚区的运营过程中，它会将其带动起来的人流、物流等向外扩散并反过来促进集聚区的创新发展，并由此产生由外部规模经济、范围经济等带来的集群效应，日益成为当地新的经济增长极，各种相关产业要素及企业等进一步向此地集聚，成为名副其实的节事旅游的（共生）综合体，整合区域的节事旅游资源，放大节事旅游的乘数效应[①]。

节事旅游产业集聚区又可称为节事旅游综合体，从空间的角度看，其既是节事旅游产业集群的空间依托（载体），也是节事旅游产业集聚化发展的空间组织形式；从产业经济发展的角度看，其既是一地节事旅游产业集约化发展具体的空间路径，还是区域经济发展新的增长极，对区域（产业）经济的发展起着重要作用。

（二）节事旅游产业集聚区的吸引物结构层次

在具备良好资源的基础上，从节事旅游产品生产的角度看，独特的吸引物是吸引顾客光顾的核心，因此，特色鲜明的吸引物体系的构建是节事旅游产业集聚区运营管理工作的重点。节事旅游产业集聚区的吸引物（体系）并不局限于传统意义上的旅游吸引物，而是在突出节事（活动）这一核心吸引物的基础上，加上承载核心吸引物的综合体内的相关项目实体本身及氛围环境等构成的一个完整的吸引物体系。从内涵和功能上看，节事旅游产业集聚区的吸引物分为基础吸引物、核心吸引物和延伸吸引物三个层次类型，最终形成一个节事与旅游紧密融合的综合性的产业发展构架（参见表 7-3）。

---

① 唐莹莹，王伟伟. 旅游综合体的理论视角探讨 [A]. 中国旅游研究院."问题导向与理论建构"——2012 中国旅游科学年会论文集 [C]. 北京：中国旅游研究院，2012，4(12)：197.

表 7-3　节事旅游产业集聚区的吸引物（产品）体系构架表

吸引物层次	内容（产业实体）		旅游要素*	依托的空间实体	价值功能	要求	性质***
	子类	释义或举例					
基础吸引物（固态产品）	环境氛围	营造当地的自然生态环境和人文氛围	环境	公园、广场、特色街区等区域及其建筑空间	稳定客源；赢利的基本保障	标准化、本土化	保健因素：前提与基础，必须（项目）
	商业设施	出售各种旅游商品（纪念品）的场所	购物	商业街区及其包括的商业中心、商店等			
	特色餐饮	提供各种餐饮服务的场所	饮食	各种饭店及特色饮食店（广场、摊、点）			
核心吸引物（活态产品）	节庆活动	传统节庆（如傣族泼水节）和现代节庆（如青岛啤酒节）	游览	文化（创意）产业园区、旅游景区、商业街区等特色街区	吸引游客的核心源；核心盈利点	主题化、时代化	激励因素：核心与关键（项目）
	会展览活动	各类展览（如上海车展）本身及会议（如博鳌亚洲论坛）所衍生的旅游活动	游览	展览馆、博物馆、规划馆、美术馆等展览场馆；专业会议中心、酒店会议厅等会议场馆			
	赛事活动	如世界杯	游览	专业体育馆（场）、剧（戏、影）院等文体场所			
	演艺活动	明星演唱会和旅游演艺（景区实景演出、专题室内演艺）等	游览	文化中心、体育馆（场）、景区及主题乐园的演艺空间（室内、室外）等			
	其他活动	综合性活动（如世博会）、专门性活动（如婚庆、派对）等	游览	各类综合活动场馆（如上海世博园的一轴四馆**）、酒店等			

(续表)

吸引物层次	内容（产业实体）		旅游要素*	依托的空间实体	价值功能	要求	性质***
	子类	释义或举例					
延伸吸引物（固态产品）	旅游景观	各类景区及其内部的景观（自然、人文）	游览	景区	延长游客逗留时间；赢利（拓展）增长点	个性化、国际化	激励因素：完善与补充（项目）
	休憩设施	各种休闲游憩设施	休憩	广场、公园、茶吧等休憩场所			
	住宿设施	酒店、招待所、公寓等住宿设施	住宿	星级酒店、经济型酒店等各种住宿场所			
	游乐设施	提供玩乐、愉心悦意的设施	娱乐	主题乐园、娱乐城等各种娱乐体验区域			

　　* 传统旅游产业六要素是指游、行、食、宿、娱、购，本书从节事旅游产业集聚区业态经营的角度看，其旅游产业要素具体包括游览、娱乐、购物、饮食、住宿、休憩、环境等，不必与传统六要素完全一致。

　　** 一轴四馆指的是上海世博会留下的永久建筑：世博轴、中国国家馆（现为中华艺术宫）、世博会主题馆（现为上海世博展览馆）、世博中心和世博会文化中心（现为梅赛德斯奔驰文化中心）。

　　*** 基于提高顾客满意度的"双因素"视角，节事旅游产业集聚区的产品系列需要作为保健要素的吸引物（即基础吸引物系列）和激励因素（即核心吸引物和延伸吸引物）。其中，基础吸引物能稳定客源，是赢利的基本保障，是节事旅游产品（吸引物）体系的基础与前提，属于必须的（吸引物）项目；核心吸引物是吸引客源的关键与核心盈利点，是该吸引物体系的核心与关键项目，必须具备；延伸吸引物能留住顾客并延长逗留时间，是赢利的拓展（增长）点，可以完善与补充吸引物体系，应该尽量完备和不断创新发展。

1. 核心吸引物

　　从商业营销的角度看，把目标顾客吸引到现场是首要任务。对于节事旅游产业集聚区而言，各种特色节事活动是吸引游客的核心源，是名副其实的核心吸引物，能满足顾客的节事旅游的核心消费需求（即对赛事、节庆、演艺、展览等各类节事活动的品鉴和体验），是节事旅游产业集聚区生存与发展的核心与关键。因为特色鲜明的各类主题节事活动能提高顾客的满意度，属于激励因素的核心成份，所以，节事旅游产业集聚区应该在符合时代化特点的基础上，经常、有计划地策划和推出符合本区域特色的主题鲜明、个性突出的各类节事活动，以其生动、活泼、多元、新鲜等卖点引发目标受众的关注，从而吸引客源不断光顾，真正成为综合体盈利点的核心。

2. 基础吸引物

顾客被节事活动吸引来之后，节事旅游产业集聚区应如何做呢？从顾客的消费心理需求与行为模式的角度看，基础吸引物（体系）是为了满足顾客的基础旅游消费需求（即环境安全、饮食、购物等），是节事旅游产业集聚区生存与发展的基础与前提。因为这是防止顾客产生不满意的保健因素，必须通过环境氛围的营造（如公园、广场、特色建筑及区域街区）、商业设施的建设（如商业街区及其商业中心、商店等）、餐饮功能板块的布局（如各种饭店及特色饮食店）等项目的规划与经营，使其以长期固态的形态扎根下来，从而真正实现能稳定客源，提供赢利基本保障的功能目标。此外，节事旅游产业集聚区的基础吸引物体系应该体现在达到基本的标准化要求的前提下，尽量做到本土化（民族化），为综合体的个性化、主题化奠定基础。

3. 延伸吸引物

顾客被节事吸引和稳定下来之后，接下来要做的就是尽量延长顾客的逗留时间，使其增加消费。延伸吸引物（体系）是为了满足顾客附加的延伸旅游消费需求（即游览与观光、休闲游憩、娱乐消遣，甚至留下来住宿等），是节事旅游产业集聚区生存与发展的补充和完善。体系完善的延伸吸引物能提高顾客的满意度，属于激励因素的重要内容，所以，各节事旅游产业集聚区应该在充分体现自身个性特色的基础上，尽量与国际接轨，体现国际化气质，不断完善与补充新的服务内容与项目，不仅能吸引本地人、本国人，还能吸引境外人士的光顾，真正成为赢利（拓展）增长点。

对于节事旅游产业集聚区而言，核心吸引物是重点和关键，基础吸引物是前提和基础，延伸吸引物是补充和完善。通过合理的规划建设与运营管理，做到以核心吸引物（节事活动吸引物）吸引客源，以基础吸引物（基础设施及环境氛围）留住顾客，以延伸吸引物（相关商业项目）衍生消费。只有这样，节事旅游产业集聚区的开发与发展才能为内部商家带来稳定的客源和利润，为集聚区运营者自身带来可观的各类项目经营收入和可靠的商业地产租售收益，才能直接提升所在地的土地经济价值，并带动当地的区域经济发展，真正实现（集聚区、入驻商家以及当地社会等）多方共赢的结局。

（三）节事旅游产业集聚区的发展模式

作为综合聚集节事与旅游功能的特定空间的节事旅游产业集聚区，综合考虑了当地居民和外地游客的节事及旅游休闲消费的多元复合需求，进一步凸显了节事娱乐和旅游休闲相结合的功能特色，本质上是一个节事产业集聚区与旅游产业聚集区的结合点与共生体，可独立形成一个完整的经济运行系统，并已成为一种旅游休闲目的地形态，具有很好的发展前景。

从空间角度来看，节事旅游产业集聚区可以视为文化（创意）产业园区的一种新形态。综观世界较为成熟的文化产业园区，无不是建立在依托特色文化资源、依赖特色区域资源禀赋，或根植于特色城市文脉的基础上发展起来的[①]。因此，节事旅游产业集聚区的形成与发展，必须依托所在区域的属性（类型）及其所具备的节事资源特色，才能迅速形成特色和规模，并持续稳定与发展。根据所依托地域的原始功能特色及节事资源基础的不同，节事旅游产业集聚区（节事旅游产业园区）的发展模式可以概括为以下几种常见的类型（参见表7-4）。

---

① 范建华.以特色文化产业园区推动产业发展[N].经济日报，2013年1月10日，第14版.

表 7-4　节事旅游产业集聚区的发展模式对比表

模式类型	依托的区域载体类型	核心节事旅游活动项目	其他旅游活动项目	产品特点特征（释义）
旅游景区依托型	旅游景区	户外实景旅游演艺、室内剧场旅游演艺	景区游览	通过实景演出和剧场演出等形式，使演艺活动与景区游览充分结合
主题乐园依托型	主题乐园	日常的景点表演、舞台表演，以及特定节庆活动	乐园游乐	剧场舞台表演以及各种流行文化、造型艺术、民间节庆活动等与主题公园的主题特色体验紧密结合
城市公园依托型	公园	公园节庆活动	公园休闲游览	各类节事活动与公园休闲游览充分结合
文化产业园依托型	文化（创意）产业园区	园区艺术展、创意秀、文化节等各类活动	园区参观	园区的展、节、秀等各类节事活动与园区休闲游览充分结合
游憩商业区依托型	游憩商业区	主题节庆	街区游憩休闲	各类主题节庆与商业街区休闲游憩相结合
会展设施依托型	会展场馆集聚区	各类主题展（博）览、会议	场馆游览、城市观光	各类主题会（议）展（览）与对应场馆的游览、所在城市观光等相结合
文体场馆依托型	文化体育场馆	演唱会、体育赛事等各类文体活动	场馆游览、城市观光	各类文体活动与对应场馆的游览、所在城市观光等相结合
综合依托型	会展、文体场馆及景区（乐园）等的综合区	各类专门节事活动	场馆游览、城市观光	各类节事活动的综合体验与城市旅游休闲综合体验的紧密结合

1. 旅游景区依托型——旅游演艺＋景区游览

旅游景区是景区依托型节事旅游综合体，是指当地主要是以各类旅游景区为空间依托载体，以此为核心在其周边地区逐步形成与发展起来的一种节事旅游产业集聚区类型。因为其是以景区空间为依托基础（载体）的，所以，该类型发展模式的节事旅游产品项目以各种景区旅游演艺活动为核心，具体包括（户外）实景旅游演艺和（室内）剧场旅游演艺活动。（户外）实景旅游演艺活动，如桂林漓江的《印象·刘三姐》、丽江玉龙雪山的《印象·丽江》、杭州的《印象·西湖》、武夷山的《印象·大红袍》、浙江普陀山（朱家尖）的《印象·普陀》、重庆武隆的《印象·武隆》等各地的印象系列；（室内）剧场旅游演艺活动，如张家界大剧院的《圣歌武陵》、杭州宋城的《宋城千古情》等。该发展模式的典型特征，就是通过实景演出和剧场演出等形式，使演艺活动与景区游览充分结合。此外，因为景区的客源主要是外来游客，对于当地来说，其内部以演艺活动为代表的文化节事活动在无形中还承载着展示地方形象、塑造地方品牌的责任，是目的地营销体系的重要组成部分，因此，景区内的旅游演艺一般都是当地自然与文化元素提炼后的精炼的艺术化概括，一般都是将本地最具特色与代表性的文化内涵浓缩的外化表达，如《印象·武隆》中对当地最具地方特色却又濒临消失的非物质文化遗产——"号子"的文化及巴蜀大地独特的自然风光与风土风情的展示与传播。

2. 休闲公园依托型——公园节庆活动＋公园游览

城市公园也是经常举办各类节事活动的重要空间依托载体，但作为旅游景区的一种类型，公园的客源结构上与一般的旅游景区是有一定区别的，主要是以本地游客为主，因此，（城市）公园也是节事活动非常丰富的空间单元类型，故本书将其作为一种节事旅游产业集聚区的发展模式类型单独列出来。简言之，就是指以各类城市公园为空间依托载体，以此为核心在其周边地区逐步形成与发展起来的节事旅游产业集聚区。该模式中，公园内各种以节庆活动为主的各种节事活动各具特色（如上海世纪公园的音乐烟花节、共青森林公园的森林百花节等），是节事旅游产品的核心项目，通过节事体验与公园休闲游览融为一体，促进节事与旅游双重产业的空间集聚，形成一种类型的节事旅游产业集聚区。

3. 主题乐园依托型——表演巡游＋乐园游乐

主题乐园内以演艺、巡游为代表的各类节事活动融合了经典意义的剧场舞台表演以及各种流行文化、造型艺术、民间活动和节庆活动等，成为具有极大创作和发展空间的文化产业，传递了主题公园的主题特色，使游客在艺术享受中对主题公园文化有进一步认识，提高自己的体验质量。可见，主题公（乐）园也是节事活动非常丰富的空间单元类型。以主题公园为依托的节事旅游独具特色，并可以和主题公园本身紧密结合，依托园区空间，形成和发展新的节事旅游产业集聚区类型——主题公园依托型节事旅游产业集聚区。作为一种发展模式，主题公园依托型节事旅游产业集聚区，主要是以各类主题乐（公）园为空间依托载体，并以此为核心在其周边地区逐步形成与发展起来。在以主题乐园空间为依托基础（载体）的基础上，该发展模式以乐园内各种节事活动（具体包括日常的景点表演、舞台表演及特定日期的各类节庆活动，如各地迪斯尼乐园内的各种节目、表演，上海欢乐谷的《地道战》和《欢乐水世界》等节事活动）为核心的节事旅游产品项目。该发展模式的典型特征就是剧场舞台表演以及各种流行文化、造型艺术、民间节庆活动等与主题公园的主题特色体验紧密结合，使乐园的游乐休闲与节事体验融为一体，相得益彰。

4. 文化（创意）园区依托型——文化创意节事＋文化娱乐活动

与传统的工业园区相比，文化（创意）产业园区是近年来比较流行的一种产业集聚区形式，这种以文化为本、创意为用的产业集聚之地，会吸引很多文化机构、创意企业等文化产业的核心业态以及其他相关业态集聚，并进一步引发画展等艺术展、时装秀等创意秀以及其他各类文化节事活动的集聚，在吸引文化产业的专业人士的光顾旅行的基础上，还用其知名度带来休闲旅游客源的体验与欣赏，以此带动整个区域的旅游休闲等产业的切入与融合，使之逐步成为节事旅游产业集聚区的形态之一。其主要是以集聚区所在地的各类文化（创意）产业园区为空间依托载体，并以此为核心，在其周边地区形成与发展起来的。作为一种节事旅游综合体的发展模式，其最大的特征就是，文化（创意）产业园区内各种艺术展、创意秀、文化节（如深圳大芬油画村的世界油画文化双年展与当代油画发展主题论坛等，上海田子坊的尔冬强工作室每月一次的歌剧演唱会、乐天陶社的艺展，北京宋庄艺术区的各类画展、文化节）等节事活动是节事旅游产品的核心项目，通过将特色文化节事活动的体验与园（街）区的休闲游览以及城市观光融为一体，可以说是节事旅游产业集聚区的一种独特的发展模式与类型表现。

5. 游憩商业区（RBD）依托型——节事活动娱乐＋综合休闲游憩

游憩商业区是由各类纪念品商店、旅游吸引物、餐馆、小吃摊档等高度集中组成，吸引了大量旅游者的一个特定零售商业区[①]。如上海的豫园城隍庙地区、青岛香港中路地段、江苏南京夫子庙地段、广州天河城地段、珠海九洲城地段等就具有比较鲜明的游憩商业区的特色。因为这些地方人流密集，所在地会经常策划举办与本区域功能特色相吻合的各类主题节事活动，从传统的节日艺术文化活动到现代的展示宣传等商业促销活动皆被揽括在内（如上海豫园城隍庙区域的以豫园新春民俗艺术灯会为代表的横跨一年四季的"三会九节"活动节庆系列），因此，各类游憩商业区已成为节事旅游发展的重要空间依托载体，从节事旅游集聚区的角度来看，其实就是节事旅游综合体的一种具体形态。游憩商业区依托型节事旅游产业集聚区，主要是以各类游憩商业区为空间依托载体，并在此基础上形成与发展起来的一种节事旅游产业集聚区。作为一种节事旅游综合体的发展模式，其最大的特征就是，以各种主题节事活动为

[①] RBD 为 Recreational Business District 的缩写，直译为游憩商业区，也可译为旅游商业区、休闲商务区等。根据 Stephen L. J. Smith（1990）《游憩与闲暇研究的概念词典》(Dictionary of Concepts Recreation and Leisure Studies)，RBD 的定义为：建立在城镇与城市里，由各类纪念品商店、旅游吸引物、餐馆、小吃摊档等高度集中组成，吸引了大量旅游者的一个特定零售商业区。部分对 RBD 的研究是在风景旅游地进行的，因为旅游的发展使旅游地附近慢慢形成了城镇。

游憩区节事旅游产品的核心项目，促进特色主题文化节事活动的体验与游憩区的综合休闲游览的完美融合。此外，因为游憩商业区需要长期发展而逐渐成长起来，一般都具有比较深厚的文化底蕴和产业经济基础，往往是一个城市的重要区域，甚至是一个城市形象的地标性代表区域，一般名气较大，客源很充足、规模宏大，且客源结构中外来游客与本地游客都很多。这无论对于节事产业还是旅游产业来讲，都具备了非常重要的有效客源需求基础，因此，城市游憩商业区是节事旅游产业集聚区最可靠、最重要的空间依存的载体类型之一，这种发展模式也是最重要和最可靠的发展模式。本书将在下文以上海的豫园城隍庙地区为案例，对该类型的发展模式进行深入探讨(详见本章第三节)。

6. 会展设施依托型：会议展览体验＋观光游览

会展设施主要是举办各种会议、展览的专门场所，会吸引很多专门商务人士的光顾，但很多时候也会吸引这些商务人群利用商务旅行的机会延伸出住宿、餐饮、观光游览、娱乐休闲等很多旅游方面的消费需求，因而在具有一定规模的会展设施附近也会吸引很多餐饮、住宿、休闲娱乐甚至观光游览设施的集聚，形成一个会展与旅游紧密融合的区域板块。其实，这也属于节事旅游产业集聚区的一种具体类型和发展模式，本书将这些以会展设施为中心而集聚相关旅游服务设施的区域板块称为会展设施依托型节事旅游产业集聚区。具体而言，会展设施依托型节事旅游产业集聚区，主要是以各类会展设施集聚区为空间依托载体，并在此基础上形成与发展起来的一种节事旅游产业集聚区，如上海虹桥枢纽的国家会展中心、浦东的新国际博览中心、虹桥开发区的世贸商城、徐汇的光大会展中心等区域板块就是典型的会展依托型节事旅游产业集聚区。从节事旅游产业集聚区的角度看，该发展模式的最大特征，就是会展设施集聚区内各种专业性或综合性的会议、展览的体验(如上海每年一度的中国国际数码互动娱乐展览会 Chinajoy、两年一次的国际车展)与对应的商务旅行消费，以及有关会展场馆(建筑)的欣赏、所在城市观光等紧密相结合，促进城市的会展和旅游休闲产业的融合发展。

7. 文体场馆依托型——文体赛事、演出等专题活动欣赏＋城市观光

与会展设施依托型节事旅游产业集聚区比较类似的是文体场馆依托型节事旅游综合体，因为二者都以专业的各类活动设施为具体依托。这些文体设施又具体包括博物馆、美术馆、舞蹈中心、音乐厅、剧院（场）、规划馆、科技馆、（文化）艺术（宫）中心等文化设施，以及足球场、马戏城、赛车场（如F1赛车场）、综合性体育馆（场）等各类体育场馆设施。这些场馆设施经常会举办一些体育等方面的赛事活动以及明星演唱会等文化演出活动，因而该区域板块周边也会吸引很多餐饮、住宿、休闲娱乐甚至观光游览设施的集聚，形成一个文体赛事与演出活动与城市观光旅游紧密融合的区域板块，成为名副其实的文体设施依托型节事旅游产业集聚区。文体设施依托型节事旅游综合体，主要是以各类会展设施集聚区为空间依托载体，并在此基础上形成与发展起来的一种节事旅游产业集聚区。如上海的八万人体育馆板块、虹口足球场区域、东方艺术中心板块等区域板块因为经常会有一些体育赛事、明星演唱会、文化节目演出等节事活动的举办，餐饮、住宿、娱乐休闲及游览设施也比较密集，通过各类文体节事活动为吸引源，带动整个区域甚至城市的节事产业和旅游休闲产业的融合发展，使之成为节事旅游产业集聚区的又一种发展模式。

8. 综合依托型

上述各种节事旅游产业集聚区的发展模式主要都是基于各种专门类别的设施、场所或区域板块为空间依托载体形成发展而来的，综合依托型节事旅游产业集聚区的空间区域特征则是各种活动设施、场所融合在同一个板块，并形成一个多元节事活动场所及资源融为一体的综合集聚区。这样的区域可能是旅游景区及公园、游憩商业区、文化及会展场所、文化创意园区、主题乐园等场所的重叠或聚合，形成比较庞大的区域板块，集文化、体育、游览、娱乐、休闲、会展、商业等多种功能为一体，往往是一个城市或区域的核心板块，也是节事旅游产业集聚区发展的一种常见空间载体。因此，本书认为，综合依托型节事旅游产业集聚区，是以融合各种节事活动设施场所为一体的综合区域为空间依托载体，形成与发展起来的一种节事旅游产业集聚区。作为一种节事旅游产业集聚区的发展模式，其最大的特征就是以节事活动设施的综合集聚区的各种节事旅游活动的体验与游憩休闲游览的完美融合。如：上海的人民广场区域除了是传统的行政中心、城市交通中心及中央商务区等，因为附近博物馆、美术馆、规划展示馆、音乐厅、剧院、繁华街区、公园等密集，各种节事活动资源丰富又多元，所以也是各类节事活动密集的节事旅游产业集聚区。又如，现在作为世博园永久建筑遗址的"一轴四馆"及被保留的月亮船（原沙特馆）等，就是将艺术（中华艺术宫）、展览（上海世博展览馆）、会议（世博中心）、文化演艺（梅赛德斯奔驰文化中心）等多种节事活动场所及游览体验（月亮湾游览及整个世博园区遗址的观光）、游憩商业（世博轴）等多种休闲旅游场所及其蕴含的节事资源为一体，成为初具规模的综合依托型节事旅游综合体类型，也是代表未来方向的一种节事旅游综合体发展模式。

此外，单独根据所依托的基础节事资源的类型特色的不同，节事旅游产业集聚区的发展模式又可以分为演艺活动依托型、会展活动依托型、赛事活动依托型、节庆活动依托型及综合依托型等不同类型。同时，这也是节事旅游产业集聚区的一种分类方法，所以又可以分为演艺旅游集聚区、会展旅游集聚区、赛事旅游集聚区、节庆旅游集聚区、混合节事旅游集聚区等类型，其与上面的分类方法具有一定的对应关系，比如，演艺旅游集聚区大部分集中在景区依托型、文体场馆依托型、主题公园依托型的节事旅游集聚区类型上，赛事旅游集聚区大部分分布在文体场馆依托型的节事旅游集聚区方面，节庆旅游集聚区主要和游憩商业区依托型、文化（创意）产业园区依托型、公园依托型节事旅游集聚区对应,会展旅游集聚区基本上与会展场馆依托型、文体设施依托型、文化产业园区依托型等模式类型的节事旅游集聚区相对应,各种类型的节事旅游集聚区都有可能在综合(混合)依托型模式中得到呈现。

四、节事旅游产业链生态的均衡优化:节事旅游产业集聚化的依托与保障

产业链除了在时间上具有分段性——表现为产业链各个环节的环环相扣,连续推进上,还在空间上具有集中性——在产业链的整合作用下,各环节的产业部门及相关企业在空间上的规模化集聚和相关要素的集中扎堆上,无论是资源(开发)、产品(生产),还是营销(传播),甚至有时从资源到产品再到营销、人才培育、金融资本等各要素层面全部都集中在某一个区域范围,促进产业内部各部门之间的协同、共生发展。因此,加强对作为节事旅游产业集聚化发展的背景依托和基础保障的节事旅游产业链(生态)的均衡优化分析,对节事旅游产业(在空间上)的集聚化发展也非常重要。

(一)节事旅游产业链生态的均衡优化对节事旅游产业集群发展的作用——节事旅游产业集聚的支撑与依托

产业集群的内部不是无序的,没有规则的,而是按照一定的逻辑构架有序推进的,指引其组织构架的内部规则,就是不断优化的节事旅游产业的生态链[①]。节事旅游产业生态链对节事旅游产业集群的形成与可持续发展起到基础性的保障作用,具体如下:一是有利于企业提高生产效率。通过产业生态链的优化与整合,集群内部企业的生产成本可以得到大幅度降低,生产效率可以获得提高。二

---

① 王瑜. 基于产业生态链的旅游集群可持续发展探索[J]. 江西科技师范学院学报,2011,6(3):93—96.

是有利于企业抵御风险和稳定集群势态。节事旅游产业生态链可以聚集大量的同业企业,这些企业在市场上既竞争又结盟,有助于增强抗风险的能力,并间接地起到稳定集群的作用。三是有利于企业找到最优区位。经过生态链优化的节事旅游产业集群,能对那些为了寻求最大的经济集聚效应的企业具有更大吸附作用,方便它们找到最优的区位,以获得更好的发展。四是有利于企业及集群的整体效益最大化。经过生态链优化的节事旅游产业集群内部的企业可以更好地整合各种资源,并实现企业整体效益最大化,带动集群整体的效益最大化。从整体上看,完备的产业生态链体系是优质的产业集群发展的根本,如果集群内出现链条缺失,整个节事旅游产业的可持续发展就会受到很大影响,集群内的相关企业也将遭遇更大的损失,甚至还要支付更多的成本才能弥补回来。因此,系统完备且均衡稳定的节事旅游产业链生态体系(具体体系可以参考第六章"节事旅游产业链"部分)是节事旅游产业持续稳定发展的基础,要实现产业生态链的整体均衡,急需要构筑与优化完备的节事旅游产业生态链体系。

综上可见,节事旅游产业生态链是节事旅游集群发展环境和核心竞争力培育的最基本的依托和保障,对节事旅游产业生态链进行整体的均衡优化,对节事旅游产业集群发展非常重要。那么,节事旅游产业生态链应如何进行构建与优化呢?其路径可以遵循节事旅游产业生态链的从纵向均衡到横向均衡,从而实现整体均衡,从纵向上看,要均衡协调产业生态链的各个环节;从横向上看,要加强产业生态链各个节点的企业(及部门)集聚程度,从而从整体上构筑完备的产业生态链体系。现具体阐述如下:

(二)实现产业生态链的纵向均衡

要实现产业生态链的纵向均衡,即要匹配均衡协调的产业生态链各环节的关系。完备的产业生态链体系构筑好之后,链条上各环节的关系协调问题便接踵而来。节事旅游产业本质上是文化创意产业,从纵向上看,文化创意产业发展需要构建一条不断增值的产业链,激活产业链各个环节,实现产业有效资源整合和良性循环①。因此,为了实现节事旅游产业生态链的纵向均衡,应该从节事旅游的资源创意开发产品设计与生产以及后续的商业营销与推广,都应该均衡化发展(参见图 7-5)。

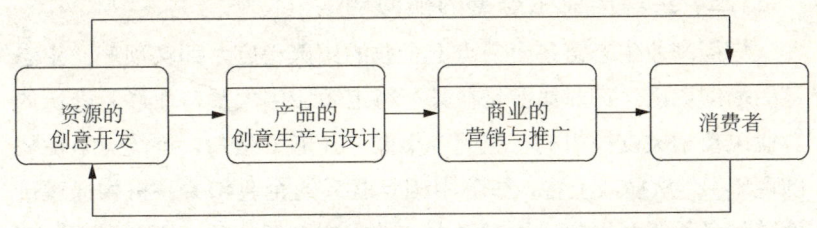

图 7-5 节事旅游产业纵向生态产业链均衡示意图

纵观节事旅游产业生态链上的各个环节,上、中、下游产业和配套产业之间在资源丰裕度、技术水平、创意策划能力、接待能力、管理水平和档次等方面应该相适应,不应出现过大的落差,否则,难以实现产业生态链各环节之间的纵向均衡。比如,现在很多地方,尤其是科技、经济和人才等都比较缺乏的地方(如很多中西部的老少边穷地区)拥有丰富的传统节庆文化资源,以及特色鲜明的地域文化风情和优美多姿的自然风光,并且层级档次也很高,但由于在节事文化资源的开发与策划、产品的创意设计与科技生产、接待服务的能力与层次、组织管理水平以及营销手段与方法等方面都没跟上,同时,虽然普通劳动力并不少,但能符合现代节事旅游产业发展要求的专业人才却极为稀缺,因此,这些地方就很难积聚到节事旅游产业发展的要素,更别说在此形成产业集群和构筑生态产业链体系了。

综上所述,节事旅游产业集群在规划建设初期及后期的发展要科学谋划、动态调整,产业链上各环节圈层上的企业要比例适当,

---

① 金元浦. 我国创意产业发展的困境与问题. [J]. 中关村,2005,(9):119.

以促进相互合作。通过坐实中盘运作，打通上下游，从资源开发、创意策划，到产品设计和制造以及后续营销，以实现资产增值；从而通过整合上下游资源，有效融合产业链上的各个环节，形成一条不断增值的产业链条。

（三）实现产业生态链的横向均衡

均衡产业生态链各个节点上企业的集聚程度，即实现产业生态链的横向均衡。产业集群是在某一特定领域中大量产业联系密切的企业以及相关支撑机构在空间中集聚，并形成强劲、持续竞争优势的现象[1]。从横向上看，集群中相互联系的企业和关联机构通过价值链和各种联系渠道，相对集中在特定的地理空间，既有竞争，又有合作，彼此间形成一种互动性的横向产业链。因此，为了更好地发展节事旅游产业集群，一方面，引入适量相关企业入驻，以方便形成协同共生的产业生态圈；另一方面，加强相关企业的合作，合理配置优化各种节事及旅游资源，使资源在单位企业的流动中获得有效利用。此外，还要构建完善的信息系统，促进产业集群内的企业之间以及企业与管理部门之间的联系，从而更好地共享与整合资源[2]。具体而言，要实现节事旅游产业生态链的横向均衡，就得从两个层面来实施（参见图 7-6）。

1. 要注意节事旅游产业生态链内部与外部关系的均衡

首先，节事旅游产业生态链内部的各圈层之间要均衡发展。具体指节事旅游产业的核心层、外围层和相关层之间的均衡发展，既不能只注重核心圈层的发展而忽视了外围层与相关层，更不能将外围层和相关层发展得很好而核心层跟不上。甚至有时候可能在外围层和相关层具有一定的发展基础上再来发展核心层，效果反而会更好。

---

[1] 迈克尔·波特. 竞争战略 [M]. 北京：华夏出版社，1997：85—90.
[2] 任文凭，胡永军. 创意产业园区产业生态链构建分析 [J]. 价值工程，2009，(3)：6.

第七章 节事旅游产业的集聚化运营

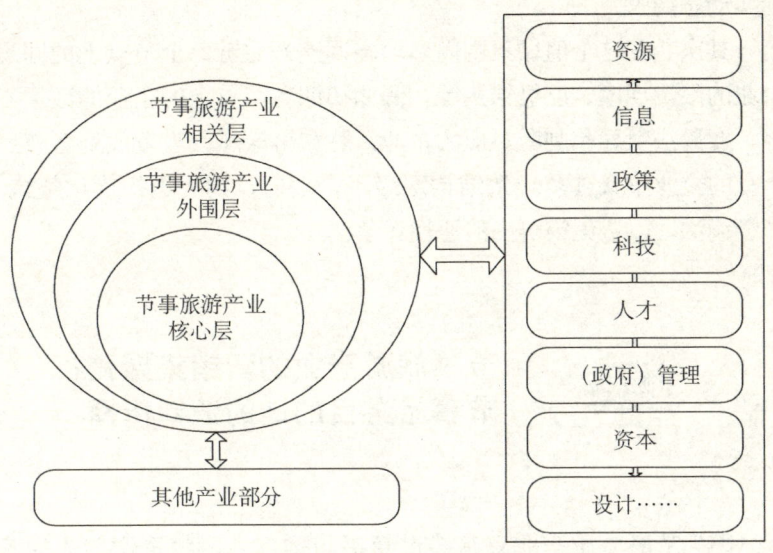

图 7-6　节事旅游产业横向生态产业链均衡示意图

其次，节事旅游产业生态链整体与支撑要素之间要均衡匹配。从产业发展的角度来讲，当地的节事（旅游）资源、信息通讯、产业政策、专业人才、政府监管、资本来源等要素，甚至其他产业经济的发展基础，都是节事旅游产业生态链的支撑要素，一定要能适应节事旅游产业的发展，在不同阶段要有相应的匹配跟进，才能支撑一地节事旅游产业的持续健康发展。

2. 要注意节事旅游产业生态链各环节圈层上企业数量的均衡

在节事旅游生态链的每一个环节圈层上，必须有相当数量的企业才能平衡产业链之间的供求关系，才能够支撑集聚效应的产生。但也要注意，如果企业集聚过多，则会引发恶性竞争，破坏旅游产业集群，这就需要进行优化升级，实行优胜劣汰的机制。具体而言就是要：

首先，在规划设计一地的节事旅游产业集群时，就应该根据当地各方面的环境条件确定一个适度超前的集群容量值（但可以根据现实动态调整)。

其次,在这个值域氛围内来动态调整产业链每个节点上的同类企业的数量规模、层级结构等,假如初期各节点上的企业的数量不够,要设法引导和刺激对应的企业入驻集群区域,当发展到各节点上有的企业集聚过多导致结构层级不合理时,则要进行优化整合、升级淘汰,以避免集群内的恶性竞争。

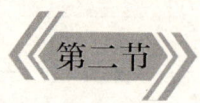

第二节　节事旅游产业的营销集聚化:节事旅游目的地的营销传播

因为节事旅游产业只有经过营销与推广才能将资源转变为资本、将产品转换为效益,所以,节事旅游产业的集聚化运营除了要关注其空间的集聚化之外,还要深入研究其营销的集聚化,从而取得节事旅游产业发展的集约化效果。我们可借鉴大(旅游)目的地营销系统(Destination Marketing System,简称为 DMS)①的基本原理,来开展(节事旅游的)目的地营销,这就是节事旅游产业的营销集聚化。通过节事旅游产业营销的集聚化,不仅能更好地整合目的地的各类营销资源,发挥整体目的地营销的综合优势,更能突破节事旅游项目(产品)单独营销的影响力的局限,并有效降低营销的单位成本,因此,它是一地节事旅游的产品营销与产业营销交叉融合的理想选择。本章将专门探讨宏观层面的节事旅游产业的营销集聚

---

① DMS(Destination Marketing System,目的地营销系统),是指在旅游目的地主管机构领导下,以科学发展观为指导,为了全面整合目的地旅游相关信息、资源和旅游供应商,达到营销目的地、为旅游者提供全面准确的信息服务、实现有效的电子商务服务等而设计的计算机体系。与其他旅游系统不同,DMS 是以目的地为核心,全面地横向整合目的地吃、住、行、游、购、娱的信息。在 DMS 基础之上,旅游目的地主管机构可以进一步设计满足目的地旅游信息化长期发展的信息规范和标准,最终形成旅游目的地信息管理体系(DMX),从而极大地促进目的地旅游业的发展。

化——节事旅游(目的)地营销问题,微观层面的(单独的)节事旅游产品的营销问题不做专门探讨。

一、节事旅游地形象的塑造

在节事旅游(目的)地营销(即节事旅游产业营销)的集聚化中构建及完善旅游地的形象体系是首要问题,因为这样能解决节事旅游形象塑造的关键问题。然后,在此基础上寻找旅游地形象的亮点突破,利用临时性节事活动为节事旅游地形象的传播制造聚焦点,形成轰动效应。

(一)节事旅游(目的)地形象的基本概念

1. 节事旅游地

节事旅游(目的)地(Festival & Special Event Tourism Destination,FSETD),是指作为节事活动举办地的旅游目的地,节事活动的举办是当地旅游新引力的重要内容,有的甚至还成为当地旅游吸引力的核心。根据一地节事活动的举办频率及其对旅游地形象的影响程度的不同,可分为暂时性(临时性)节事旅游地和长期性(恒常性)节事旅游地两类:(1)暂时性节事旅游地,指针对基于某一次临时性节事活动背景下的旅游目的地,从而在旅游者心目中形成临时性的旅游地形象。如举办 2008 奥运会时的北京,举办 2010 世博会时的上海。(2)长期性节事旅游地,指某一旅游地因经常举办节事活动,从而形成形象鲜明的旅游目的地,进而在旅游者心目中形成持久稳定的旅游地形象。这样的旅游地往往节事活动常年不断,一系列节事的举办构建了当地完整的节事活动序列,形成节事活动产业,甚至有的地方还极力塑造以节事活动为重要特征的"节庆城市"的感知形象,如上海的"亚洲会展之都"以及某些城市"节庆之都""体育之城"等。

2. 节事旅游地形象

与节事旅游地的概念相应,节事旅游地形象也可以分为短期性节事旅游地形象和长期性节事旅游地形象两类。

（1）短期性节事旅游地形象。是根据短期性节事旅游地的特点来塑造的城市形象。由于其主要目的是通过临时性的节事活动的举办来创设一种短期的聚焦效应，进而提高节事旅游地的知名度，但很难形成一个连续性的传播效果，往往很难在受众心中形成一个形象鲜明、稳定的节事旅游地印象，更难形成美誉度和忠诚度。

（2）长期性节事旅游地形象。是根据长期性节事旅游地对形象的要求来塑造的旅游形象。其主要目的是通过常年不断的系列活动的举办，提高城市的知名度，并试图创造一种长期连续的形象传播效果，最终塑造一个特色鲜明、稳定的旅游地形象，有利于在目标游客心中形成良好的美誉度和忠诚度。基于节事活动的视角，针对不同类型的旅游地，由于节事活动对当地的作用是有差别的，因此，不同性质类型的节事旅游地，在其节事旅游地形象塑造和传播上的要求也会各具特点，表现出不同的类型特征。例如，上海作为一个以会展业为特色的旅游地，除了2010世博会等临时性的国际巨型活动外，还有各类会、展、节、庆、赛等节事活动常年不断地轮回登场，从而从整体上勾勒出上海以"国际会展城市"为特色的"国际会展之都""时尚之都""世界著名节庆活动之都"的长期性节事旅游城市形象轮廓。

总体上而言，由于节事活动的城市营销传播和产业促进功能的效应日益被各级政府所认识，因而当前很多城市都基于长期性节事旅游地的定位去塑造与传播城市的旅游形象，为当地旅游业及社会全面发展寻求突破点。同时，随着节事活动的发展，很多地方会根据自身节事的发展情况，由最初的短期性节事旅游地逐渐过渡到长期性节事旅游地。本书主要探讨长期性节事旅游地形象的塑造与传播，需要遵循城市旅游形象识别系统的原理来构建城市形象体系，然后借鉴传播学的理论来实施形象传播策略。

(二) 节事旅游地形象塑造

节事旅游地形象塑造的关键任务是要建构科学适当的节事旅游地形象(识别)系统(Festival & Special Event Tourist Destination's Image System，FSETDIS)。传统意义上的城市形象构成要素包括硬环境要素(如自然人文景观、建筑、服务设施、城市环保)和软环境要素(如市民形象、政府形象企业形象等)两个方面[①]，同时，传统意义上的城市形象战略是通过城市形象的营造，促进城市持续发展的一种城市发展战略。然而，节事旅游地形象不同于传统意义上的城市形象，其形象体系构建除了要遵循传统城市形象营造的基本原则外，还要围绕节事活动的特点进行。

对于节事旅游地形象(识别)系统的构建，可基于城市旅游形象识别系统(CTIS)理论(请同时参考本书第三章第三节的表3-2)进行创新。该系统由表面的显形象系统和内在的隐形象系统构成，显形象和隐形象表里合一，相辅相成。显形象主要影响人们的视觉识别，隐形象则主要影响受众的行为识别和理念识别，通过这个完整的形象系统的构建，可对节事旅游地形象进行全方位设计。

如表7-5所示，显形象主要由当地的基础设施(即公共服务设施)、节事产业设施、旅游专门设施等能明显直接感受到的要素构成。其中，基础设施包括城市环境、通信条件、交通设施等城市公共服务设施领域；节事本身包括节事活动系列、标志性节事(名称、识别标志、吉祥物等)、节事产业设施等；旅游产业设施主要包括酒店接待设施、旅游吸引物及其规模、质量层次，专业旅游活动策划与组织(旅行社)及其规模、层次水平，旅游商品的数量和风格特色、旅游购物点及其数量规模、层次级别等。隐形象体系主要由一

---

① 李明友，江锡华. 城市形象建设与精神文明建设 [J]. 城市规划汇刊，1997，(1)：32—35.

些不是非常明显就能直接感受到的要素构成：城市风格（当地的地脉及文脉、风格特征及其鲜明程度）；当地居民的素质（文明程度、友好程度、交流程度等）；城市服务及管理水平（城市的公共服务、旅游接待服务与管理水平等）；专业的节事旅游行政管理水平（当地的节事策划与运作机构、旅游行政管理的体制机制法制、管理风格及水平等）；旅游形象传播能力（由专业媒介和泛媒体构成的宣传机构的形象传播能力、形象大使的代表性与影响力、节事传播等）。在这一系统内，节事活动本身对节事旅游地形象的塑造与传播有着特殊的作用，主要通过节事的名称、识别标志、吉祥物、时间地点与内容、类型与主题等要素来表现。

表7-5 节事旅游地形象（识别）(FSETDIS)系统表

显形象要素			隐形象要素				
基础设施	节事本身	旅游产业设施	城市（形象）风格	节事旅游行政管理	居民素质	城市服务	形象传播
地域环境/交通设施/通信设施等	节事活动系列/标志性节事（名称、识别标志、吉祥物等）/节事产业设施等	景观/旅行社/酒店/旅游商品/购物点/娱乐设施等	区位地脉/历史文脉/城市精神/民俗风情/地方的标志性区域、建筑、人物等	节事策划与运作机构/体制机制法制/管理风格及水平等	文明程度/友好程度/交流程度等	旅游接待服务水平/城市公共服务与管理水平等	专业媒介/泛媒体/形象大使/节事传播等
以视觉识别(VI)为主			以行为识别(BI)、理念识别(MI)为主				

二、节事旅游地形象（营销）传播的路径策略

节事旅游地形象传播的核心，就是概念的突破与表现的创新，其本质就是对节事旅游地形象所要表现的意象的内容策划与形象设计，应首先从概念突破开始，然后进行表现创新。与此相应，节事旅游地的形象（识别）系统中理念识别是概念突破的基础，视觉识别和行为识别是表现创新的路径（详见表7-6）。

表 7-6 节事旅游地形象传播策略表

观察视角		详尽内容		
FSETDIS 设计	两个层面	概念突破	表现创新	
FSETDIS 识别系统	子系统	理念识别（准确定位形象，明晰核心理念）	视觉识别（提炼形象符号，诠释形象定位）	行为识别（规划活动系列，表达城市形象）
	具体内容	找准具体区域的主导文化 确定区域的特色 明晰形象定位	形象符号系统设计： 认识主导文化 精选形象符号	构建完善的活动体系图谱，利用各类活动来诠释独具魅力的城市形象
实例	以上海为例	总体旅游形象定位：现代化国际大都市；节事旅游地形象子系统定位：打造以"国际会展旅游之都"为核心形象，以"世界著名节庆活动之都""国际时尚之都"为特色的都市节事旅游地形象系统	以现代化氛围为基础，以东方明珠及附近板块为核心，世博园、豫园、外滩、南京路等节事旅游核心区为依托，完善上海节事旅游地形象符号识别系统	坚持"会展活动为主，节庆、赛事、演艺及综合性活动全面开花"的原则，突出"国际会展（旅游）之都"的核心形象，通过节庆、赛事、演艺等丰富节事旅游地形象体系

（一）概念突破：准确定位形象，明晰核心理念——理念识别

节事旅游地形象的传播，首先是一个对节事旅游地进行结构剖析，进而实施形象创意的过程。这需要对当地的总体和个性特征进行分析，在此基础上抓住该旅游地形象的灵魂，区别于其他旅游地形象，最终实现对当地旅游形象内涵认识上的概念突破。从具体策略上来看，理念识别是节事旅游地形象传播的基础，只有清楚地了解当地的主导文化，把握当地的特色，弄清形象定位与功能定位、产业发展定位之间的区别，才能合理地把脉区域的形象识别系统。下面以城市节事旅游地形象的传播为例作具体说明。

首先，政府主管部门应该找准具体区域的主导文化，其具体实施方法可以采用向各阶层市民发放调查问卷或进行民意调查，将收

集到的信息进行筛选整理，选择出最符合当地的历史、现在及未来趋势的区域主导文化。

其次，政府主管部门应该确定区域的特色，包括特色旅游吸引物、特色产业、特色氛围等，方法同上。也可以采纳外来旅游者对区域文化以及特色的感知。

最后，确定文化以及特色之后，应该明晰形象定位。分清城区域象定位（尤其是旅游形象定位）与区域功能定位、产业定位的区别，不要把区域功能定位或产业发展定位当成形象定位，这样会避免落入区域核心形象模糊的陷阱。

这里以上海作为一个整体的节事旅游目的地为例进行分析。一直以来，上海"国际经济、金融、贸易、航运中心"的城市功能定位已深入人心，造成很多人直接将其当成上海的城市形象定位。我们的调查发现，从节事旅游地形象的角度来看，受众对上海城市形象的感知并没有一个统一的标准，多数人对上海城市形象的认识还停留在政府对上海的城市功能定位层面上。此外，近年来上海"国际性会议展览中心"的产业发展目标，促成了"会展之都"的形象轮廓基础。同时，从文化层面上来看，上海给青年受众留下了"时尚先锋"的城市印象。然而，众多城市定位和发展目标混淆了受众的感觉，模糊了上海的核心城市形象。现实情况是，上海市与国际接轨、短暂的历史、经济高速发展、城市硬件设施发达、市民生活节奏快等，可以归结为上海城市的"现代性"特征。把握现代性特征来构建上海城市形象，就会使原本模糊的城市定位统一化、系统化。比如，从上海近代以来由原来的一个渔村发展为国际化大都市，其现代性体现为发展的迅猛；上海城市建筑的华丽繁多，其现代性体现为城市的外观；上海人民物质生活水平居全国前列，其现代性体现为经济的高速发展；上海城市的现代性还体现在其繁荣的文化产业与时尚产业市场等方面。因此，上海城市（旅游）总体形象可以定位为现代化国际大都市，作为城市旅游形象子系统的节事旅游地形象定位应为：打造以"国际会展旅游之都"为核心形象，以

"世界著名节庆活动之都""国际时尚之都"为特色的都市节事旅游地形象系统。这既实现了对上海"世界著名旅游城市"这一形象(定位)目标的内涵完善,也完成了对上海作为节事旅游地的城市旅游形象的核心理念的准确识别,还精确概括了上海核心突出、特色鲜明而又多彩多姿的节事旅游地形象。

(二)表现创新:视觉识别与行为识别

1. 提炼形象符号,诠释形象定位——视觉识别

城市的视觉识别符号不论是旅游景观,还是形象大使都不只是单纯的"符号",符号连接的是一个地方的文化与内涵以及整体形象,所以,城市视觉符号的选择要让不同的受众能够产生联想,换句话说,就是这种符号要与当地的氛围、文化、优势产业等融为一体。例如,法国巴黎的"时尚之都"形象就是与其浪漫的城市氛围、具有影响力的时尚产业紧密相连的,而其地方符号埃菲尔铁塔也成了浪漫的代名词。另外,区域视觉符号的选择应遵循"宁缺毋滥"的原则,比起繁多芜杂的区域象征符号,一个最有代表性的区域符号能够在长时间内给受众留下深刻的印象,因此更有价值。

还是以上海作为一个整体的节事旅游目的地为例。提到上海的城市形象,很多人会想到东方明珠、外滩、金茂大厦等旅游景观,这些城市符号从某种意义上说成了城市的Logo(标志),但是真正代表上海城市形象的视觉符号是什么?针对上海以"国际会展旅游之都"为核心形象,以"世界著名节庆活动之都""国际时尚之都"为特色的都市节事旅游地形象定位,节事旅游地形象的(视觉)符号选择就应该在尊重城市(当地)文化特色的基础上,依据(节事)旅游地形象定位,选择具有代表性的符号元素,形成(节事)旅游地形象符号视觉识别体系。具体来说,上海就应该以国际化城市、多元性文化、主导产业为特色的现代化(文化)氛围为基础,以东方明珠及附近板块等城市地标区域为核心,以世博园、豫园、外滩、南京路等节事旅游核心区为依托,完善上海节事旅游地形象符号识别系统。

2. 规划活动系列,演绎城市形象——行为识别

区域旅游形象的确立,需要从当地行动表达和视觉表现两方面同步进行。行动表达是指透过区域结构、制度、文化的调整过程,来展开区域的新活动和市民行为,使当地整体的行动统一化,并借助视觉识别不断推广。作为节事旅游地,特别是长期性的节事旅游地,应该规划完善的活动体系,利用各类活动来展现独具魅力的区域形象。比如,上海节事旅游地的形象展现就可以坚持"会展活动为主,节庆、赛事、演艺及综合性活动全面开花"的原则,在突出"国际会展(旅游)之都"这一核心形象基础上,通过诸多节庆、赛事、演艺等丰富节事旅游地的形象体系,演绎一个充满活力的正在崛起的"世界会展之都"的美好形象,展现上海作为节事旅游地的多姿之美。

(三)节事旅游目的地形象(营销)传播路径的运行保障

1. 创建目的地营销机构

当前,我国各级政府还没有专门的大目的地营销机构,往往是各领域为了自身的宣传需要而由相关部门组织推介活动,如旅游局的旅游形象宣传、招商办的招商宣传,基本上都是仅仅从某个角度出发,进行碎片式、局部性的宣传,既浪费了资源,又不能充分展现一地的综合形象。因此,急需成立大目的地营销机构,其主要职能是团结和协调各利益相关者的利益诉求,促进大目的地的整体推广。我们可以在利用现有的一些政府部门(如宣传部、旅游局、贸促会、商委、文化局、招商办、合作交流办、外办、侨办、台办、领使馆等部门),相关行业协会学会(如会展协会、饭店协会、旅游学会等)及业界单位(如旅游集团、节庆赛事会展公司等)的信息资源、客户资源、分销渠道资源的基础上,组建一个直属于各级政府,并为各地的对外目的地营销服务的目的地营销专门机构。因为其具有公益性,应归类于公益性机构,方能真正为当地的旅游、会展、赛事等行业的可持续发展服务到底。例如,中国香港旅游发局是专责在世界各地宣传和推广香港地区作为商务及休闲旅游目的地的法定机构,其前身是中国香港旅游协会,职能主要是定期收集市场数据以促进开拓客源市场,广泛建立国际旅游网络,并通过五大渠道(即消费者推广、同业推广、媒体推广、会议展览及奖励旅游推广、名人推广)宣传香港地区旅游形象,吸引潜在旅游者。

2. 完善目的地整体营销机制

运用 DMS 原理,从整体营销的角度来看,尽管目的地营销系统是由旅游界最先提出来的,但与旅游产品一样,节事会展业产品对城市的综合环境要求很高,而且同样适合通过目的地营销机构来开展大目的地营销活动,即运用 DMS 的基本原理来开展节事会展业的整体营销活动,在具体执行时,甚至可以和旅游目的地营销有机结合起来,以整合各类资源,并有效降低营销成本。此外,目的地营销系统顺利运作的前提是理顺旅游业内外部的利益关系并建立营销系统的支持机制,关键在于建立各参与者之间的利益协调机制。

第三节 案例分析:上海豫园节事旅游集聚区的集聚化运营

上海的豫园城隍庙地区(即老城厢地区)是节事产业与旅游产业融合互动的代表性地区。如前所述,节事旅游产业集聚区(即节事旅游综合体)本质上是节事旅游产业集群在地域空间上的表现形态。按照本书对节事旅游(产业)集聚区的界定与理解,上海有较多这样的区域,其中豫园城隍庙一带,以节庆活动为主的各种节事活动常年不断,带来很多人流,并和这里比较稳定的旅游休闲人流、商业购物人流、文化体验人流、宗教香客人流等融为一体,互相促进,形成一种节、旅、商、文良性互动,文化与经济全面融合的局面,这就是一个典型的节事旅游集聚区，名副其实的节事旅游综合体的代表性区域。根据本书前述对节事旅游产业集聚区的发展模式类型的划分，以所处的地域特色及节事资源基础来看，豫园节事旅游产业集聚区（即节事旅游综合体）属于游憩商业区（RBD）依托型的节事旅游集聚区，本书将以此为案例进行分析。同时，节事旅游产业集聚区能将节事旅游的相关资源集聚在一起，便于节事旅游产品系列及整个产业的综合运营。因此，本书拟从节事旅游的资源基础和产业运营两个层面，对节事旅游产业集聚化运营进行解析。

一、节事旅游产业的资源基础：豫园节事旅游集聚区的空间集聚结构

集聚化的旅游业设施的空间结构和节事活动布局体系是节事旅游产业集聚区发展的资源基础，完整的节事旅游产业链生态布局为节事旅游产业集聚区的发展提供了背景支撑，这是任何节事旅游产业集聚区发展的必备条件。豫园节事旅游集聚区的节事旅游的资源基础主要体现在其内部空间的集聚化结构上，使得其内部的旅游产业与节事产业的资源得以充分地交融与整合，同时，豫园地区现有的产业链结构对于发展节事旅游产业来说是非常完整的，这对于节事旅游资源的创意性开发、专业化生产以及整个产业高效率的综合运营，都起到非常重要的基础性作用。对于上海豫园节事旅游产业集聚区的空间集聚结构，下文将从集聚化的旅游业空间结构和集聚化的节事活动体系两方面分别阐述。

（一）集聚化的旅游业空间结构

豫园节事旅游产业集聚区所依托的豫园（城隍庙）地区，地处上海市黄浦区的老城厢板块（见图7-7）。这里从元、明、清到民国初年，700多年来一直是上海的政治、经济、文化中心，见证了上海的历史文脉和城市文明，是上海特有的人文标志和文化名片，被称为"上海的根"。

| 第七章　节事旅游产业的集聚化运营 |

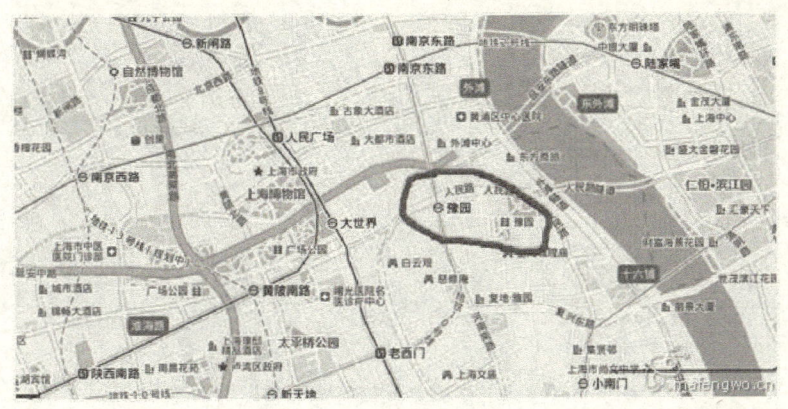

图 7-7　豫园地区的区位图①

若按照各地域板块在节事旅游综合体中的作用的强弱来分，可以将其分成核心区域和（周边）外围区域，核心区对节事旅游综合体的发展起核心支撑作用，外围区相对而言对节事旅游综合体的支撑作用是辅助性的。具体到豫园节事旅游产业集聚区，其核心区域是以福佑路（以南）、旧校场路（以东）及上海老街——方浜中路（以北）三条街道所围成的内部区域，其核心板块构成是以"一园一庙一市"为核心支撑的：一园指豫园、一庙指城隍庙、一市指商贸市场——豫园商城。再加上这三条街道沿线周边老城厢区域的一些文化、休闲、商业等设施的配套，共同汇成了上海最具代表性的园（林）、庙（寺）、（集）市齐聚，商、旅、文一体，传统与时尚兼备的节事旅游综合体（节事旅游集聚区）（参见图 7-8）。

1. 核心区域：以"一园一庙一市"为核心

（1）豫园。

一园是指豫园。作为上海著名的旅游景区，豫园始建于 1559 年，原系潘氏私园明代（沈允端）的私人花园，院内有四十余处景观，布局细腻，细致精巧，小中见大，以清幽秀丽、玲珑剔透见

---

① 本图片截自："百度地图" http://map.baidu.com/。

287

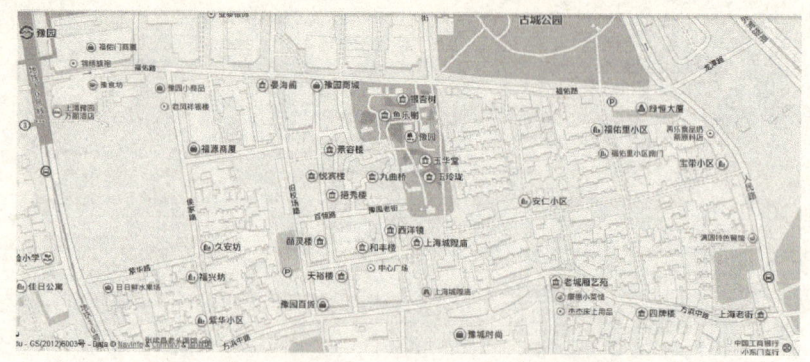

图7-8 豫园节事旅游集聚区地域空间结构图①

长,体现了明代江南园林建筑艺术的风格,豫园素有"奇秀甲江南"之誉,充分展现了中国古典园林的建筑与设计风格,于1982年被国务院列为全国重点文物保护单位。

如今到豫园的人群主要是外来的游园游客,他们在游园结束之后,一般会顺便到商城、寺庙及古街上进一步感受休闲、购物的乐趣,以及宗教文化的氛围。这里推出的节事活动,一般都是为了更好地提升游园客人的游览质量的应时应景的花会(展)、书画展等主题展览展示活动。

(2) 城隍庙。

上海城隍庙可以说是上海社会发展的历史印记和文化传承的有形载体。"不到城隍庙,枉来大上海",从这句上海人的口头禅中可见其在上海人心目中的地位。上海城隍庙从清末民初以来,就和周边的园林、市场以及老街里巷融合在一起,是一个宗教朝觐、购物消费、休闲游览为一体的综合区域。上海城隍庙始建于明代永乐年间,距今已有近六百年的历史,是上海地区重要的道教宫观,供奉的城隍神是元末明初的上海地区名人秦裕伯。从明代永乐(1403—1424)到清代道光(1821—1850),上海城隍庙的庙基不断

---

① 本图片截自:"百度地图" http://map.baidu.com/。

扩大，宫观建筑不断增加，最为繁盛时期总面积约三万三千多平方米，在经过"文革"时期的没落后，1994年，随着宗教信仰自由政策的逐步落实，又得到恢复，重新由正一派道士管理。今天的上海城隍庙是2005年5月开始历经7个月扩建修葺而成的，总面积由原来的1 124平方米扩展到近3 000平方米，包括霍光殿、甲子殿、财神殿、慈航殿、城隍殿、娘娘殿、父母殿、关圣殿、文昌殿九个殿堂。

如今到城隍庙的人群主要是有着一定宗教信仰的香客，他们在烧香拜神完毕之后，一般会顺便到周边休闲、购物。这里推出的节事活动，一般都是与信士们的信仰密切相关的各种道教节事活动，内容主要涉及烧香、拜神，及特定的典礼仪式等。

(3) 豫园商城。

依托豫园及城隍庙的文化底蕴及人气，起源于140多年前清同治年间的老城隍庙市场，集邑庙、园林、建筑、商铺、美食、旅游等为一体，一直人气旺盛、商业繁荣，具体经历了从"庙市—城隍庙市场—豫园商城"三个发展阶段。现今的豫园(旅游)商城是在其前期基础上于1994年扩容修建而成的，方圆5.3公顷，商业设施从1.8万平方米增至10万平方米，主体建筑以仿明清风格为特色，已是"全国四大文化市场"之一，与北京的潘家园、琉璃厂以及南京的夫子庙齐名。外古内洋的建筑群落，是上海十大新景观和十大夜景之一，加上丰厚的文化底蕴、浓郁的民俗风情、鲜明的经营特色，全年吸引着海内外游客纷至沓来，是上海著名的商业地标性区域之一，与南京东路、南京西路、淮海中路、四川北路以及徐家汇商城、浦东新上海商业城、嘉里不夜城一起，并称为上海旅游购物的"四街四城"。

如今到豫园商城的人群主要是游园的游客、参加寺庙活动的香客，以及专程前来休闲及购物的顾客，常常将休闲购物与观光游览、烧香拜佛(神)等动机融合在一起。这里推出的节事活动，一般都是与民众的休闲文化生活密切相关的各种民俗文化活动，将商业、文化、休闲娱乐等要素巧妙地融合在节事活动之中，节事活动期间这里总是人山人海，尤以豫园（新春民俗艺术）灯会为最。

2. 外围区域：以"一纵两横"为主线

豫园节事旅游产业集聚区所依托的老城厢地区，除了上述核心区的"一园一庙一市"外，还包括周边的外围地区，是豫园节事旅游产业集聚区的辅助支撑地区。本书具体指的是河南中路以东、人民路以南、中华路以西、复兴东路以北的范围内的区域。其中尤以东西走向的福佑路、方浜中路（上海老街）及沉香阁路，南北走向的河南南路（以东）、潘家街—侯家路、丽水路—旧校场路、安仁街、三牌楼路等路街沿线附近的区域为主要节事旅游产业的相关设施的集聚地。总之，豫园节事旅游产业集聚区的周边区域的节事旅游产业设施集聚又以"一纵两横"（"一纵"是指丽水路—旧校场路，"两横"分别指福佑路和方浜中路）沿线为主线，向附近辐射的地域板块是主要的辅助支撑区。具体而言，区域内的古城公园主要提供休闲游憩及娱乐空间，福佑路沿线附近主要是以小商品（批发与零售）、节庆用品、珠宝玉器类为主的商业购物空间，方浜中路沿线附近主要是古玩、珠宝、时尚用品类为主的商业空间，丽水路—旧校场路沿线附近主要是黄金珠宝、民俗工艺品、药品、妇女儿童用品及旅游纪念品为主的商业购物空间，河南南路的豫园万丽酒店、河南南路复兴东路的云悦酒店、三牌楼路上的宜必思酒店等是区域内的主要住宿空间，位于旧校场路附近的沉香阁路上的沉香阁是佛教文化体验空间，方浜中路上的豫龙坊商厦是现代时尚购物及休闲的综合空间。

（二）集聚化的节事活动布局体系

作为节事旅游产业集聚区，必须常年有代表性的节事活动才会具有灵气，带来人气和生气，因此，节事活动体系的集聚与序列是节事旅游产业集聚区生存与发展的灵魂，也是其成功运营的关键。上海的豫园城隍庙地区得益于悠久的历史文脉和时尚的现代气息，这里节事活动常年不断，而且旅游及休闲文化、商业发展生机活现,不仅是上海人气最旺的黄金地段之一,更是名副其实的节事旅游综合体的活态典范。其节事活动的布局体系以旅游业的空间结构为基础,主要由依托于豫园商城的"三会九节"、城隍庙的系列宗教节事活动等核心节事活动,以及依托于豫园、沉香阁等其他空间载体的辅助性节事活动构成的有序体系。总体上而言,以豫园商城为依托的节事活动系列休闲娱乐性较强,附属于城隍庙的节事活动系列宗教文化性很强,但两个系列的节事活动的运作过程中文化性与经济性都很强,且融合得也很好,使得文化与经济的结合在节事活动中得到很好地呈现。此外,豫园的花会、书画展,沉香阁的佛事活动,以及其他一些相关活动作为辅助性节事活动,不仅内容丰富多彩,而且形式变幻多姿。可见,豫园城隍庙是上海的民俗节事活动之集大成者,这是由最初的庙市文化及庙会活动发展形成的。下面将分区域介绍一些重要的节事活动。

1. 豫园商城:"三会九节"系列热闹非凡

(1) 豫园新春民俗艺术灯会。

元宵节观灯是中国的古俗,老城厢地区的豫园元宵灯会历史悠久,规模宏大,热闹非凡。民国以后,灯会逐渐衰落。1979 年,豫园重新举办元宵灯会,至 1992 年举办 8 届。随着时代的变迁,自 1995 年起至 2019 年,新时代的灯会已是第 24 届(2015 年因为外滩踩踏事件而停办一届),每年农历正月初一至正月十八在豫园商城及其周边地区举行,既继承了昔日城隍庙元宵灯会的传统,又有所创新与发展,除了赏花灯,还有猜灯谜、品汤团、敲锣打鼓、舞狮舞龙等各种民俗活动应接不暇。灯会根据每年生肖的不同而变换主题,并突出声、光、电的综合运用,通过最新科技元素,将经典的传统文化与时尚的流行文化完美融合,使人流连忘返、心旷神怡。以 2014 年(马年)豫园灯会为例,通过如梦如幻的马年主题生肖灯组[①](结

---

① 豫园灯会 2014 年马年的主题"灯王",体量超越了以往十九年的主题生肖灯组,整座灯组体量庞大,高 10 米,重 3 吨,占地 160 平方米,其中的金马高 6 米,长 10 米,体型是一批真马的 3 倍多。

合参考图7-9),将中西合璧,古今融合,既有凤求凰、西厢记、牛郎织女、牡丹亭等传统中国爱情题材,也有伊甸园亚当夏娃以及白雪公主和七个小矮人等西方经典爱情故事,既能让人倍感中国年的热闹振奋气息,又能勾起人们浪漫留恋的遐想(结合参考图7-10)。另如,2013年的蛇年豫园灯会以"蛇"为主题,除了豫园商城中心广场的主题灯组"玄武献瑞"外,还有以九曲桥上的《白蛇传》故事为主题的灯展,具体包括端午醉酒、昆仑山采灵芝、水漫金山寺、士灵救母等情节画面。另外,每年的灯会在其他区域板块都有猜灯谜、赏花灯等各项活动。现如今的豫园灯会是沪上春节期间知名度最高、影响力最大的民俗文化活动,已成为上海享誉国内外的一个传统(节庆)文化品牌,2010年5月被选入国家级非物质文化遗产项目(同年8月由文化部授牌)。在(豫园节事旅游产业集聚区)这样一个独特的商业空间内,因一项集聚广泛民意的新春民俗活动——豫园灯会,而使其更加吸引人①。

图7-9 2014年主题灯组龙马精神　　图7-10 2013年主题灯组玄武献瑞

(2) 豫园商城的其他节事活动。

自古以来,豫园是上海城内游览和举办各种活动的主要场所。以豫园商城为空间依托的节事活动系列"三会九节",主要以旅游休闲为主要特征,贯穿一年始终,月月有活动,季季有重

---

① 吴仲庆. 豫园灯会的文化价值及商旅文联动发展[J]. 上海商业, 2013,(7): 15.

点，形成热闹非凡的豫园中国节系列。其中，"三会"指豫园新春民俗艺术灯会（以后简称豫园灯会）、豫园春季民俗庙会和豫园秋季民俗庙会（民俗风情展演）；"九节"指3月豫园美食节、4月豫园茶文化节、5月上海手工艺人节、6月豫园端午文化节、夏季的豫园（少数）民族风情（文化）节、9月豫园中秋（游园）文化节、10月豫园礼文化节、11月豫园唉蟹节、12月冬至（童涵春堂）膏方节等。其中，以豫园灯会最为出名。此外，还有一些节事活动的举办，增添了豫园商城的文化气氛，丰富了中外游客的旅游体验，如扇文化节（从1995年开始至2013年，豫园商城丽云阁已经举行了十九届）、筷子节（至2011年已成功举办过第十三届），剪刀节（由王大隆刀剪店举办过多届），及2012年豫园老上海里弄风情夜市活动等点缀，使得豫园节事旅游集聚区的节事活动精彩纷呈，人气十足。

2. 城隍庙：宗教节事活动系列常年不衰

古老的上海城隍庙在近代后受到西方文化的冲击，但其在传统文化的守护与奋博中，使得上海的庙会文化形成自身的特质，并进一步延续发展。其中最具特色的就是，由庙市发展形成的庙会及其庙会文化，有众多节庆活动，引发人们前来"白相"。以城隍庙为主要空间依托的节事活动特别丰富，一年到头都有，主要以宗教（道教）文化为主题特色，主要分四大类：一是以春节为核心的系列活动，二是与上海城隍神相关的节事活动，三是其他道教文化节事活动，四是传统节日（时令）性活动。以上节事活动的时间均按农历计时。

（1）春节系列节事活动。

春节期间的相关节事活动主要有：除夕夜祈福法会、正月初一烧头香、正月初五接财神、行年平安灯、（上元）拜太岁保平安等。其中，以信众的（上元）拜太岁活动最具影响，其历时之长（一般要从正月初八到正月十八）、人群之多（每天都要安排四、五百人甚至更多）、规模之大（每个拜太岁之日整个庙宇里基本上都是拜太岁之人，庙里的工作人员都围着这个事在转，甚至每年元旦后春节前就开始接受报名了），经济效益之好都是首屈一指的，具体情况可参见后文作者在多次亲历该过程的现场体验调查的基础上，做的专门针对信众拜太岁活动的运营模式部分的分析。

（2）与上海城隍神相关的节事活动。

与上海城隍神相关的节事活动主要有：城隍秦裕伯诞辰（农历二月二十一）与城隍娘娘的生日（农历三月二十八）。其中，上海城隍秦裕伯诞辰相传是农历二月二十一日，这一天要设坛诵经，还要请戏班子来庙里搭台唱戏，同时用猪羊等祭品祭于城隍前，神享人娱，各得其愿①。如今在继承的基础上又有所发展创新。城隍娘娘的生日是农历三月二十八日，这一天道姑要执拂诵经，信众们要将新制的凤冠霞帔穿戴在城隍娘娘的金身上②，并行以相应仪式。

（3）其他道教文化节事活动。

其他道教文化节事活动（按农历计时）主要有：文昌帝君华诞日（二月初三）、太上老君圣诞（二月十五）、慈航真人圣诞日（二月十九）、关圣帝君华诞日（五月十三）、张天师华诞日（五月十八）、慈航真人成道日（六月十九）、慈航真人出家日（九月十九）等，在这些日子里庙内都会有相关的法事活动，吸引着众多信士们前往参加相关活动。

（4）传统节日（时令）性活动。

正月十五上元节活动、清明节（普度黄箓大斋三日）、农历立夏日、中元节（七月十五）普度大醮三日、下元节（十月十五）谢太岁三日、冬令普度黄箓大斋三日（冬至），以及每月朔望日（即初一、十五）的科仪法事活动等，都是城隍庙的传统节令性活动，香火鼎盛、人气旺盛。

---

① 费慧琳.海派庙市［M］.上海：文汇出版社，2010：298.
② 同上书，299.

3. 其他板块：零星的节事活动的点缀添色

其他一些的节事活动常年点缀其中，也为豫园节事旅游集聚区添色不少。如豫园内花展、书画展、重阳大假山登高望远、晒袍会（实质是展示各种款式的服饰，农历六月初六）等节事活动的恢复，以及茶艺表演、奇石博览会的推出；沉香阁的新春佳节及其他时间的各种佛事（宗教信仰）活动，以及区域内各商家或相关机构推出的相关活动，如小吃荟萃、福利彩票等活动的推陈出新。

（三）豫园节事旅游产业的背景支撑：产业链生态—业态布局

节事旅游产业经营运作离不开适当的节事活动（商业）运营模式，再加上完善的产业背景支撑，就能真正达到专门的节事旅游产业集聚区的集聚化经营的效果。豫园节事旅游集聚区之所以在上海具有这么大的影响力，就是因为其依托区域板块内完善的产业背景支撑——完整的节事旅游的资源及产业设施基础，并因地制宜地选择适当的节事活动的（商业）运营模式而得以实现的。豫园节事旅游产业集聚区在上述节事活动体系的频频催化引爆下，在旅游业设施的空间结构作用下，为其节事旅游产业的蓬勃发展提供了非常良好的背景支撑，下文将以产业链生态理论为指导，对其产业背景（即业态布局）进行分析（详见表 7-7）。

二、节事旅游产业的经营运作：豫园节事旅游集聚区集聚化的产业运营

在集聚化的空间结构基础上，集聚化的产业运营是节事旅游产业集聚区健康持续发展的关键，豫园节事旅游产业集聚区集聚化运营的根本在于其有效的运营模式——商旅文联动发展的模式，而且这是以其内部主要的节事活动类型的不同商业（运作）模式为支点的。

表 7-7 豫园节事旅游产业集聚区的业态布局一览表

分类			主要项目内容
核心产业	节事产业	核心节事	节庆业	豫园商城的"三会九节"、城隍庙及沉香阁的宗教法会等
		辅助节事	会展业	豫园的各季花展(会)、书画展等
	休闲旅游产业	景区景观业	园林景观	豫园及其内部的主要景观(如三穗堂、龙墙、点春堂、玉玲珑、大假山绮藻堂等),古城公园等
			建筑景观	豫园商城的仿明清建筑景观,九曲桥、湖心亭及荷花池的景观,城隍庙和沉香阁的寺庙景观,区内的现代商厦景观等
			特色风情街景	上海老街、豫园新路、民间艺人一条街、百年豫园老街及豫园时尚街、百翎路小吃街等
		博物馆藏业	各类博物馆	童涵春堂国药博物馆,江南丝绸馆,五香豆梨膏糖"中华老字号"陈列馆等
		餐饮美食业	品牌餐饮	上海老饭店(本帮菜)、绿波廊酒楼(国宴、船点)、南翔馒头店(南翔小笼包)、豫园酒楼、新绿波廊酒楼、绿波廊会所(挹秀楼三四楼)、春风松月楼素食馆(被誉"申城净素第一楼")、松运楼酒家(特色寿宴、家宴)等
			风味小吃	和丰(美食)楼(汇集了城隍庙饮食之大成,并引进全国八大菜系十六帮 144 个菜点、小吃)、上海小吃人家(原名湖滨点心店)、豫园清真点心店、宁波汤团店、老松盛小吃店等
			特色食品	名点:梨膏糖、五香豆;名店:老城隍庙食品商店、老城隍庙旅游食品商店等
			茶吧	古城公园的茶室、休园水吧及哈里欧咖啡店等
		住宿业	星级酒店	豫园万丽酒店、兴宇酒店、云悦酒店等
			经济酒店旅馆	三牌楼路上的宜必思(经济酒店)、好景门旅馆,如家快捷酒店豫园店,格林联盟酒店等
		休闲娱乐业	演艺业	海上梨园(皮影戏灯箱和拉洋片表演)、豫园戏苑("唐风汉律海上花"剧目)、(湖心亭)茶楼戏苑(茶道表演)等
	购物商贸业	黄金珠宝业	自有	老庙黄金、亚一金店等
			外来	老凤祥银楼,华泰珠宝交易中心(金豫商厦)等

(续表)

分类			主要项目内容
核心产业	购物商贸业	工艺品及古玩商业	店铺	豫园商城的华宝楼(上海豫园商城工艺品公司)、悦宾楼(上海悦宾工艺品市场经营管理有限公司)以及上海老街的古玩类店铺等
		中医药业	店铺	童涵春堂药局(童涵春堂药业股份有限公司)
		百货业	专业商场	天裕楼(服饰、百货及旅游礼品类)、皕灵楼(妇女儿童用品)、豫园百货礼品店
			商业街、商厦及小商品	上海老街商业经营有限公司下属的豫园老街、豫园时尚街、豫园礼品街以及中华老字号食品总汇;福佑路上各大商厦(如福佑门商厦、福源批发市场、福佑商厦、福民商厦等)的日用小商品及节日民俗商品;鄂尔多斯广场的玉器及时尚商业;人民路(悦园商厦、福都商厦等)以及方浜中路(如豫龙坊)上的商业设施等
		食品业	产销机构	上海来城隍庙食品有限公司:拥有五香豆商店、梨膏糖商店、老城隍庙食品商场,上海五香豆厂、上海梨膏糖食品厂、上海老城隍庙食品厂等下属机构
延伸产业	内在产业	外围产业	物业	豫园商城及其他物业的日常管理(豫园物业公司)
			地产	地产开发与经营(商旅文地产公司)
			文化传播	民间手工艺展演,豫园戏苑特色旅游文化休闲剧场经营,广告设计、制作、代理发布,演出经纪与组织(上海豫园文化传播公司);文化遗产传承与传播(如永青假发制作技艺2013年被收录为上海市非物质文化遗产)等
	协同产业	相关产业	电子商务	通过"网上豫园商城"(豫园商城OL)发展电子商务,并联通各采购商与供应商(上海豫园电子商务有限公司)

注:本表内容根据个人现场考察体验之后,再经过相关的资料查阅、豫园商城官方网站(http://www.yuyuantm.com.cn)信息的整理而成。

(一) 豫园节事旅游产业集聚区的运营模式——商旅文联动发展模式

豫园节事集聚区的运营模式是商旅文联动发展的(运营)模式。

所谓商旅文联动发展，就是集商业、旅游、文化于一体，三者互相促进、联动发展的模式。其内部系统可概括如下。

1. 环境依托：节事旅游目的地的文化生态

节事旅游目的地的文化生态是节事活动生存发展的环境依托，只有在尊重目的地的文化生态本色的基础上，才能充分挖掘节事活动的文化素材，并为节事旅游产业集聚区的发展奠定良好的基础。具体到豫园节事旅游产业集聚区的经营运作来说，老城厢地区的文化生态是其生存与发展的基本背景，要充分挖掘豫园灯会的文化内涵和文化特色，并形成该区域经营运作的特色，就离不开豫园这一区域固有的文化生态。也就是说，离开了豫园，豫园灯会的文化价值便无从谈起，豫园节事旅游产业集聚区的经营运作也无法启动。当然，我们也应该看到，节事活动对旅游目的地（当地）经营与发展的强大反作用——触媒作用，若失去了豫园灯会这一民俗节事活动，豫园节事旅游产业集聚区的文化吸引力将大为失色。

2. 动力机制：三种力量与三个支点

商（业）旅（游）文（化）之间的关系与相互作用关系构成了豫园节事旅游产业集聚区的运营与发展的动力机制，就是三种力量以及与之对应的三个支点。

（1）三种力量。

一是文化的原动力——文化性基础。因为文化以提升价值为核心，能为商业和旅游的内涵注入个性和主题，因此，文化是旅游及商业发展的基础，文化性基础是商旅文发展模式的基本原动力。具体到豫园节事旅游产业集聚区的情况来看，豫园灯会依托豫园地区的文化生态，已将庙、园、市集聚于一处，将集宗教、园林、建筑、饮食、生肖（及风水）、商业、民俗、艺术等为一体的独特老城厢文化优势转变为吸引本地市民乃至旅游人群的亮点，给人们提供一个触摸历史、感受文化、体验消费的文化环境和购物场所，文化的原动力效应非常明显。

二是旅游的推动力——旅游式整合。对于任何地方所拥有的文化及商业资源及要素来说，若通过旅游式整合，就能使旅游消费的客流实现集中化（即地域集中化、时间集中化），因此，旅游是文化及商业发展良好的整合方式，旅游式整合是商旅文发展模式的外在推动力。具体而言，通过旅游业的开发，可以将吃、喝、玩、乐、游、购、娱等各种要素整合在较为集中的地域内，通过旅游式体验，能将这些要素整合在较为集中的时间段内，让消费者实现多种需求的一站式满足，进而拉动与此密切相关的商业和文化的繁荣与发展。如今的豫园城隍庙地区，就是在其原来文化底蕴及商业发展的基础上，通过旅游业开发将这些原本较为离散的文化资源集中化，将较为粗放的商业经营设施集聚化，并持续带来如此旺盛的人气，不断推动着该地区的发展。

三是商业的支撑力——商业化运作。商业价值的核心就是交换，因为商业产生之初就是要通过市场交换，使交换者之间各取所缺，以满足（尚未实现的）需求，这样才会使其价值最大化。旅游及文化的各要素若能通过市场化运作，实现商业交换价值，无论是旅游或文化体系内部自身，还是其供需双方，都能实现价值最大化，并可以持续下去。商业是旅游及文化的价值最大化的依托，商业化运作是商旅文发展模式的内在支撑力。豫园节事旅游产业集聚区所处的老城厢地区，由于历史原因形成的这样一种文化及旅游环境都很好的地域，很早就将商业化运作的逻辑赋予其中，形成庙园市等融为一体，宗教、园林、建筑、饮食、民俗、艺术等集为一处的具有独特价值的商业模式和商业业态布局，是豫园节事旅游产业集聚区的内在永恒的支撑力，综合体现了其文化、旅游和商业的完美统一。

（2）三个支点。

与以上三种力量相对应，会形成三个支点，下面以豫园节事旅游产业集聚区的豫园灯会的运作为例来看。

一是"以节引人"，这是豫园节事旅游产业集聚区发展模式的形式特点。由于文化的原动力，以文化为核心的节事活动的举办会为当地吸引很多人流，吸引力会迅速提高。现今的豫园节事旅游产业集聚区通过统筹一年四季、兼顾各个月份的"三会九节"等系列化的节事活动，尤其是最具影响力的豫园灯会这一载体，积聚了大量人气，扩大了整个豫园城隍庙地区（作为一个目的地的）品牌知名度，带动整个区域板块的商业发展，真正做到以节引人，并综合实现其"以商增值"的最终目的，以及"以旅聚势"的内容特色。

二是"以旅聚势"，这是豫园节事旅游产业集聚区发展模式的内容特色。通过旅游式整合，具体以旅游业开发与经营为路径，可以为当地集聚很多能势，使其（作为目的地的）影响力得以提升。如今的豫园节事旅游产业集聚区，通过其对商城的命名——豫园旅游商城中可以看出，其是以旅游商业区为定位特色，通过休闲旅游一体化消费为突破口，来构建整个区域的业态布局体系，这完全体现了其在"以旅聚势"的基础上，实现其"以商增值"的目标以及"以节引人"的形式。

三是"以商增值"，这是豫园节事旅游产业集聚区发展模式的最终目标。通过商业化运作可以为节事活动甚至整个（旅游）目的地的综合实力大幅增值，综合价值明显上升。无论是作为节事旅游产业集聚区，还是作为旅游商务区（RBD），如今的豫园城隍庙地区的发展都是以商业经济的发展为目标，甚至为基础的。因为以商业运作的逻辑为主线，以文化市场的经营为依托，无论是旅游业的发展，还是节事活动的经营管理，都风生水起、魅力无限，使其成为上海著名的旅游胜地、商业地标、文化名片，不仅是上海市民的常到之处，也是海内外游客来上海的必到之处。"不到城隍庙，枉到大上海"的说法就是最好的见证。

3. 组织形式：专题旅游产品的设计——"豫园中国日"主题旅游活动线路

豫园节事旅游产业集聚区的商旅文联动发展，除了离不开文化生态提供的环境依托和动力机制起到的过程作用之外，还离不开具体的产品生产方式，即节事旅游产业发展的（产品）组织形式。因为在旅游资源及现实旅游项目设施都已经具备的基础上,从旅游体验的角度来看,提供专业的(节事)旅游产品的核心内容基本上就是提供适合旅游者过程体验的(节事)旅游线路。(节事)旅游线路的专业化生产,属于服务业的生产,不同于一般的制造业生产,不需要进行机器化的操作与劳动,主要是进行对现有旅游项目(资源)的组合与策划,其本质就是进行旅游线路的创意设计。

现如今,豫园节事旅游产业集聚区推出的各种特色旅游线路,很好地整合了区域内的节事旅游资源和项目内容,使区域内的商业、旅游与文化完成一体化融合,商业区、旅游区与文化体验区实现无缝链接。其中,面向海外游客的"豫园中国日"主题旅游活动(线路)的推出,更加特色鲜明,充分体现了商旅文的联动发展。"豫园中国日"主题旅游活动(线路)的主体构架是:活动以外国游客为主要目标群,以豫园城隍庙地区独具特色的豫园地域文化空间为依托,以节日旅游体验的形式,由若干固定的中国日品牌项目组成,每天向游客(尤其是外国游客)展现多元化的中国文化。该活动的核心品牌项目内容有:游中国园、走中国桥、观中国庙、逛中国街、品中国茶、尝中国菜、觅中国宝、穿中国衣、听中国戏、过中国节等项目(其具体内容可参见表7-7),通过这些多元化的内容及形式,让游客们与中国传统文化进行近距离接触。

(二)豫园节事旅游集聚区不同节事类型的商业(运营)模式

豫园节事旅游产业集聚区是依托上海的老城厢地区发展而来的,这一带一直以来就是上海著名的集游憩休闲及商务贸易为一体的区域,区内以"一园一庙一市"为核心,既适合进行旅游观光、休闲游憩,品味各种美食及独特的上海文化风情,还是人们心目中的购物天堂,属于典型的游憩商务区(RBD)依托型发展模式。在此基础上,为了与市场经济体制相适应,如今集聚区内的节事活动除了保持基本的文化属性外,还在文化性中很纯熟地融入了经济性,商业性突出，真正达到"商旅文"一体化联动发展。

1. 豫园节事旅游集聚区的主要节事类型

节事活动是节事旅游产业集聚区健康发展的核心吸引物，豫园节事旅游产业集聚区的节事活动系列，与上海其他的节事旅游产业集聚区相比，总体上，具有传统底蕴深厚、文化气息浓烈、商业运作特色鲜明等基本特点，大致可以分为旅游休闲类节庆和宗教信仰类节事。

这两类节事活动本质上有很多不同点，因而在目标客源、依托的空间载体、属性特点、产品形式、盈利点及盈利（商业）模式等方面都有自身特色（参见表7-8），但它们相互促进，共同推动豫园节事旅游产业集聚区的成长与发展，甚至对促进整个豫园（城隍庙）游憩商务区的发展都具有非常重要的作用。

表7-8 豫园节事旅游集聚区不同节事活动类型的运营模式比较表

	比较点	旅游休闲类节庆	宗教信仰类节事
不同	目标客源	外来游客、休闲市民	宗教信仰（信众）
	空间载体	豫园商场、豫园（园林）	城隍庙、沉香阁
	属性	民俗文化活动、休闲活动	宗教活动
	产品形式	节庆、庙会、展会等	法会、法事、祭典等
	主要项目	"三会九节"及其他相关活动	城隍庙及沉香阁的相关法事活动
	组织者（主办及承办）	旅游业经营部门、目的地政府部门等	宗教机构
	举例	豫园灯会就是应民众的文化及旅游休闲需求，由黄浦区人民政府、上海市旅游局主办，豫园旅游商城股份有限公司承办的	春节期间的上海城隍庙的拜太岁法会活动，就是应信众的宗教文化信仰需求，由上海城隍庙全程策划、组织与运营的
相同		传统底蕴深厚、文化气息浓烈、商业运作特色鲜明	

2. 豫园节事旅游集聚区不同节事类型的商业模式

如今根据区内的节事活动的运营模式的不同，其主要特征就体现在其商业模式的区别上（参见表7-9），可从节事活动的商业模式上把握其运营模式的精髓。

表7-9 豫园地区不同节事活动类别的商业模式比较表

	旅游休闲类节庆	宗教信仰类节事
典型案例	豫园新春民俗艺术灯会	城隍庙拜太岁法事活动
客源定位	外来游客、休闲市民	宗教信仰（信众）
主要经费来源	商家：赞助收入	信众：参与法事的费用
其他经费来源	游客：门票收入；政府：财政拨款	相关机构：捐赠；政府：财政拨款
盈利模式	主要通过为商家提供营销的渠道，向节事赞助者收取费用；有些成本较大的节事活动，对参与者收费	主要通过为信众提供信仰表达及行为实践的环境及具体平台，向节事活动参与者（消费者）收取费用
商业模式特点	以商业赞助为主，以顾客收费为辅；类似于媒介经营的商业模式	以顾客收费为主，以其他费用来源为辅；类似于传统商品的商业模式

（1）旅游休闲类节庆的商业模式——以豫园新春民俗艺术灯会为例。

豫园节事旅游集聚区的旅游休闲类节庆主要包括"三会九节"的豫园中国节系列，以及其他一些在特定日期推出的节事活动，其中，豫园灯会是影响力最大的节庆活动（具体介绍请参见上文的相关内容部分）。下面以豫园灯会为例对其商业模式进行分析。

从客源定位上看，豫园灯会以满足本地市民的文化休闲为主，以丰富外来游客旅游文化体验为辅，因此，豫园灯会的客源结构是：市民群体是主要的目标客源，是基础客源；外来游客群体是完善与提升性的客源群体，是今后客源拓展的方向。

从收入来源结构来看，豫园灯会的主要经费来源于商家的赞助收入，具体表现为入驻豫园地区的各大商家，以及外面的大企业集团的资金，实物或服务的赞助。这几年的灯会除了豫园商城的内部商家外，还引入一些国际知名企业赞助商，其中，百事可乐最为突出,给予其很多灯会期间的品牌营销、展示的回报机会。比如,2012年灯会期间,"百事祥龙迎春"大型地标灯组位于豫园黄金广场(参见图7-11),一条巨龙盘绕百事圆球腾跃而起,栩栩如生;地标现场还有丰富多彩的互动游戏、百事产品免费赠饮及促销活动吸引了大量人群的参与。此外,方浜路口的百事巨型门头,旧校场路上的众多百事气氛灯,以及九曲桥的百事背景瀑布,让"百事可乐"无处不在,遍及豫园灯会的每一个角落,希望在龙年每一个人都能把"乐"带回家。再如,2013年灯会期间,除了在黄金广场有地标灯组外,百事可乐还在九曲桥的挹秀楼的楼面灯笼组合、中心广场的主体灯组"玄武献瑞"基座上等多处给予了充分的展示营销的机会(参见图7-12)。当然,灯会还有其他的经费来源:一是来自游客的门票收入,这是比较稳定的经费收入;二是每年来自各级各类政府部门的财政拨款,随着市场化运作的成熟,这部分的资金来源所占比例将会越来越少。

综上所述,以豫园灯会为代表的豫园节事旅游产业集聚区的旅游休闲类节庆活动的盈利模式,主要是通过商家或其他机构提供营销推广的渠道,向节事活动赞助者收取费用;游客的欣赏体验大部分是免费的,其提供有价值的主要资源是对活动的关注,通过注意力集聚机制,吸引商家的赞助,从而间接为节事活动的运营提供经费支持。若要做个比喻的话,这种节事活动的商业模式特点,类似于广告赞助机制。

图7-11 2012年豫园灯会百事可乐的赞助展示机会图组

第七章 节事旅游产业的集聚化运营

图7-12 2013年豫园灯会百事可乐的赞助展示机会图组

（2）宗教信仰类节事的商业模式——以新春拜太岁法事活动为例。

民众的宗教信仰类节事活动是上海豫园节事旅游产业集聚区节事活动的又一种重要类别，它们主要依托于区域内的道教庙馆城隍庙和佛教寺庙沉香。其中，城隍庙的系列宗教节事活动系列（参见图7-13）占主导地位，上海城隍庙自从举行2009年首场拜太岁仪式（当时约有1 000余名信徒参加）起就受到广大信众的欢迎，下面以城隍庙拜太岁法事活动为例，根据研究者本人的参与式体验调查（即研究者本人参加城隍庙拜太岁系列活动）的亲身经历，对其商业模式进行分析。

城隍庙拜太岁法事活动以信众群体为核心目标对象，他们的核心信仰是传统命理学等的太岁神观念。在命理学思想中，太岁（神）就是主管太岁神星的神灵，因为用干支纪年的方法，每六十年一个循环轮回，因此共有六十位太岁神，各以"太岁"命名，如甲午太岁、乙亥太岁等，六十太岁又称六十甲子。具体而言，太岁有

305

图 7-13　上海城隍庙春节祈福节事活动安排海报及活动现场剪影

两种：一是"本命太岁"，即每人出生之年的保护太岁，主管每个人一生的运势，每个人根据自己的出生之年都有自己的保护太岁。另一位是"值年太岁"，又称"当年太岁"，就是每人当下生存之年的太岁，它主管当年的运势与流年，因此，随着每个人的年龄的增加，"值年太岁"是每年都变化更替的。每值流年，各人自己的保护太岁——"本命太岁"若与当年太岁——"值年太岁"相冲或相形、相克，即本命年，这就需要"拜太岁"。因为"拜太岁"是常见的化煞方法，通过拜太岁可以求得流年的福泰安康、诸事顺意。拜太岁大多数在正月初八举行，而城隍庙的拜太岁信众特别多，近年来每年基本上都要从初八开始，一直延续到元宵节左右，有时甚至还要到正月十八日，可见其兴盛繁荣之势。

　　因为通过寺庙拜太岁法会活动具体涉及迎请太岁文疏与太岁符、请太岁神（焚香燃烛，拜请值年太岁）以及谢太岁法会等诸多环节（参见图组 7-14），因此会延伸出很多商业机会，甚至形成特定的拜太岁产业链和商业模式（详情请参见表 7-10）。研究者根据本人的亲身现场体验调查，对每一年的城隍庙拜太岁法会活动的经济效益，进行初步估算，进而推导出其商业价值的值域区间。

| 第七章 节事旅游产业的集聚化运营 |

A. 信徒请太岁文疏

B. 拜太岁法会活动现象

C. 信徒参加仪式用的面巾

D. 道长在行仪

E. 法师在信徒的衣物上行法

F. 信徒请当年的太岁神

图 7-14 上海城隍庙拜太岁法会活动剪影图组

- 每年"拜太岁"的信众规模。

一般上海城隍庙的拜太岁法会的正式活动从正月初八开始，一直持续到正月十八日的（听说在正月二十还有人不断报名加入拜太岁行列，但人数不及正式期间多），本人通过每人一份的专用拜太岁物品纸袋的盘数，可知每天大概安排 300 人左右参加拜请太岁法

表 7-10 城隍庙拜太岁法会活动的商业模式（体系）表

产品系统	产品项目（利润点）	收入情况	产品项目内容备注	性质
核心产品系统	迎请太岁文疏与太岁符	太岁文疏每道 50 元	太岁文疏放至家中	必须项目
		太岁符（许愿带）每道 20 元	在太岁符（许愿带）上写上自己名字系于本人太岁前	
	拜请太岁神（即拜太岁法会）	报名费经资随缘，每人至少 100 元，大多 200 元及以上	报名费相当于信众的赞助捐赠	
		拜太岁香 10 元	焚香燃烛	
	酬神恩（谢太岁）法会	金箔银箔套装一袋 100 元	将太岁文疏与金箔银箔一起焚烧，答谢太岁保佑之恩	
延伸产品系统	庙宇观光	门票 10 元（拜太岁时免门票）	入庙须买门票	自由项目
	挂福牌或行年灯	福牌每个 100 元；行年灯 100 元、1 000 元、2 000 元及 5 000 元不等	行年灯越是高价越需在年前尽早预定	
	参拜各路神灵	香火费：财神香 10 元、观音香 10 元、金元宝 10 元、全家福 5 元；其他高价香达千元	参拜各路神灵都要烧香，并施以功德钱，以表诚意	
		功德钱：经资随缘，一般每处都要放 1 元以上的硬币		
	各类吉祥物	人生赠言每本 5 元、镇宅符每本 50 元、平安印每印 10 元，各类流年生肖吉祥物及六十甲子星君玉符从几十元到几千元不等	其他周边产品	
	相关书籍	价格基本在百元内	命理、风水、运程类等书籍	
	素斋	几元到几十元不等	饮食消费	
	其他捐赠	信众赞助的一种形式	形式有赞助费、实物等	

会活动，共 11 天，因此有 3 300 人次（左右），加上后面续补的信众，初步估计信众规模为 3 500 人次（左右）。

- 人均参加"拜太岁"相关活动的经济支出概算。

每人参加"拜太岁"活动直接贡献给城隍庙的必须的经济支出结构及支出情况请参见下表（表 7-11）。

表 7-11　参加拜太岁宗教节事活动的人均经济支出概算表

项目	消费项目	单价	备注
必须项目	太岁文疏	每道 50 元	数据来源均为本人现场体验时的实际情况
	太岁符（许愿带）	每道 20 元	
	报名费	每人至少每人 100 元（大多 200 元及以上，同时门票 10 元包含在内）	
	拜太岁香	每份 10 元	
	金箔银箔套装（"拜太岁"）	一袋 100 元	
	金箔锡箔（"谢太岁"）	约 50 元（可自由组合，按拜太岁的一般算）	
各项费用合计		330 元	
自由项目		详情参考表 7-9 所示	

- 举办一次"拜太岁"相关活动的经济收入概算

每举办一次"拜太岁"活动，基本可以获得 100 万左右的收入，具体公式为：330（元/人次）×3 500（人次）= 1 155 000（元）。这里是以必须开支项目计算的，若算上其他自由开支项目，收入就更加可观了。由此可见，以上海城隍庙拜太岁法会为代表的，有良好市场基础的宗教信仰类节事活动的商业化运作的美好发展前景。

上海豫园节事旅游集聚区是游憩商业区（RBD）依托型的节事旅游集聚区的代表，区内的旅游和节事产业的基础资源、节事活动系列及相关的业态设施体系完备、层次分明、互为补充，为其产业取得集聚化运营奠定了坚实的基础，"商旅文联动发展"的运营模式是其保持核心竞争力的关键，而且这是以其内部主要的节事活动类型的不同商业（运作）模式为支点的：一种是以豫园灯会代表的"以商业赞助为主,以顾客收费为辅"的媒介经营式的商业模式,另一种是以城隍庙新春拜太岁活动代表的"以顾客收费为主,其他费用来源为辅"的传统类商业模式。我们不仅能直接了解豫园两种节事活动类型的商业及运作模式,还能管窥游憩商业区依托型,甚至其他类型的节事旅游集聚区集聚化运营的基本逻辑,为各地节事资源与旅游产业创意融合发展提供了直接的案例经验和模式借鉴。

第八章
总结与展望

第一节　研究结论

本书通过对节事资源与旅游产业创意融合的机理与路径的研究，主要解决了"节事（文化）资源为什么能够进行旅游产业化"，以及"节事资源应如何进行旅游产业化发展"这两个关键性问题，其本质就是对节事资源与旅游产业创意融合的学理依据和实践路径问题的回答。对这两个核心问题的回答，是本书研究的核心主旨，从而构成本书的主体内容，并得出如下主要结论及观点：

第一，节事与旅游的"融合效应"是节事资源与旅游产业创意融合的内在机制原理，为节事资源与旅游产业创意融合提供了学理依据。具体而言，节事与旅游的融合效应是由集聚效应、互动效应和共生效应组成的，三种效应的连环共同作用推动了节事与旅游的融合，催生了节事旅游产业，并促进其发展。其中：（1）节事与旅游（两种产业）的（双重）集聚效应，具体包括节事的集聚效应和旅游的集聚效应，为二者之间的互动效应及共生效应奠定了基础。（2）节事与旅游的互动效应，表现为客源互动、资源互动、生产互动和营销（品牌）互动等方面，其内部的作用机制为：节事活动的举办对当地旅游产业的触媒效应，以及旅游产业基础对当地节事活动产业发展的母体效应，二者相互作用，彼此促进。（3）节事与旅游的共生效应，从"人口—产业"的视角来看，表现为客源在需求、认知、行为等方面的融合共生，以及资源、产品和产业运营等多种产业要素的融合共生，从而形成融合共生体——节事旅游产业集群，这是节事与旅游的共生效应的具体结果形态。具体而言，节事旅游产业集群的共生效应是按照如下机制过程发展演进的：非对称互惠间歇式共生—非对称互惠连续性共生—对称型互惠连续性共生—对称型互惠性一体化共生。

第二，对节事旅游人口的性别、年龄、教育、职业及收入、常住地等基本属性，精神与物质方面的需求（动机），对节事旅游产品本身的信息及营销推广方面的认知（注意），以及出行成本、旅行方式、满意度、忠诚度等出游行为方面特征的分析，是节事资源与旅游产业创意融合发展实践的基本前提，只有在对节事旅游者群体人口的基本属性、需求、认知及行为等方面特征进行充分调查和分析研究的基础上，才能真正指导各类不同的节事资源与旅游产业的创意融合的发展实践。根据本书对不同节事活动类型的经典案例的调查结果的分析可知，节庆活动、演唱会、体育赛事等各主要节事活动类型的消费人群在人口的基本属性、需求（动机）、认知（注意）及其行为等方面都有各自的特征，但也存在一些共同的规律。因此，我们应该在遵循共同规律的基础上，根据各自类型的特征有序推进节事资源的开发利用、产品的生产、产业的综合运营等方面的工作，为节事资源与旅游产业的创意融合的发展路径提供切实指导。

第三，节事本质上是一种（民俗）文化现象，因此，节事资源本质上是一种民俗（文化）资源，具有自身的特征，对于节事资源的开发应该基于节事的文化资源的特征，进行区别化开发与创意性利用。首先，从本质属性上看，节事资源谱系主要由物质文化资源、非物质文化资源和名人文化资源三种资源类型构成，应根据其各自不同的特征进行创意性的旅游开发利用。其次，根据与当地旅游业的融合程度及效应的大小，可供旅游（业）开发利用的节事（资源）可分为旅游型、强旅游型、半旅游型和弱旅游型四种类型，我们应根据其不同的特点，对其进行差别性的开发利用，促进节事与旅游的融合发展——发展节事旅游产业。最后，从时间维度上看，对于传统节日文化资源的（创意性）开发，应以系统论思想为指导，以尊重性、创新性、整体性、规模化为基本原则，基于形象识别系统（FIS）和实体运行系统（节事民俗的载体、主体、客体和介体），分别从空间和时间两条路径有序展开。

第四，节事旅游产业链上各环节的专业化分工与产品的专业化生产是紧密相连、互相促进的，要真正做到节事旅游产品的专业化生产，应遵循产业链生态的内部逻辑进行专业化分工，再以此来指导产品的专业化生产。(1)对于节事旅游产业的专业化分工，应该根据"供(应)—(生)产—(营)销"这一产业链生态的内在逻辑展开，分别从核心产业链与延伸产业链两方面构建产品体系。(2)对于节事旅游产品的专业化生产，根据节事资源所依附的空间的不同，可以有属地化与飞地化两种空间(开发)生产模式。(3)为了更好地促进节事旅游产品专业化生产，应基于当前我国旅游业和节事活动产业的现状，注意理顺管理体制(如创新行业组织体系)，明晰运行机制(如切实推动旅游企业和节事会展类企业合作)，以保障节事旅游产品专业化生产的正常运行。(4)节事旅游的核心产品是节事旅游产品体系中的核心内容，由内容产品与形式产品(旅游线路)组成，最能反映节事旅游产品的本质与特征，颇具代表性。具体而言，节事旅游内容产品(实体项目)的专业化生产可遵循"深挖文化内涵—强化创意体验—丰富产品形态—进行多元化的产品组合"的路径模式进行；节事旅游形式产品(线路产品)具体可以从节事旅游的实体产品的整合和构成要素的创意两方面展开。

第五，节事旅游产业的集聚化运营是节事资源的旅游开发利用和节事旅游产品专业化生产的基础，对节事资源与旅游产业创意融合发展具有重要意义，应从空间的集聚化和营销的集聚化两方面具体展开。(1)节事旅游产业发展的空间集聚化，应以节事旅游产业链的生态均衡为依托，以节事旅游产业集群为结果，以节事旅游产业集聚区为空间组织形式而展开。具体而言，节事旅游产业集群有客源驱动型、市场驱动型和混合驱动型三种形成与发展模式；节事旅游产业集聚区(即节事旅游综合体)的发展也有旅游景区依托型、休闲公园依托型、主题乐园依托型、文化(创意)园区依托型、游憩商业区(RBD)依托型、会展设施依托型、文体场馆依托型、综合依托型等八种发展模式；节事旅游产业生态链的均衡是节事旅游产业集聚化发展的支撑与依托，具体可从纵向均衡（即要匹配均衡协调的产业生态链各环节的关系）与横向均衡（即要均衡产业生态链各个节点上企业的集聚程度）两个维度进行优化。（2）节事旅游产业的营销集聚化，其核心就是要进行节事旅游目的地的（形象）营销，应包括目的地形象的塑造与传播两个方面。具体而言，节事旅游地形象塑造的关键任务是要从显形象和隐形象两个层面，科学建构其形象（识别）系统，通过显形象影响人们的视觉识别，借助隐形象影响受众的行为识别和理念识别；节事旅游地形象传播的本质就是对节事旅游地形象所要表现的意象进行内容策划与形象设计，从概念突破开始（准确定位形象，明晰核心理念），再进行表现创新（提炼形象符号，并规划活动系列），并通过创建适合的目的地营销机构和目的地整体营销机制来加以保障支撑。（3）在对上海豫园节事旅游集聚区的集聚化运营的案例分析中发现：其一，对于以豫园节事旅游产业集聚区为代表的游憩商业区（RBD）依托型的节事旅游集聚区的发展来说，集聚化的旅游业设施的空间结构和节事活动布局体系是节事旅游产业集聚区发展的资源基础，完整的节事旅游产业链生态布局为节事旅游产业集聚区的发展提供了背景支撑，这是任何节事旅游产业集聚区发展的必备条件，而集聚化的产业运营是节事旅游产业集聚区健康持续发展的关键。其二，豫园节事旅游产业集聚区内的旅游和节事产业的基础资源及相关的业态设施体系完备、层次分明、互为补充；节事活动系列是以豫园的"三会九节"等休闲旅游类节事活动和城隍庙的宗教节事活动系列为支撑的，常年不断，丰富多彩，为其产业取得集聚化运营奠定了坚实的基础。其三，豫园节事旅游集聚区"商旅文联动发展"的运营模式是其保持核心竞争力的关键，而且这是以其内部主要的节事活动类型的不同商业（运作）模式为支点的——一种是以豫园灯会代表的旅游休闲类节事活动的"以商业赞助为主，以顾客收费为辅"的媒介经营式的商业模式，另一种是以城隍庙新春拜太岁活动代表的宗教信仰类节事活动的"以顾客收费为主，其他费用来源为辅"的传统类商业模式。这些都为各地节事资源与旅游产业创意融合发展提供了直接的案例经验和模式借鉴。

第二节 研究创新

本书在以下几方面进行了一些创新尝试。

第一,在理论创新上,创建了节事(产业)与旅游(产业)的"融合效应"理论,并对其进行了系统性的深化,提出了节事与旅游的(双重)集聚效应、互动效应以及共生效应等具体的理论概念及内容体系,为节事资源与旅游产业创意融合发展奠定了理论基础。同时,针对节事资源与旅游产业的创意融合提出了具体的实施路径——节事旅游人口(的基本属性、需求、认知及行为等方面)的调查分析—节事旅游资源的创意性开发—节事旅游产品的专业化生产—节事旅游产业的集聚化运营的逻辑框架,并进行了验证分析。

第二,在论文内容上,还有以下创新点:(1)根据节事资源与当地旅游业的融合程度及效应的不同,将可供旅游(业)开发利用的节事(资源)分为旅游型、强旅游型、半旅游型和弱旅游型四种类型,并实施不同的节事旅游发展策略,这是研究内容的首创。(2)节事旅游人口分析逻辑框架(人口的基本属性、需求、认知及行为)的提出及其经典案例的调查与分析,也是以前相关研究内容所没有的。(3)对节事及节事资源的文化本质的论证、对节事资源开发经济价值的论证、基于开发利用导向下的节事资源(分类)谱系的构建,以及基于生产性保护视角下对传统节事(节日)资源的创意性开发路径的提出都是目前研究的新内容。(4)基于文化经济的产业链视角的节事旅游产业链生态及其产品体系(核心产业链与延伸产业链体系)的构建,为节事旅游产业的专业化分工及专业化生产奠定了基础。此外,节事旅游产业集群及集聚区的发展模式的提炼总结、节事旅游产业生态链的均衡优化机制的总结、节事旅游目的地形象识别系统的创建等都为本书的内容创新增添了不少亮点。

第三,在分析视角上,基于人口与经济的关系角度,从"人口(需求、注意、行为)——产业(资源开发、产品生产、产业运营)"两端的各要素的具体分析,为节事与旅游的"融合效应"理论体系的建构提供了新的观察视角。

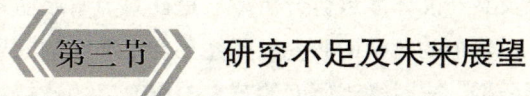 研究不足及未来展望

一、调查方面的不足及未来展望

一方面,从调查的涉及面上看,在对节事旅游产业人口的分析中本书主要运用问卷调查法进行类型探讨,但由于个人及团队成员的精力所限,本研究只选取了上海的一些节庆活动、演唱会、体育赛事作为案例进行调查分析,未能对所有的节事活动类型,所有的节事活动个案进行分析总结,且所做的每一类型的调查问卷的数量也不算很多,这种非大数据挖掘背景下所得出的结论是否完全科学、客观、可靠,还需要现实情况的进一步检验,笔者也非常希望在今后的相关研究中完善与改进。另一方面,从调查的方法方式上看,在对相关节事活动进行现场调查时(如演唱会旅游的调查),由于观众在开演前的等待时间段内大都乐于接受问卷和访谈调查,演出结束后观众基本上无心接受调查访问,所以,本次调研大部分是开演前对在场馆外等待的观众进行的。今后若能想办法在演唱会完成后通过各种有效途径对观众进行及时的调查,结果可能更能客观真实地反映观众的心得体会和行为体验,这也是今后相关研究要完善与改进的。

二、研究内容仍需后续不断深化、挖掘

一是在对节事旅游资源的开发部分的研究中,由于本人精力及理论知识水平的局限,只对传统的节日(节事)文化资源的开发利用进行了类型探讨,未对现代的各类节事活动类型(如体育赛事、会展博览、旅游演艺活动、现代旅游节庆活动等)分别进行探讨,今后需完善与深化。二是在对节事旅游产品的专业化生产的研究中,只对核心产业链及其产品体系的专业化生产进行了类型解析,未对延伸产业链及其产品体系进行分析。三是在对节事旅游产业的运营的研究中,对其中的营销的研究只抓住了宏观层面的节事旅游产业的营销进行分析,未对微观层面的节事旅游产品的营销进行深入分析,这样是不够全面的,今后也需加强研究。

此外,节事资源与旅游产业的创意融合发展是一个非常庞大的系统工程,由于学科视角及本人能力所限,本书只是聚焦于节事资源与旅游产业创意融合(发展)的学理探讨,以及只是抓住了顾客人口分析、资源开发、产品生产、集聚化运营等节事资源与旅游产业创意融合的几个核心环节进行探讨,而与此密切相关的政策与政府的宏观调控与管理、科学技术的结合与利用、金融与资本运作、人力资源开发与管理等方面的支持要素的研究还没来得及顾及,若仅仅以本书的研究成果去指导现实中节事资源与旅游产业创意融合的发展实践,那是远远不够的,希望今后用有限的精力与学力来尽量填充这方面的空白。

总之,"节事资源与旅游产业创意融合(发展)"这项巨大的研究课题,可谓任重而道远,但我将义无反顾地继续前行,并愿倾全部精力与能量,影响并带动有兴趣且有能力的研究者加入此行列,携手共进,相信定能为该领域业界的发展及学理的丰蕴固根筑基、添砖加瓦,若能将其推进到繁荣昌盛、万古长青之境界,那将是本人之万幸、同仁之万福!

参考文献

英文文献:

[1] ATC. A review of the ATC's Olympic Games Strategy[R]. 2001a. Available in: http://atc.australia.com/aboutus.asp? art= 1152.

[2] Bernardo, J. Maternal effects in animal ecology[J]. Amer. Zoologist, 1996, (36).

[3] Boorstin, D. J. Image: A Guide to Pseudo-Events in America[M]. New York: Harper and Row, 1961.

[4] Bramwell, B. Strategic Planning Before and After a Mega-Event[R]. Tourism Management, 1997, 18(3).

[5] Braun, B. M. The economic contribution of conventions: the case of Orlando, Florida[J]. Journal of Travel Research, 1992, 30(3).

[6] Briggs, S. Successful Tourism Marketing: Apractical Handbook[M]. London: Kogan Page Limited, 1997.

[7] Burgan, B. & Mules, T. Economic impact of sporting events[J]. Annals of Tourism Research, 1992, 19(4).

[8] Burgar, B. & Mules, T. Economic impact of sporting events[J]. Annals of Tourism Research, 1992, 19.

[9] Chang, J. Segmenting tourists to aboriginal cultural festivals: An example in the Rukai tribal area, Taiwan[J]. Tourism Management, 2006, 27(6).

[10] Crompton, J. L. & McKay, S. L. Motives of visitors attending festival events[J]. Annals of Tourism Research, 1997, 24(2).

[11] Daucey, H. & Hare, G. France and The 1998 World-cup: National Impact of A World Sporting Event[M]. London: Frank Cass Publishers, 1999.

[12] Dewar, K., Meyer, D. & Wen, M. L. Harbin lanterns of ice, sculptures of snow[J]. Tourism Management, 2001, 22(5).

[13] Dewar, K., Meyer, D., Wen, M. L. Harbin.lanterns of ice, sculptures of snow [J]. Tourism Management, 2001,(5).

[14] Doglas, G. An integrative framework for urban tourism research[J]. Annals of Tourism Research, 2001,(4).

[15] Formica, S. The development of festivals and special events studies[J]. Festival Management & Event Tourism, 1998,(3).

[16] Formica, S. & Uysal, M. Market segmentation of an international cultural-historical event in Italy [J]. Journal of Travel Research, 1998,(4).

[17] Getz, D, Andersson T, Carlsen J. Festival management studies: developing a framework and priorities for comparative and cross-culturalresearch [J]. International Journal of Event and Festival Management, 2010, 1(1).

[18] Getz, D. Event: Event Management & Event Marketing [M]. In: JafariJ. Encyclopedia of Tourism. New York: Routleledge, 2000a.

[19] Getz, D. Event Management & Event Tourism[M]. New York: Cognizant Communication Corporation, 1997.

[20] Getz, D. Event Management & Event Tourism [M]. New York: Cognizant Conllnurueation Corporation, 2005.

[21] Getz, D. Event Studies: Theory, Research and Policy for Planned Events[M]. Amsterdam: Butterworth-Heinemann, 2007.

[22] Getz, D. Event tourism: definition, evolution and research [J]. Tourism Management, 2008, 29(3).

[23] Getz, D. Planning for tourism business districts [J]. Annals of Tourism Research, 1993,(20).

[24] Getz, D. Special events [C]. Medlik S. (ed.) Managing Tourism. Oxford: Butterworth-Heinemann Ltd, 1991.

[25] Gnoth, J. & Anwar, S. A. New Zealand bets on event tourism[J]. Cornell Hotel and Restaurant Administration Quarterly, 2000, 41(4).

[26] Goldblatt, J. J. Special Events: The Art and Science of Celebration[M]. New York: Van Nostrand Reinhold, 1990.

[27] Goldblatt, J. J. & Supovitz, F. Dollars and Events: How to Succeed in the Special Event Business[M]. John Wiley & Sons Inc(New York), 1999.

[28] Green, B. C. & Chalip L. Sport tourism as the celebration of subculture[J].

Annals of Tourism Research, 1998, 25 (2).

[29] Grover, R. & Burns, G. The World Cup of 'ambush marketing' [R]. Business Week, 1994-05-02.

[30] Gursoy, D., Spangenberg, E. R. & Rutherford, D. G. The hedonic and utilitarian dimensions of attendees' attitudes toward festivals [J]. Journal of Hospitality & Tourism Researeh, 2006, 30(3).

[31] Hall, C. M. The Definition and analysis of hallmark tourist events [J]. Geojournal, 1989, 19(3).

[32] Harris, R, Jago, L, Allen, J & Huysken, M. Towards an Australian eventresearch agenda: First Steps[J]. Event Management, 2001, 6.

[33] Hede, A. M., Jago, L. & Deery M. Special event research 1990 – 2001: keytrends and issues[J]. UTS: Events & Place Making, 2002.

[34] Horne, J. Wolfram Manzenreiter. Japan, Korea and the 2002 World Cup[M]. London: Routledge Publishers, 2002.

[35] Iso-Ahola, S. E. The Socail Psychology of Leisure and Recreation [M]. Dubuque IA: Wm. C.Born, 1980.

[36] Jafari, J. Tourism Mega-Events[J]. Annals of Tourism Research, 1988, 15(2).

[37] Jago, L & Shaw, R. Special events: a conceptual and definitional framework [J]. Festival Management & Event Tourism, 1998, 5(1).

[38] Karlis, G. City and sport marketing strategy: the case of athens 2004[J]. The Sport Journal, 2003, 6(2).

[39] Kim, Y. H., Goh, B. K., Yuan, J. Development of a multi-dimellsional scale for measuring food tourist motivations [J]. Journal of Quality Assurance in Hospitaly & Tourism, 2010, 11(1).

[40] King, B. & Piza, A. Milman A.Social impacts of tourism host perceptions[J]. Annals of Tourism Research, 1993, (20).

[41] Lee, M. J. & Back, K. J. A review of economic value drivers in convention and meeting management research [J]. International Journal of Contemporary Hospitality Management, 2005, 17(5).

[42] Lindheim, R. D. A Comparison of the TV audio and radio coverage of a special event[J]. Journal of Broadcasting, 1963, 7(2).

[43] Michael, C. H. The definition and analysis of hallmark tourist events [J].

GeoJournal, 1989, 19(3).

[44] Mohr, K., Backman, K. F., Gahan, L. W. & Backman, S. J. An investigation of festival motivation and event satisfaction by visitor type [J]. Festival Management Event Tourism, 1993, (1).

[45] Mohr, K., et, al. An investigation of festival motivations and event satisfaction by visitor type [J]. Festival Management & Event Tourism, 1993, (3).

[46] Novelli, M., Schmitz, B. & Spence, T. Networks, clusters and innovation in tourism: A U. K. experience [J]. Tourism Management, 2006, 27(6).

[47] Petrak, B. Sport activity in the life of the population of the czechomoravian plateau[J]. International Review of Sport Sociology, 1966, (1).

[48] Porter, M. E. Clusters and the new economics of competition[J]. Harvard Business Review, 1998, (11).

[49] Prentice, R. & Andersen, V. Festival as creative Destination[J]. Annals of Tourism Research, 2003, 30(1).

[50] Pyo, S., Cook, R. & Howell, R. L. Summer Olympic Tourist Market[A]. In Medlik, S. (ed.) Managing Tourism [C]. Oxford: Butterworth-Heinemann Ltd, 1991.

[51] Ritchie, J. R. B. Assessing the impact of hallmark events: conceptual and research issues[J]. Journal of Travel Research, 1984, (1).

[52] Ritchie. Assessing the impact of hallmark events. [J]. Journal of Travel Researeh, 1984, (23).

[53] Roche, M. Mega-events and Modernity: Olympics and Expos in the Growth of Global Culture[M]. London: Routledge, 2000.

[54] Sheth, J. N., Newman, B. I. & Gross, B. L. Why we buy what we buy: a theory of consumption values[J]. Journal of Business Researeh, 1991a, 22(2).

[55] Snepenger, D., Snepenger, M., Dalbey, M. & Wessol, A. M. Meanings and consumption characteristics of places at a tourism destination[J]. Journal of Travel Researeh, 2007, 45(3).

[56] Toute-Puissance et Immortalite ou lesArriere-Pensees du Sport. Ethnopsychologie, 1972, 27(1). Seen at: ftp://csa.tsinghua.edu.cn/pub/csaAAA2waaT1.bin.

[57] Turco, D. M. & Lee, K. Festival & special event research: are we having fun yet? [J]. Parks & Recreation, 1996, 31(4).

[58] Uysal, M., Gahan, L. & Martin, B. An examination of event motivations: A case study[J]. Festival Management and Event Tourism, 1993,(1).

[59] Wal, I. G. Event and Tourism [R]. Seminar Report at Zhongshan University, 2002.

中文文献：

[60] 保继刚, 戴光全. 西方会议会展与会议旅游——发展简况、研究简介与国际机构[J]. 中国会展, 2003,(7).

[61] 保继刚, 楚义芳, 彭华. 旅游地理学(第一版)[M]. 北京：高等教育出版社, 1993.

[62] 保继刚, 楚义芳. 旅游地理学(修订版)[M]. 北京：高等教育出版社, 1999.

[63] 毕旭玲. 流动的日常生活——"新民俗"、"泛民俗"和"伪民俗"的关系及其循环过程[J]. 学术月刊, 2011,(6).

[64] 别金花. 都市非物质文化遗产旅游开发与保护[D]. 上海：上海师范大学, 2009.

[65] 卞重宽, 王方华. 企业的奥运会赞助策略[J]. 企业活力, 2001,(5).

[66] 卞显红, 黄震方. 我国会展旅游发展中的问题与对策探析[J]. 旅游科学, 2001,(4).

[67] 卞显红. 会展旅游参与者决策过程及其影响因素研究[J]. 旅游学刊, 2002,(4).

[68] 蔡丰明. 城市文化遗产保护模式与上海城市文化遗产保护策略[A]. 田兆元、扎格尔编. 民族民间文化论坛(第四辑)[C]. 上海：上海社会科学院出版社, 2012.

[69] 蔡晓梅. 城市旅游形象分析方法在节事活动主题定位中的应用[J]. 社会科学家, 2003,(3).

[70] 陈叶萍. 基于价值链的国内旅游演艺企业核心竞争力研究[D]. 上海：上海师范大学, 2010.

[71] 程大兴. 大型活动旅游效益最大化战略初探[J]. 北京第二外国语学院学报, 2003,(1).

[72] 陈来生. 旅游节庆的打造与要素的合理构架——以苏州旅游节庆的转变为例[J]. 探索与争鸣, 2003,(10).

[73] 陈蕊. 中国旅游演艺市场发展策略分析 [J]. 商场现代化, 2008, (26).

[74] 陈素平, 成慕敦. 浅析少数民族节庆旅游开发 [J]. 开发研究, 2004, (2).

[75] 陈文君. 节庆旅游与文化旅游商品开发 [J]. 广州大学学报(社会科学版), 2002, (4).

[76] 戴光全. 国际会议市场细分及其特点 [J]. 中国会展, 2003, (6).

[77] 戴光全, 保继刚. 西方事件及事件旅游研究的概念、内容、方法与启发(上) [J]. 旅游学刊, 2003, (5).

[78] 戴光全, 保继刚. 西方事件及事件旅游研究的概念、内容、方法与启发(下) [J]. 旅游学刊, 2003, (6).

[79] 戴光全. 重大事件对城市发展及城市旅游的影响研究——以'99昆明世界园艺博览会为例 [M]. 北京:中国旅游出版社, 2005.

[80] 戴光全, 保继刚. 大型事件活动的特点和场馆的性质转变——昆明世博会和顺德花博会的案例 [J]. 热带地理, 2005, (25).

[81] 戴光全, 杨丽娟. 体育旅游及其国外研究的最新进展 [J]. 桂林旅游高等专科学校学报, 2005, (1).

[82] 戴光全, 张骁鸣. 节事旅游概论 [M]. 北京:中国人民大学出版社, 2011.

[83] 戴光全, 左平, 肖璐. 1995至2010年中外节事研究的比较和启示 [J]. 人文地理, 2012, (2).

[84] 邓明艳. 培育节庆活动营销西部旅游目的地 [J]. 旅游学刊, 2002, (6).

[85] 董观志, 杨凤影. 区域节庆旅游资源的整合模式研究 [J]. 商场现代化, 2005, 5(13).

[86] 董皓, 张喜喜. 近十年国外文化遗产旅游研究动态及趋势——基于Annals of Tourism Research与Tourism Management相关文章的述评 [J]. 人文地理, 2012, (5).

[87] 范春. 大力开发我国"节庆"和"节文化"旅游资源 [J]. 渝州大学学报(社会科学版), 2001, (5).

[88] 范建华. 论节庆文化与节庆产业 [J]. 学术探索, 2011, (2).

[89] 范建华. 以特色文化产业园区推动产业发展 [N]. 经济日报, 2013年1月10日14版.

[90] 方圆. 大型公众活动策划(第二版) [M]. 广州:中山大学出版社, 2001.

[91] 方世敏，杨静. 国内旅游演艺研究综述［J］. 旅游论坛，2011,(4).

[92] 冯学钢，王慧敏. 国际经典节庆与上海旅游节［J］. 上海经济，2002,(5).

[93] 丰婷，康媛媛. 从文化象征角度谈中国传统节日旅游的发展——以端午节为例［J］. 北方经济.2009, 12(12).

[94] 冯卫红，苗长虹. 国内外关于旅游产业集群的研究综述［J］. 人文地理，2009,(1).

[95] 费慧林. 海派庙市［M］. 上海：文汇出版社，2010.

[96] 傅广海，邓玲. 会展与节事旅游管理概论［M］. 北京：北京大学出版社，2007.

[97] 龚勤林. 区域产业链研究［D］. 成都：四川大学,2004.

[98] 国家旅游局人事劳动教育司. 旅行社经营管理（第2版）［M］. 北京：旅游教育出版社，2006.

[99] 龚映梅，赵光洲，干晓蓉. 举办大型活动后场馆资源的有效利用与持续经营问题研究［J］. 经济问题探索，2003,(4).

[100] 辜应康，楼嘉军，唐秀丽. 节事旅游市场化运作研究——以上海旅游节为例［J］. 北京第二外国语学院学报，2005,(3).

[101] 郭伟. 上海节庆旅游的发展对策［J］. 技术经济，2001,(2).

[102] 韩冰. 从"时空之旅"的成功看上海旅游演艺市场开拓的初期阶段［J］. 经济咨询，2007,(4).

[103] 和立新. 试论节庆性竞赛活动的效益与社会学特征［J］. 体育科学，2000,(1).

[104] 侯建娜，杨海红，李仙德. 旅游演艺产品中地域文化元素开发的思考［J］. 旅游论坛，2010,(3).

[105] 胡建伟. 世博会与上海旅游业：互动机制研究［J］. 旅游科学，2005,(2).

[106] 胡平. 中国旅游人口研究——中国旅游客源市场的人口学分析［D］. 上海：华东师范大学，2001.

[107] 胡炎莉. 临沂历史文化名人资源的产业化开发［D］. 济南：山东大学，2010.

[108] 黄骥. 海南发展会展旅游刍议［J］北京第二外国语学院学报，2002,(4).

［109］黄伟钊，许丹莉．关于广东举办大型旅游节事活动布局决策的思考［J］．桂林旅游高等专科学校学报，2007,(4)．

［110］黄翔，郎丽，吴娟．湖北旅游节庆与品牌建设研究［A］．中国地理学会2004年学术年会暨海峡两岸地理学术研讨会论文摘要集［C］．广州：中国地理学会，中山大学，中国科学院地理科学与资源研究所，2004．

［111］吉文桥．关于节庆经济的思考［J］．学海，2003,(2)．

［112］贾鸿雁．论我国非物质文化遗产的保护性旅游开发［J］．改革与战略，2007,(11)．

［113］贾鸿雁，徐红．苏州非物质文化遗产资源的旅游开发研究——基于RMP的分析［J］．资源开发与市场，2013,(1)．

［114］江凌．名人文化资源的级差分类及其开发价值评估指标体系——以湖北黄冈市为例［A］．胡惠林，陈昕：中国文化产业评论(第17卷)［C］．上海：上海人民出版社，2013,5．

［115］金广君．城市设计的"触媒效应"［J］．规划师，2006,(10)．

［116］金元浦．我国创意产业发展的困境与问题［J］．中关村，2005,(9)．

［117］景秀艳．关于旅游产业集聚的思考［J］．闽江学院学报，2005,(8)．

［118］康才义．南岳发展旅游演艺业的思考与探索［J］．企业家天地，2010,(5)．

［119］兰铁民．特色节庆文化活动对区域经济和社会发展的影响——以南宁国际民歌艺术节为例［J］．学术论坛，2003,(6)．

［120］兰铁民．从南宁的实践谈特色节庆文化活动对区域经济发展的影响［J］．中共南宁市委党校学报，2003,(1)．

［121］兰铁民．市场化运作大型文体节庆活动的思考［J］．沿海企业与科技，2003,(5)．

［122］兰铁民．南宁市会展业现状与发展思路［J］．沿海企业与科技，2002,(5)．

［123］李国平．地方旅游节庆策划研究［D］．昆明：云南师范大学，2002．

［124］李力，崔卫华．城市旅游节庆的构成要素及牵动效应［J］．桂林旅游高等专科学校学报，1999,(2)．

［125］李美莲．桂林旅游演艺发展研究［J］．市场论坛，2009,(5)．

［126］李萌．节事旅游的特征及开发原则［N］．中国旅游报，2008年5月9日第10版．

[127] 李通屏等. 人口经济学 [M]. 北京：清华大学出版社，2008.

[128] 李新，梁记安. 水之语，宋之魂——解析大型水上实景演出《大宋·东京梦华》[J]. 河南广播电视大学学报，2010，(4).

[129] 李星. 传统节日法定假日化的意义 [J]. 人民论坛，2011，(7).

[130] 李炎，王佳. 文化消费语境与民族歌舞艺术的发展 [J]. 思想战线，2010，(1).

[131] 李晓莉. 基于产业链视角的国内外事件管理研究述评 [J]. 旅游科学，2009，(5).

[132] 李旭，马耀峰. 国外会展旅游研究综述 [J]. 旅游学刊，2008，(3).

[133] 李永红，唐学深. "蜀风"《蜀魂》双星辉映 [J]. 中国西部，2001，(3).

[134] 李幼常. 国内旅游演艺研究 [D]. 成都：四川师范大学，2007.

[135] 李玉新. 节庆旅游对目的地经济影响的测算与管理 [J]. 桂林旅游高等专科学校学报，2003，(1).

[136] 刘彩清，胡书玲，刘桔. 空间视角下节庆活动对地方文化形象塑造的影响——以贵州民族传统节日为例 [J]. 贵州民族研究，2018，39(5).

[137] 陆立德，郑本法. 试论旅游人口分布 [J]. 社会科学，1986，12(6).

[138] 李祗辉. 大型节事活动对旅游目的地形象影响的实证研究 [J]. 地域研究与开发，2011，4(2).

[139] 林越英. 对我国会展旅游发展若干问题的初步探讨 [J]. 北京第二外国语学院学报，2002，(6).

[140] 刘俊. 山东省沿海地区节庆旅游分工研究 [J]. 桂林旅游高等专科学校学报，2004，(1).

[141] 刘立峰，王烨. 节事与事件旅游研究进展 [J]. 旅游纵览(行业版)，2011，(8).

[142] 刘太萍，殷敏. 中国节事旅游营销管理现状分析与对策研究 [J]. 北京第二外国语学院学报，2004，(5).

[143] 刘晓璐. 旅游演艺产业营销战略研究 [D]. 上海：上海师范大学，2009.

[144] 刘艳兰. 旅游演艺的发展历程及其对旅游业的影响 [J]. 科技广场，2009，(8).

[145] 刘艳兰. 实景演艺：旅游业态创新及其扩散研究 [D]. 桂林：广西师范大学，2010.

[146] 楼诗予. 大型体育赛事与城市旅游互动发展的研究——以上海为例[D]. 上海：上海体育学院，2011.

[147] 鲁明勇. 关于旅游产业集群研究基本问题的思考[EB/OL]. www.cotsa.com，2006-07-28.

[148] 陆凤英，王录仓. 节庆旅游研究文献综述[J]. 前沿，2007，(8).

[149] 路红艳. 会展旅游——城市经济发展的新亮点[J]. 北方贸易，2003，(1).

[150] 罗秋菊. 事件旅游研究初探[J]. 江西社会科学，2002，(9).

[151] 罗秋菊. 世界大型事件活动对旅游业的影响及对中国的启示——以历届奥运会和韩国世界杯为例[J]. 商业研究，2003，(11).

[152] 罗秋菊. 大型事件活动提升举办地旅游形象评价研究[J]. 旅游学刊，2009，(2).

[153] 吕莉. 我国旅游节事的策划与运作研究[J]. 商业研究，2006，(13).

[154] 吕镇，王艳红，李天恒. 旅游节庆日产品的设计研究[J]. 青岛大学学报(工程技术版)，1995，(1).

[155] 马聪玲. 2002世界杯对韩国旅游的长期影响[J]. 当代韩国，2003(秋季号).

[156] 马聪玲. 事件旅游：研究进展与中国实践[J]. 桂林旅游高等专科学校学报，2005，(1).

[157] 马聪玲. 中国节事旅游研究：理论分析与案例解读[M]. 中国旅游出版社，2009.

[158] 马克思，恩格斯. 马克思恩格斯选集(第4卷)[M]. 北京：人民出版社，1972.

[159] 迈克尔·波特. 竞争战略[M]. 北京：华夏出版社，1997.

[160] 聂献忠，张捷，刘泽华，章锦河. 我国主题旅游集群的成长及其空间特征研究[J]. 人文地理，2005，20(4).

[161] 潘文焰. 上海大型活动旅游现状和发展研究[D]. 上海：上海师范大学，2005.

[162] 潘文焰. 大型活动与旅游业的互动研究——基于"触媒效应"与"母体效应"理论[J]. 人文地理，2012，(6).

[163] 潘文焰，仲富兰. 我国传统节日文化的生产性保护路径研究[J]. 文化遗产，2014，(1).

[164] 裴泽生. 开发我国节庆旅游商品的构想 [J]. 旅游学刊, 1996, (3).

[165] 祁金立. 城市化聚集效应和辐射效应分析 [J]. 暨南学报 (哲学社会科学版), 2003, (9).

[166] 秦美玉. 旅游节庆及其文化性因素论析 [J]. 四川师范大学学报 (社会科学版), 2004, (5).

[167] 覃雯. 旅游目的地民俗文化资源营销创新研究 [J]. 财经问题研究, 2010, (4).

[168] 饶品祥. 共生理论视角下的旅游产业集群形成与演进研究 [D]. 西安: 西北大学, 2010.

[169] 荣玥芳, 徐振明, 郭思维. 城市事件触媒理论解读 [J]. 华中建筑, 2009, (9).

[170] 任文凭, 胡永军. 创意产业园区产业生态链构建分析 [J]. 价值工程, 2009, (3).

[171] 邵春. 触摸"角色模式": 感觉悉尼奥运与旅游结合的成功尝试 [N]. 中国旅游报, 2001年10月15日第2版.

[172] 宋家增. 发展都市旅游之我见 [J]. 旅游学刊, 1996, (3).

[173] 宋书楠. 试议体育赛事的旅游开发 [J]. 北京第二外国语学院学报, 2002, (6).

[174] 石玉凤, 单博诚. 对节庆文化活动与经济内涵的思考 [J]. 科技进步与对策, 2001, (2).

[175] 石玉凤, 李建国. 地方经济文化节庆活动的经济学原理及内部结构数学模型 [J]. 科技进步与对策, 2001, (8).

[176] 石玉凤, 王尚志. 地方经济文化节庆活动规模及对地区经济发展作用的模型与分析 [J]. 科技进步与对策, 2001, (7).

[177] 史铁华, 何玲. 关于旅游节庆市场化运作的思考 [J]. 旅游科学, 2001, (1).

[178] 沈冠辰. 中国国内旅游人口现状及影响分析 [D]. 长春: 吉林大学, 2005.

[179] 沈望舒. 文化产业的供应链、产业链和价值链——以大芬村特色文化产业园区为例 [J]. 城市问题, 2008, (12).

[180] 盛红, 董玉明. 青岛国际啤酒节的持续发展战略研究 [J]. 海岸工程, 1999, (2).

[181] 陶思炎. 中国都市民俗学 [M]. 南京：东南大学出版社，2004.
[182] 陶文杰. 我国旅游企业集群化发展路径研究 [D]. 武汉：武汉大学，2005.
[183] 汤蓓华，杨卫武. 上海旅游演艺产业组织分析 [J]. 青岛酒店管理职业技术学院学报，2010,(2).
[184] 唐莹莹，王伟伟. 旅游综合体的理论视角探讨 [A]. 中国旅游研究院."问题导向与理论建构"——2012中国旅游科学年会论文集 [C]. 北京：中国旅游研究院，2012.
[185] 唐治元. 张家界旅游演艺项目现状及开发研究 [J]. 产业与科技论坛，2009,(6).
[186] 田言付，付业勤. 基于CSSCI的国内会展研究现状分析 [J]. 科技管理研究，2010,(18).
[187] 涂途."人口文化"面面观 [J]. 山西师大学报（社会科学版），2005,(3).
[188] 谢叙祎. 上海经济增长的集聚效应研究 [D]. 上海：复旦大学，2006.
[189] 徐华龙. 泛民俗研究与学科的建设——当代民俗学的发展趋势 [J]. 浙江学刊，2002(3).
[190] 王喆. 沈阳市工业支柱产业集聚效应分析 [D]. 长春：长春理工大学，2009.
[191] 王昂，陈亮. 旅游文艺演出产品体验营销初探 [J]. 中国集体经济，2009,(28).
[192] 王保伦. 会展旅游发展模式之探讨 [J]. 旅游学刊，2003,(1).
[193] 王保伦. 会展旅游 [M]. 北京：中国商务出版社，2004.
[194] 王春雷. 中国会展旅游发展的优化模式构建 [J]. 旅游学刊，2002,(2).
[195] 王春雷. 国外重大事件影响研究述评 [J]. 旅游科学，2007,(2).
[196] 王春雷. 国外重大活动经济影响研究 [J]. 旅游学刊，2008,(4).
[197] 王春雷. 从目的地管理角度看大型节事与旅游业的融合 [J]. 旅游学刊，2009,(2).
[198] 王春雷. 重大事件对城市空间结构的影响：研究进展与管理对策 [J]. 人文地理，2012,(5).
[199] 王春雷. 从目的地管理的视角看会展节事活动与旅游业的融合（上）[N]. 中国旅游报，2010年6月11日第11版.

[200] 王春雷. 从目的地管理的视角看会展节事活动与旅游业的融合(中)[N]. 中国旅游报, 2010年6月16日第11版.

[201] 王春雷. 从目的地管理的视角看会展节事活动与旅游业的融合(下)[N]. 中国旅游报, 2010年6月18日第11版.

[202] 王大悟, 蒋一帆. 上海都市旅游的新视角[J]. 旅游学刊, 1996, (2).

[203] 汪克会. 国内旅游演艺产品开发现状探析[J]. 商业经济, 2010, (3).

[204] 汪克会. 宁夏旅游演艺产品开发研究[J]. 中国商贸, 2010, (6).

[205] 王宁. 旅游、现代性与"好恶交织"——旅游社会学的理论探索[J]. 社会学研究, 1999, (6).

[206] 王明波. 关于举办旅游节、会的思考[J]. 旅游学刊, 1991, (2).

[207] 王鹏. 中国旅游演艺新时代[J]. 旅游时代, 2009, (1).

[208] 王伟年. 我国旅游演艺发展的驱动因素分析[J]. 井冈山学院学报, 2009, (7).

[209] 王晓云. 世界博览会与城市旅游: 互动中共创辉煌[J]. 旅游学刊, 2004, 19(2).

[210] 王艳. 休闲产业突围中的风险规避[J]. 电视研究, 2007, (10).

[211] 王缉慈. 解读产业集群[A]. 顾强. 中国产业集群[C]. 北京: 机械工业出版社, 2005.

[212] 王瑜. 基于产业生态链的旅游集群可持续发展探索[J]. 江西科技师范学院学报, 2011, 6(3).

[213] 王子新, 樊中红. 河北旅游节庆发展浅析[J]. 河北大学学报(哲学社会科学版), 2003, (3).

[214] 王赵, 王明泽. 节庆赛事: 还有更大的空间提升国际品位[J]. 今日海南, 2010, (2).

[215] 文彤. 旅游事件对城市旅游的影响[A]. 保继刚, 潘兴连, Wall G. 城市旅游的理论与实践[C]. 北京: 科学出版社, 2001.

[216] 吴必虎. 地方旅游开发与管理[M]. 北京: 科学出版社, 2000.

[217] 吴必虎. 区域旅游规划原理[M]. 北京: 中国旅游出版社, 2001.

[218] 吴芙蓉. 节日旅游语境下民间表演艺术的再利用——以南京传统节俗表演艺术为例[J]. 艺术百家, 2010, (6).

[219] 吴少峰, 戴光全. 异托邦: 音乐节事活动的空间实践——以迷笛音乐节为例[J]. 人文地理, 2018, 33(3).

[220] 吴圣刚. 文化资源及其利用[J]. 山西师大学报(社会科学版), 2005, 12(6).

[221] 吴书锋, 罗秋菊, 蒋文晖. 大型旅游事件的开发与管理研究[J]. 江西财经大学学报, 2003, (6).

[222] 吴文智. 我国城市节事旅游发展趋势及其管理模式研究[J]. 商业时代, 2008, (5).

[223] 吴仲庆. 豫园灯会的文化价值及商旅文联动发展[J]. 上海商业, 2013, (7).

[224] 萧放. 传统节日的复兴与重建之路[J]. 河南社会科学, 2010, (2).

[225] 萧君和. 论人口文化与人口文艺[M]. 哈尔滨:黑龙江教育出版社, 2003.

[226] 谢雨萍, 邓祝仁. 中国优秀旅游城市会展旅游之定位[J]. 地域研究与开发, 2002, (4).

[227] 邢定康, 李想. 节庆是感谢上苍、宣泄快乐的一种方式 节庆的规划实施与绩效评估——中国南京国际梅花节启示录[J]. 市场观察, 2000, (11).

[228] 许二凤, 朱晓翔. 用"印象"篆刻的城市名片——兼论中国旅游演艺市场[J]. 新乡学院学报(社会科学版), 2010, (3).

[229] 许二凤, 洪帅. 河南省旅游演艺的现状分析与前景展望[J]. 河南商业高等专科学校学报, 2009, (6).

[230] 许峰. 会展旅游的概念内涵与市场开发[J]. 旅游学刊, 2002, (4).

[231] 徐世丕. 旅游演艺对我国传统演出市场的冲击和拓展[J]. 中国戏剧, 2008, (9).

[232] 余琪. 国内大型主题性旅游演艺产品开发初探[D]. 上海:华东师范大学, 2009.

[233] 徐薛艳. 上海旅游演艺发展研究[D]. 上海:上海师范大学, 2010.

[234] 徐舟. 旅游节庆活动的策划规划方法初探[J]. 平原大学学报, 2005, (1).

[235] 许强. 中关村商务中心区聚集效应的研究[J]. 煤炭经济研究, 2004, (12).

[236] 赵洁. 体验经济视角下的旅游演艺产品开发[J]. 内蒙古科技与经济, 2010, (20).

[237] 张骁鸣，王骏川. 节庆形象概念的皮尔士符号学分析——广州"波罗诞"案例［J］. 旅游学刊，2018,33(10).

[238] 颜醒华，俞舒君. 旅游企业产业集群的形成发展机制与管理对策［J］. 北京第二外国语学院学报，2006,(1).

[239] 杨继瑞. 以市场机制来配置城市"办节"资源［J］. 资源开发与市场，2002,(4).

[240] 杨新军，崔凤军，佟玉权. 加拿大的城市旅游开发评述［J］. 世界地理研究，1998,(7).

[241] 杨海红. 节会游与太原旅游发展［J］. 太原大学学报，2004,(4).

[242] 杨强. 事件旅游的理论基础及城市事件旅游研究［D］. 成都：四川大学，2004.

[243] 杨强. 事件旅游概念辨析［J］. 资源开发与市场，2006,(6).

[244] 杨艺. 区域文化资源向旅游产品转化的研究［J］. 安徽农业科学，2008,(27).

[245] 杨香花. 民族传统节日旅游资源特征、旅游开发价值与原则的探索［J］. 长春师范学院学报，2005,(2).

[246] 游瑛妙. 节庆活动的吸引力与参观者对活动品质的满意度分析——以第十一届中华民艺华会为例［R］. 雾峰：台湾省政府交通处旅游局，1999.

[247] 应丽君. 关于中国会展旅游的思考［J］. 旅游科学，2003,(1).

[248] 于凤贵. 传统节日文化的传承与保护与创新——以"好客山东贺年会"为个案［J］. 山东社会科学，2012,(7).

[249] 喻小军，徐玮蔚. 企业集群的生态链模型分析［J］. 时代经贸，2007,(8).

[250] 俞杨俊. 旅游节庆策划系统研究［D］. 上海：上海师范大学，2007.

[251] 余青，吴必虎，廉华，等. 中国节事活动开发与管理研究综述［J］. 人文地理，2005,(6).

[252] 袁家超，武中宪，王江舟. 大力发展旅游业演艺，助推河南旅游上台阶［J］. 决策探索，2009,(11).

[253] 赵岚鞞. 世博会与城市旅游研究［D］. 成都：四川师范大学，2008.

[254] 赵睿. 他山之石——上海 99 旅游节庆成功之道分析［J］. 江苏商论，2001,(9).

[255] 赵睿. 节庆旅游：开拓崭新视野——以上海为例 [J]. 沿海经济, 2001, (9).

[256] 赵强生, 李东影. 大型实景演艺产品开发模式初探 [J]. 消费导刊, 2010, (6).

[257] 赵迎芳. 山东省演艺业发展现状与对策研究 [J]. 山东农业大学学报（社会科学版）, 2008, (2).

[258] 张彬彬. 城市事件旅游活动的地域差异 [J]. 旅游科学, 2003, (4).

[259] 张洁, 黄远水. 我国节庆旅游研究综述 [J]. 平原大学学报, 2006, 23 (3).

[260] 张金山. 大型节事活动旅游效应的敏感神经 [J]. 旅游学刊, 2009, (2).

[261] 张力, 王磊. 山水实景演出：点亮夜色的一种可能性 [N]. 中国旅游报, 2007年6月13日第13版.

[262] 张培茵, 张珂. 节事旅游研究 [J]. 黑龙江对外经贸, 2010, (7).

[263] 章平. 论大型节庆活动与宁波旅游发展 [J]. 宁波大学学报（人文科学版）, 2000, (3).

[264] 张琴. 杭州旅游演艺的运作方式与经验分析 [J]. 青岛酒店管理职业技术学院学报, 2009, (3).

[265] 张涛. 节事消费者感知价值的维度及其作用机制研究 [D]. 杭州：浙江大学, 2007.

[266] 张骁鸣, 杨晓静. 节庆文化变迁分析——以狂欢节为例 [J]. 北京第二外国语学院学报, 2008, (7).

[267] 张向向. 大型实景演出在当今社会发展中的作用和价值 [J]. 决策探索, 2010, (4).

[268] 张中波. 山水间的艺术——略论艺术创意产业中的山水实景演出 [J]. 四川戏剧, 2010, (3).

[269] 郑建瑜. 上海会展业现状及发展趋势分析 [J]. 旅游学刊, 2000, (6).

[270] 郑四渭, 郑秀娟. 国内外会展旅游研究述评 [J]. 重庆工商大学学报（西部论坛）, 2006, (2).

[271] 郑绩. "双十一"：新节庆的诞生、未来与隐喻 [J]. 浙江学刊, 2018, 55 (2).

[272] 周春发. 国内会展旅游研究进展 [J]. 桂林旅游高等专科学校学报, 2001, (6).

[273] 周进强,吴寿章. 中国体育赛事活动市场化发展道路的回顾与展望 [J]. 体育文化导刊,2001,(6).

[274] 周玲强,冯晓虹. 旅游节事经济效益形成的机理分析 [J]. 商业经济与管理,2002,(11).

[275] 周永广. 日本节庆活动对我国旅游节庆开发的启示 [J]. 旅游学刊, 2005,(2).

[276] 周怡书,周强. 中国当代节庆 [M]. 北京:新世界出版社,2004.

[277] 邹统钎. 旅游开发与规划 [M]. 广州:广东旅游出版社,1999.

[278] 甄丽君,王严根. 关于节事旅游的思考 [J]. 华东经济管理,2005, (2).

[279] 朱立新. 中国古代的旅游演艺 [J]. 社科纵横,2009,(12).

[280] 朱立新. 中国当代的旅游演艺 [J]. 社科纵横,2010,(4).

[281] 朱佩军. 旅游节庆是都市旅游的生力军 [J]. 桂林旅游高等专科学校学报,1998,(2).

[282] 朱益芳,刘庆友. 南京节事旅游开发探略 [J]. 江苏商论,2007,(11).

[283] 张勃. 当前语境下传统节日的困境与出路——兼及建构新兴节庆活动的一点思考 [J]. 山东社会科学,2011,(3).

[284] 张志强,王德华. 小型哺乳动物的母体效应及其在种群调节中的作用 [J]. 生态学杂志,2005,(7).

[285] 钟敬文. 民俗学概论 [M]. 上海:上海文艺出版社,2009.

[286] 钟茗. 中外节事旅游现状的比较研究 [J]. 现代企业教育,2008.

[287] 仲富兰. 中国民俗文化学导论(修订本)[M]. 上海:上海辞书出版社,2007.

[288] 朱倩倩,金炳雄. 动漫节庆游客重游意向影响机制研究:基于TPB与节庆意象的整合模型 [J]. 浙江社会科学,2018,34(8).

[289] 庄志民,赵睿. 系统视野中的上海节庆旅游资源开发 [J]. 旅游科学, 2000,(4).

[290] [英] 杰弗里·亚历山大,戴聪腾译. 迪尔凯姆社会学(文化研究) [M]. 沈阳:辽宁教育出版社,2001.

[291] [美] 杰弗瑞·戈比,康筝译. 你生命中的休闲 [M]. 昆明:云南人民出版社,2000.

[292] [美] 丹尼尔·戴扬,[美] 伊莱休·卡茨,麻争旗译. 媒介事件 [M].

北京：北京广播学院出版社，2000.

[293] Schmader S W. 国际节庆产业的现状与发展趋势[A]. 张暖. 首届中国节庆活动国际论坛文集[C]. 北京：北京节庆文化发展中心，2005.

[294] [美] 威廉·瑟厄波德，张广瑞等译. 全球旅游新论[M]. 北京：中国旅游出版社，2001.

[295] [澳] 约翰·艾伦等著，王增东，杨磊译. 大型活动项目管理[M]. 北京：机械工业出版社，2002.

[296] [澳] 约翰莫斯，国家旅游局驻悉尼办事处译. 奥运会与澳大利亚旅游业[J]. 旅游调研，2001，(8).

附　录

附件1

节庆活动（2013年上海龙华庙会）的调查问卷

您好！为了研究节庆活动（上海龙华庙会）对旅游发展的影响，我们特地展开了此次调查活动。希望您在百忙之中抽出一点宝贵的时间，您的参与将会给我们提供极大的帮助。我们向您保证您填写的信息只用于学科研究，绝不对外透露。衷心感谢您的合作与帮助！

相关问题

1. 您是通过何种方式了解到本次节庆活动（龙华庙会）的？（　　）

　　A. 不了解　　　　B. 报刊杂志　　　　C. 电视电台
　　D. 网络平台　　　E. 不经意间看到
　　F. 从家人、朋友处得知　　G. 其他_____

2. 您参加过几次这样的节庆活动（龙华庙会）？（　　）

　　A. 0次　　　　　B. 1次　　　　　　C. 2次
　　D. 3次及以上

3. 您的同伴是？（　　）

　　A. 家人　　　　　B. 朋友　　　　　　C. 恋人
　　D. 单独出游　　　E. 同事　　　　　　F. 单位组织游玩
　　G. 其他_____

4. 参加本次节庆活动（龙华庙会），最吸引您或者您最感兴趣的是什么？（　　）（可多选）

　　A. 游览参观，踏青赏花

B. 娱乐活动（如观赏皮影戏、花鼓戏等）

C. 风味小吃　　　　　D. 香火庙市

E. 商品贸易　　　　　F. 其他_____

5. 在你参加本次节庆活动（龙华庙会）的花费中，哪些所占比重最大？(　　)（可多选）

A. 交通　　B. 购物　　　　C. 餐饮

D. 住宿　　E. 娱乐活动　　F.（门票及）其他_____

6. 对于下列各种节事活动，您更青睐于？(　　)（可多选）

A. 节日节庆类活动（如庙会、元宵灯会）

B. 花卉园景展览

C. 体育赛事（如F1、足球联赛）

D. 时尚类活动（如演唱会、电影节、电视节）

E. 展销会（食品或服装类）

F. 其他_____

7. 如果一条旅游线路中包含节事类活动，您是否会提高对该旅游产品的兴趣？(　　)

A. 会　　　　　　B. 无所谓　　　　　C. 不会

基本信息

1. 您的性别是(　　)。

A. 男　　　　　　B. 女

2. 您的年龄是(　　)。

A. 18岁以下　　　B. 18—24岁　　　　C. 25—34岁

D. 35—60岁　　　E. 61岁以上

3. 您的职业状况是(　　)。

A. 学生　　　　　B. 公务员或事业单位人员

C. 企业职员　　　D. 私营业主　　　　E. 自由职业者

F. 退休　　　　　G. 其他

4. 您的月收入大约是(　　)。

A. 3 000元以下　　B. 3 001—6 000元

C. 6 001—8 000 元　　　　　D. 8 001 元以上

5. 您的常住地是(　　)。

A. 上海　　　　　　　　　B. 周边地区(江浙地区)

C. 长三角以外的大陆地区　　D. 境外

附件2

节庆活动（2013年上海顾村樱花节）游客调查问卷

您好！为了研究节庆活动（上海顾村樱花节）对旅游发展的影响，我们特地展开了此次调查活动。希望您在百忙之中抽出一点宝贵的时间，您的参与将会给我们提供极大的帮助。我们向您保证您填写的信息只用于学科研究，绝不对外透露。衷心感谢您的合作与帮助！

相关问题

1. 您是通过何种方式了解到本次节庆活动（顾村公园樱花节）的？（　　）

    A. 不了解　　　　B. 报刊杂志　　　C. 电视电台

    D. 网络平台　　　E. 不经意间了解到　F. 听亲友介绍

    G. 其他_____

2. 您参加过几次这样的节庆活动（顾村公园樱花节）？（　　）

    A. 0次　　　B. 1次　　　C. 2次　　　D. 3次

3. 您的同伴是？（　　）

    A. 家人　　　　　B. 朋友　　　　　C. 恋人

    D. 单独出游　　　E. 同事　　　　　F. 单位组织游玩

    G. 其他_____

4. 参加本次节庆活动（顾村公园樱花节），最吸引您或者您最感兴趣的是什么？（　　）（可多选）

    A. 游览参观，踏青赏花

    B. 娱乐活动（如舞蹈健身、民间艺术展览等）

    C. 风味小吃　　　D. 度假住宿

    E. 婚庆典礼　　　F. 其他_____

5. 在您参加本次节庆活动（顾村公园樱花节）的花费中，哪些所占比重最大？（　　）（可多选）

    A. 交通　　　　　B. 购物　　　　　C. 餐饮

    D. 住宿　　　　　E. 娱乐活动　　　F. 门票

G. 其他

6. 对下列各种节事活动，您更青睐于（　　）。（可多选）

A. 花卉园景展览

B. 节日节庆类活动（如庙会、元宵灯会）

C. 体育赛事（如 F1、网球大师杯）

D. 时尚类活动（如演唱会、电影节）

E. 展销会（如食品服装展销会）

F. 其他_____

7. 如果一条旅游线路中包含节事类活动，您是否会提高对该旅游产品的兴趣？（　　）

A. 会　　　　　　B. 无所谓　　　　　　C. 不会

基本信息

1. 您的性别是（　　）。

A. 男　　　　　　B. 女

2. 您的年龄是（　　）。

A. 18 岁以下　　　B. 18—24 岁　　　　C. 25—34 岁

D. 35—60 岁　　　E. 61 岁以上

3. 您的职业状况是（　　）。

A. 学生　　　　　B. 公务员或事业单位人员

C. 企业职员　　　D. 私营业主　　　　E. 自由职业者

F. 退休　　　　　G. 其他

4. 您的月收入大约是（　　）。

A. 3 000 元以下　　B. 3 001—6 000 元

C. 6 001—8 000 元　D. 8 001 元以上

5. 您的常住地是（　　）。

A. 上海　　　　　　　　B. 周边地区（江浙地区）

C. 长三角以外的大陆地区　D. 境外

6. 若您的常住地不是上海，这是您第一次来上海吗？（　　）

A. 是　　　　　　B. 不是

附件 3

2013年上海"龙华庙会"和"顾村樱花节"调查问卷数据统计表

（龙华庙会 414 份有效问卷；顾村樱花节 360 份有效问卷）

问题	选项	答案	龙华庙会 人次	龙华庙会 比例(%)	顾村樱花节 人次	顾村樱花节 比例(%)
受访者基本信息						
您的性别	A	男	184	44.44	169	46.94
	B	女	230	55.56	191	53.06
		合计	414	100.00	360	100.00
您的年龄	A	18 岁以下	22	5.31	22	6.11
	B	18—24 岁	34	8.21	138	38.33
	C	25—34 岁	59	14.25	100	27.78
	D	35—44 岁	85	20.53	54	15.00
	E	45—60 岁	74	17.87	30	8.33
	F	61 岁以上	140	33.82	16	4.44
		合计	414	100.00	360	100.00
您的职业状况	A	学生	41	9.90	136	37.78
	B	公务员或事业单位人员	80	19.32	38	10.56
	C	企业职员	84	20.29	118	32.78
	D	私营业主	37	8.94	12	3.33
	E	自由职业者	50	12.08	28	7.78
	F	退休	122	29.47	24	6.67
	G	其他	0	0.00	4	1.11
		合计	414	100.00	360	100.00
您的月收入大约是多少？	A	3 000 元以下	33	7.97	168	46.67
	B	3 001—6 000 元	140	33.82	114	31.67
	C	6 001—8 000 元	112	27.05	34	9.44
	D	8 001 元以上	129	31.16	44	12.22
		合计	414	100.00	360	100.00

(续表)

问题	选项	答案	龙华庙会		顾村樱花节	
			人次	比例(%)	人次	比例(%)
您的常住地	A	上海	254	61.35	318	88.33
	B	周边地区（江浙地区）	93	22.46	34	9.44
	C	长三角以外的大陆地区	56	13.53	6	1.67
	D	境外	11	2.66	2	0.56
		合计	414	100.00	360	100.00
相关问题						
您是通过何种方式了解到本次节庆活动的？	A	不了解	83	20.05	7	1.94
	B	报纸杂志	41	9.90	33	9.17
	C	电视电台	39	9.42	100	27.78
	D	网络平台	70	16.91	87	24.17
	E	不经意间看到	38	9.18	83	23.06
	F	从亲友处得知	134	32.37	43	11.94
	G	其他	9	2.17	7	1.94
		合计	414	100.00	360	100.00
您参加过几次这样的节庆活动？	A	0次	75	18.12	65	18.06
	B	1次	214	51.69	162	45.00
	C	2次	50	12.08	90	25.00
	D	3次（及以上）	75	18.12	43	11.94
		合计	414	100.00	360	100.00
您的同伴是？	A	家人	167	40.34	162	45.00
	B	朋友	98	23.67	43	11.94
	C	恋人	30	7.25	83	23.06
	D	单独出游	55	13.29	31	8.61
	E	同事	41	9.90	32	8.89
	F	单位组织游玩	23	5.56	9	2.50
	G	其他	0	0.00	0	0.00
		合计	414	100.00	360	100.00

(续表)

问题	选项	答案	龙华庙会 人次	龙华庙会 比例(%)	顾村樱花节 人次	顾村樱花节 比例(%)
参加本次节庆活动最吸引您或者您最感兴趣的是什么?(可多选)	A	游览参观,踏青赏花	173	25.74	320	60.84
	B	娱乐活动	127	18.90	82	15.59
	C	风味小吃	149	22.17	82	15.59
	D	香火庙市(度假住宿)	145	21.58	6	1.14
	E	商品贸易(婚庆典礼)	70	10.42	36	6.84
	F	其他	8	1.19	0	0.00
		合计	672	100.00	526	100.00
在你参加本次节庆活动的花费中,哪些所占比重最大?(可多选)	A	交通	73	12.74	29	5.62
	B	购物	179	31.24	50	9.69
	C	餐饮	209	36.47	195	37.79
	D	住宿	22	3.84	40	7.75
	E	娱乐活动	83	14.49	112	21.71
	F	(门票及)其他	7	1.22	90	17.44
		合计	573	100.00	516	100.00
对下列各种节事活动,您更青睐于?(可多选)	A	节日节庆类活动	251	32.68	166	28.04
	B	花卉园景展览	153	19.92	180	30.41
	C	体育赛事	112	14.58	106	17.91
	D	时尚类活动	162	21.09	120	20.27
	E	展销会	90	11.72	0	0.00
	F	其他	0	0.00	20	3.38
		合计	768	100.00	592	100.00
您是否会提高对包含了节事活动的旅游线路兴趣?	A	会提高兴趣	248	59.90	198	55.00
	B	无所谓	100	24.15	104	28.89
	C	不会提高兴趣	66	15.94	58	16.11
		合计	414	100.00	360	100.00

附件 4

关于对 2013 年（上海）演唱会的调查问卷

您好！此次调查活动主要是为了研究演唱会活动对旅游发展的影响，希望您在百忙之中抽出一点宝贵的时间，您的参与将会给我们提供极大的帮助。我们向您保证您填写的信息只用于学科研究，绝不对外透露。衷心感谢您的合作与帮助！

相关问题

序号	问题	答案选项	答案选择（请打"√"，表示您认可的答案选项）
1	是什么原因促使您来参加本次活动（罗志祥演唱会）的？	A. 我是 fans B. 陪同亲友 C. 出于好奇而来 D. 放松并调整状态 E. 其他＿＿＿＿	
2	除了看演唱会之外，您还会附带什么活动（可多选）	A. 购物 B. 观光 C. 吃特色食品 D. 拜访亲友 E. 其他＿＿＿＿	
3	您觉得罗志祥（周杰伦）最吸引你的是什么？（多选，最多三个）	A. 形象 B. 实力 C. 内涵 D. 性格 E. 品质 F. 其他＿＿＿＿	
4	您是通过何种渠道知道本次演唱会的？	A.（票务）网站 B. 微博 C. 电视电台 D 亲友告知 E. 其他	

（续表）

序号	问题	答案选项	答案选择（请打"√"，表示您认可的答案选项）
5	您获得活动（演唱会）门票的方式是哪一种？	A. 中介组织抽票 B. 亲朋好友相送 C. 票务网站 D. 其他_____	
6	您所购买的是什么价位的门票？	A. 280元看台 B. 380元看台 C. 580元看台 D. 780元看台 E. 980元看台 F. 1 280元（内场）	
7	你一年大约参加多少次演唱会？	A. 没有（0次） B. 1次 C. 2次 D. 3次 E. 4次及以上	
8	若还有喜欢的明星再来上海开演唱会，您还会来吗？	A. 会 B. 不会	
9	如果有专业的演唱会旅游线路（使您的行程更舒适），您愿意参加吗？	A. 愿意 B. 不愿意 C. 看情况	
10	您觉得（专业的）演唱会旅游路线最重要的是什么？	A. 能现场感受明星风采，欣赏表演 B. 能和志同道合的人交流与分享 C. 能提供专业的演唱会旅游服务 D. 方便省事 E. 其他	

基本信息

题号	问题	答案选项	请将您的答案选项的序号填入本栏
1	年龄	A. 18岁以下　B. 18—24岁　C. 25—34岁　D. 35—60岁　E. 60岁以上	
2	性别	A. 男　B. 女	
3	常住地	A. 上海　B. 周边地区(江浙地区)　C. 长三角以外的大陆地区　D. 境外	
4	学历	A. 初中及以下　B. 高中　C. 本科(专科)　D. 硕士及以上	
5	月收入	A. 3 000元以下　B. 3 001—6 000元　C. 6 001—8 000元　D. 8 001元以上	
6	职业	A. 学生　B. 公务员或事业单位人员　C. 企业职员　D. 私营业主　E. 自由职业　F. 退休及其他	
7	成为粉丝的时间	A. 1年以下　B. 1—3年　C. 3—5年　D. 5年以上	

附件 5

"2013年（上海）演唱会"问卷调查基本数据统计表

表1 基本信息（人口属性）相关问题基本数据

题号	问题	答案选项	罗志祥演唱会 统计基数	百分比(%)	周杰伦演唱会 统计基数	百分比(%)
1	年龄	A. 18岁以下	15	3.13	7	1.67
		B. 18—24岁	360	75.00	318	76.08
		C. 25—34岁	91	18.96	85	20.33
		D. 35—60岁	12	2.50	8	1.91
		E. 60岁以上	2	0.42	0	0.00
		合计	480	100.00	418	100.00
2	性别	A. 男	67	14.16	68	16.27
		B. 女	406	85.84	350	83.73
		合计	473	100.00	418	100.00
3	常住地	A. 上海	173	36.04	172	41.15
		B. 周边地区（江浙地区）	191	39.79	168	40.19
		C. 长三角以外的大陆地区	106	22.08	67	16.03
		D. 境外	10	2.08	11	2.63
		合计	480	100.00	418	100.00
4	学历	A. 初中及以下	15	3.13	17	4.07
		B. 高中	33	6.88	56	13.40
		C. 本科（专科）	408	85.00	331	79.19
		D. 硕士及以上	24	5.00	14	3.35
		合计	480	100.00	418	100.00
5	月收入	A. 3 000元以下	262	54.58	216	51.67
		B. 3 001—6 000元	147	30.63	120	28.71
		C. 6 001—8 000元	53	11.04	62	14.83
		D. 8 001元以上	18	3.75	20	4.78
		合计	480	100.00	418	100.00

(续表)

题号	问题	答案选项	罗志祥演唱会		周杰伦演唱会	
			统计基数	百分比(%)	统计基数	百分比(%)
6	职业	A. 学生	254	52.92	230	55.02
		B. 公务员或事业单位人员	50	10.42	33	7.89
		C. 企业职员	99	20.63	75	17.94
		D. 私营业主	30	6.25	33	7.89
		E. 自由职业	38	7.92	33	7.89
		F. 退休及其他____	9	1.88	14	3.35
		合计	480	100.00	418	100.00
7	成为粉丝的时间	A. 1年以下	50	10.42	46	11.00
		B. 1—3年	108	22.50	35	8.37
		C. 3—5年	153	31.88	41	9.81
		D. 5年以上	169	35.21	296	70.81
		合计	480	100.00	418	100.00

表2 演唱会旅游人口的"需求—认知—行为"相关问题基本数据

题号	问题	答案选项	罗志祥演唱会		周杰伦演唱会	
			统计基数	百分比(%)	统计基数	百分比(%)
"需求与动机"相关问题						
1	是什么原因促使您来参加本次活动(演唱会)的?	A. 我是fans	375	78.13	302	72.25
		B. 陪同亲友	68	14.17	54	12.92
		C. 出于好奇而来	19	3.96	29	6.94
		D. 放松并调整状态	16	3.33	25	5.98
		E. 其他____	2	0.42	8	1.91
		合计	480	100.00	418	100.00
2	除了看演唱会之外,您还会附带什么活动(可多选)	A. 购物	171	35.63	159	38.04
		B. 观光	140	29.17	105	25.12
		C. 吃特色食品	116	24.17	107	25.60
		D. 拜访亲友	32	6.67	42	10.05
		E. 其他____	189	39.38	108	25.84
		合计	648	135.00	521	124.64

（续表）

题号	问题	答案选项	罗志祥演唱会		周杰伦演唱会	
			统计基数	百分比(%)	统计基数	百分比(%)
"认知与注意"相关问题						
3	您觉得罗志祥(周杰伦)最吸引你的是什么?(多选,最多三个)	A. 形象	302	62.92	250	59.81
		B. 实力	365	76.04	345	82.54
		C. 内涵	172	35.83	105	25.12
		D. 性格	317	66.04	230	55.02
		E. 品质	73	15.21	63	15.07
		F. 其他	43	8.96	31	7.42
		合计	1 272	265.00	1 024	244.98
4	您是通过何种渠道知道本次演唱会的?	A. (票务)网站	140	29.17	130	31.10
		B. 微博	170	35.42	113	27.03
		C. 电视电台	65	13.54	63	15.07
		D 亲友告知	65	13.54	88	21.05
		E. 其他	40	8.33	24	5.74
		合计	480	100.00	418	100.00
"行为"相关问题						
5	您获得活动(演唱会)门票的方式是哪一种	A. 中介组织抽票	21	4.38	13	3.11
		B. 亲朋好友相送	34	7.08	24	5.74
		C. 票务网站	365	76.04	323	77.27
		D. 其他	60	12.50	58	13.88
		合计	480	100.00	418	100.00
6	您所购买的是什么价位的门票?	A. 280元看台	24	5.00	99	23.68
		B. 380元看台	93	19.38	127	30.38
		C. 580元看台	71	14.79	55	13.16
		D. 780元看台	33	6.88	24	5.74
		E. 980元看台	77	16.04	22	5.26
		F. 1 280元(内场)	182	37.92	91	21.77
		合计	480	100.00	418	100.00

(续表)

题号	问题	答案选项	罗志祥演唱会		周杰伦演唱会	
			统计基数	百分比(%)	统计基数	百分比(%)
7	你一年大约参加多少次演唱会?	A. 没有(0次)	0	0.00	0	0.00
		B. 1次	259	53.96	241	57.89
		C. 2次	124	25.83	83	19.86
		D. 3次	53	11.04	39	9.33
		E. 4次及以上	44	9.17	54	12.92
		合计	480	100.00	418	100.00
8	您还会来看您喜欢的明星演唱会吗?	A. 会	377	78.54	360	86.12
		B. 不会	103	21.46	58	13.88
		合计	480	100.00	418	100.00
	"专业演唱会旅游线路"相关问题					
9	您愿意参加专业的演唱会旅游线路吗?	A. 愿意	322	67.08	255	61.00
		B. 不愿意	53	11.04	142	33.97
		C. 看情况	105	21.88	21	5.02
		合计	480	100.00	418	100.00
10	您觉得(专业的)演唱会旅游路线最重要的是什么?(可多选,但不超过3项)	A. 能现场感受明星风采,欣赏表演	312	65.00	188	44.98
		B. 能和志同道合的人一起交流与分享	240	50.00	222	53.11
		C. 能提供专业的全程演唱会旅游服务	115	23.96	75	17.94
		D. 方便省事	72	15.00	100	23.92
		E. 其他	82	17.08	43	10.29
		合计	821	171.04	628	150.24

附件 6

2013 年有关体育赛事旅游（上海）的调查问卷

您好！为了研究体育赛事活动对旅游发展的影响，我们特地展开了此次调查活动。希望您在百忙之中抽出一点宝贵的时间，您的参与将会给我们提供极大的帮助。我们向您保证以下您填写的信息只用于学科研究，绝不对外透露。衷心感谢您的合作与帮助！

相关问题

1. 您观看的体育赛事是上海自办的还是引入的？（可多选，并标记赛事对应的次数，如大师赛、F1 和 CBA 都去观看，就写 A2B1）（　　）

    A. 引入　　　　　　B. 自办

2. 您所观看的体育赛事属于哪个规模层次？（可多选，并标记赛事对应的次数，如大师赛、F1 和 CBA 都去观看，就写 A2B1）（　　）

    A. 大型　　　　　　B. 中小型

3. 您所观看的体育赛事的类型是？（可多选，并标记赛事对应的次数，如大师赛和 F1 都去观看，就写 A2）（　　）

    A. 周期性　　　　　B. 一次性

4. 您了解体育赛事的途径有？（多选）（　　）

    A. 网络　　　　B. 电视电台　　　　C. 户外广告板

    D. 亲友告知　　E. 杂志　　　　　　F. 报纸

    G. 其他_____

5. 您对体育赛事里的哪种元素更加看重？（　　）

    A. 娱乐休闲元素　　　　B. 竞技元素

    C. 明星效应　　　　　　D. 参与其中的氛围感

6. 您会因为比赛中有中国选手或你们省市的选手而特意前往观看吗？（　　）

    A. 会　　　　　　　B. 不会

7. 您所观看的体育赛事是在节假日举行的吗？（可多选，并标记

赛事对应的次数,如黄金大奖赛、F1和CBA都去观看,就写A2B1)(　　)

　　A. 是　　　　　　　　B. 不是

8. 您能接受的体育赛事门票的价位区间是?(　　)

　　A. 500元以下　　　　　B. 500—1 000元

　　C. 1 000—2 000元　　　D. 2 000元以上

基本信息

1. 您的性别是(　　)。

　　A. 男　　　　　　　　B. 女

2. 您的年龄是(　　)。

　　A. 18岁以下　　B. 18—24岁　　C. 25—40岁

　　D. 41—60岁　　E. 60岁以上

3. 您的常住地是(　　)。

　　A. 上海　　　　　　　　B. 周边地区(江浙地区)

　　C. 长三角以外的大陆地区　D. 境外

4. 您的学历是(　　)。

　　A. 初中及以下　　　　　B. 高中

　　C. 本科(专科)　　　　　D. 硕士及以上

5. 您的月收入大约是(　　)。

　　A. 3 000元以下　　　　　B. 3 001—6 000元

　　C. 6 001—8 000元　　　　D. 8 001元以上

6. 您的职业状况是(　　)。

　　A. 学生　　　　　　　B. 公务员或事业单位人员

　　C. 企业职员　　　　　D. 私营业主

　　E. 自由职业者　　　　F. 退休　　　　G. 其他

7. 您的婚姻状况是(　　)。

　　A. 未婚　　　　　B. 已婚无子　　　C. 已婚有一子

　　D. 已婚有两子及以上

8. 您往年参与过下列哪些由上海举办的体育赛事活动?(多选)

A. 网球大师赛　　　B. 田径黄金大奖赛
C. 斯诺克　　　　　D. 世界一级方程式赛车
E. 亚洲极限运动　　F. 中超
G. CBA

附件 7

"2013年（上海）体育赛事旅游"问卷调查基本数据统计表

表1 样本人口基本信息（人口属性特征）基本数据表

题号	问题	答案选项	样本数	百分比(%)
1	性别	A. 男	359	69.71
		B. 女	156	30.29
		合计	515	100.00
2	年龄	A. 18岁以下	67	13.01
		B. 18—24岁	115	22.33
		C. 25—40岁	217	42.14
		D. 41—60岁	91	17.67
		E. 60岁以上	25	4.85
		合计	515	100.00
3	常住地	A. 上海	398	77.28
		B. 周边地区（江浙地区）	97	18.83
		C. 长三角以外的大陆地区	20	3.88
		D. 境外	0	0.00
		合计	515	100.00
4	学历	A. 初中及以下	22	4.27
		B. 高中	72	13.98
		C. 本科（专科）	330	64.08
		D. 硕士及以上	91	17.67
		合计	515	100.00
5	月收入	A. 3 000元以下	227	44.08
		B. 3 001—6 000元	155	30.10
		C. 6 001—8 000元	40	7.77

（续表）

题号	问题	答案选项	样本数	百分比（%）
5	月收入	D. 8 001元以上	93	18.06
		合计	515	100.00
6	职业	A. 学生	112	21.75
		B. 公务员或事业单位人员	74	14.37
		C. 企业职员	195	37.86
		D. 私营业主	26	5.05
		E. 自由职业	88	17.09
		F. 退休及其他＿＿＿	20	3.88
		合计	515	100.00
7	婚姻状况	A. 未婚	191	37.09
		B. 已婚没有孩子	181	35.15
		C. 已婚有一个孩子	118	22.91
		D. 已婚有两个孩子以上	25	4.85
		合计	515	100.00
8	您往年参与过哪些由上海举办的体育赛事活动？（多选）	A. 网球大师赛	216	41.94
		B. 田径黄金大奖赛	273	53.01
		C. 斯诺克	113	21.94
		D. 世界一级方程式赛车	150	29.13
		E. 亚洲极限运动	21	4.08
		F. 中超联赛	201	39.03
		G. CBA	109	21.17
		合计	1 083	210.29

表2　体育赛事旅游人口的"需求—认知—行为"相关问题基本数据表

题号	问题	答案选项	样本数	百分比(%)
		对产品本身信息的认知		
1	您观看的体育赛事是上海自办的还是引入的？	A. 引入	429	83.30
		B. 自办	86	16.70
		合计	515	100.00
2	您所观看的体育赛事属于哪个规模层次？	A. 大型	448	86.99
		B. 中小型	67	13.01
		合计	515	100.00
3	您所观看的体育赛事的类型是？	A. 周期性	383	74.37
		B. 一次性	132	25.63
		合计	515	100.00
		营销信息的认知渠道		
4	您了解体育赛事的途径有？（多选）	A. 网络	345	66.99
		B. 电视电台	370	71.84
		C. 户外广告板	93	18.06
		D. 亲友告知	118	22.91
		E. 杂志	175	33.98
		F. 报纸	221	42.91
		G. 其他	0	0.00
		合计	1 322	256.70
		需求与动机了解		
5	您对体育赛事里的哪种元素更加看重？	A. 娱乐休闲元素	109	21.17
		B. 竞技元素	220	42.72
		C. 明星效应	135	26.21
		D. 参与其中的氛围感	51	9.90
		合计	515	100.00
6	您会因为比赛中有中国选手或你们省市的选手而特意前往观看吗？	A. 会	330	64.08
		B. 不会	185	35.92
		合计	515	100.00

(续表)

题号	问题	答案选项	样本数	百分比(%)
行为(时间/代价)				
7	您所观看的体育赛事是在节假日举行的吗？	A. 是	454	88.16
		B. 不是	61	11.84
		合计	515	100.00
8	您能接受的体育赛事门票的价位区间是？	A. 500元以下	333	64.66
		B. 500—1 000元	151	29.32
		C. 1 000—2 000元	31	6.02
		D. 2 000元以上	0	0.00
		合计	515	100.00

图书在版编目(CIP)数据

节事资源与旅游产业的创意融合/潘文焰著.—上海：复旦大学出版社，2019.11
(2022.1 重印)
ISBN 978-7-309-14728-5

Ⅰ.①节… Ⅱ.①潘… Ⅲ.①节日-旅游资源-关系-旅游业-产业融合-研究-中国 Ⅳ.①F592.3

中国版本图书馆 CIP 数据核字(2019)第 248513 号

节事资源与旅游产业的创意融合
潘文焰　著
责任编辑/戚雅斯

复旦大学出版社有限公司出版发行
上海市国权路 579 号　邮编：200433
网址：fupnet@ fudanpress.com　http://www.fudanpress.com
门市零售：86-21-65102580　　团体订购：86-21-65104505
出版部电话：86-21-65642845
江苏凤凰数码印务有限公司

开本 890×1240　1/32　印张 11.5　字数 294 千
2022 年 1 月第 1 版第 2 次印刷

ISBN 978-7-309-14728-5/F・2649
定价：46.00 元

如有印装质量问题，请向复旦大学出版社有限公司出版部调换。
版权所有　侵权必究